Opus One Barriquekeller
Napa Valley, Kalifornien

Hess Collection Barriquekeller
Napa Valley, Kalifornien

Die Weinwelt der Barriques

Rudolf Lantschbauer – Gerhard Redl – Günther Schönberger

Mit Beiträgen von Pascal Chatonnet, Paul Pontallier, Paul Draper und Henry Sams

Übersetzungen von Marika Nakajo und Henry Sams

Fotos von Rudolf Lantschbauer

Danksagung

Die Autoren möchten sich bei allen, die bei den Recherchen, der Zusammenstellung und der Produktion dieses Buches mitgewirkt haben, recht herzlich bedanken:

Marika Nakajo, Noel Engel, Nicolas Vivas,
Daniela Wagner, Sonja Werdnik,
Werner Tomsits, Jörg Hoffmann, Gerhard Payer,
Bruno Remy (Seguin Moreau) und
Edmund Kaufmann.

Titelbilder: Barriquekeller von Château Haut-Brion,
Toasten der Barriques bei der Tonnellerie Seguin Moreau.

Bildnachweis:
Günther Schönberger:
Seite 66, 67, 69, 71, 72, 74, 78, 79, 80, 82, 84, 86.
Erwin Muik:
Seite 70, 90, 92, 94, 97, 98, 104, 110, 111, 117, 118, 124, 125, 148, 157.
Pascal Chatonnet:
Rasterelektronikaufnahmen Seite 38, 41, 44.
Alle anderen Bilder © Rudolf Lantschbauer.

Papier:
Innenteil gedruckt auf FAVORA glänzend 135 g/m^2,
Umschlag gedruckt auf FAVORA glänzend 170 g/m^2,
M-Real BIBERIST, geliefert von STIASSNY-PAPIER,
Ihrem Papierpartner der IGEPA in Österreich.

Druck: Obersteirische Druckerei, 8700 Leoben
Bindearbeiten: Buchbinderei Frauenberger, Neudörfl

ISBN 3-900582-17-3

A-8020 Graz, Kantgasse 15
Telefon: +43 (0)316 - 27 23 72
e-mail: lantschbauer@utanet.at

LANTSCHBAUER – REDL – SCHÖNBERGER

Die Weinwelt der Barriques

Die Weinwelt der Barriques

Der Ausbau von Wein in Barriques

Inhaltsverzeichnis:

Das Barrique und der Wein

Die Herkunft der Fässer und deren Verwendung zur Weinlagerung

Im 3. Jahrhundert nach Christus wurde die Amphore als Beförderungsgefäß für Wein durch das Fass verdrängt. Zuerst lieferten die Römer ihren Wein in ihre nördlichen Kolonien, dann bauten sie auch dort Wein an, und die Kelten begannen den Wein wiederum nach Italien zu liefern. Das Fass in der Form, die wir noch heute kennen und verwenden, ist eine keltische Erfindung. Holz und Metall waren die Werkstoffe der Kelten. Und in den nun fast 2000 Jahren hat sich die Kunst der Fassbinderei kaum verändert. Die Fässer der Kelten hatten schon eiserne Bänder, die die Form zusammenhielten, die Römer haben diese allerdings durch hölzerne Reifen ersetzt. Sehr schnell erkannten die Römer die Vorteile der widerstandsfähigen und vor allem leicht rollbaren Fässer gegenüber den unhandlichen und zerbrechlichen Amphoren.

Die eisernen Fassreifen werden seit dem 17. Jahrhundert wieder verwendet. Nur die Form der Fässer hat sich im Laufe der Jahrhunderte leicht verändert, sie sind, je nach dem Verwendungszweck, kürzer und dicker geworden. Die Art der Herstellung, das Biegen des Holzes mit Feuer und Wasser ist aber dieselbe geblieben.

Johannes Hubschmid beschreibt in seinem Buch „Schläuche und Fässer" die ersten urkundlichen Erwähnungen des Wortes „Barrique" und seine Bedeutung. Zuerst taucht das Wort in Nordfrankreich auf, in mlat. „barriclos" aus dem Capitulare de Villis, um 800 (MGH, Leg. II/1, p.89, Nr. 68): volumus ut bonos barriclos ferro ligatos, quos in hostem et ad palatium mittere possunt, iudices singuli praeparatos semper habeant, et buttes ex coriis non faciant. Hier werden also Fässer aus Dauben mit Eisenreifen, „den buttes ex coriis" (Lederschläuchen) gegenübergestellt.

Daneben kennt das Altprovenzalische den Typ „barrica" (barrika), Raynourd verzeichnet „barriqua de vin blanc" (1498). Dazu gehören mlat. „barica", Tarn-et-G. 1345 (Bibl. Mérid. II/19, 468), aprov. „barrica" (1478), tres barricas de bon vin, Gers 1491 (AH Albi 4,31, daher wohl barricot bei LvP). Im Neuprovenzialischen ist „barrico" – barrique, futaille pour le vin, pour l'huilé – ziemlich verbreitet. Aus dem Gaskognischen ist es nicht nur ins Französische übernommen worden (französisch „barrique", seit 1509), sondern auch ins Spanische. 1726 findet sich im Spanischen „barrica" mit „esp. de tonél, pipa, o cuba de diversos tamanos, hecha de madera, que sirve para transportar en la mar de una parte a otra diferentes géneros de liquores (como son azeite, vino, manteca, bizocho) y para otros fines", definiert. Die Bemerkung, diese Fässer

würden auf Schiffen transportiert („en la mar"), zeigt deutlich, auf welchem Wege das Wort von Südfrankreich nach Spanien gebracht wurde. Aus dem Spanischen entlehnt ist das portugisische „barrica" (seit 1813).

Der Ursprung des Weinausbaus in Holzfässern

Früher stampfte man die Trauben in steinernen oder tönernen Gefäßen. In Mittel- und Süditalien sind gemauerte Becken bis heute als Maisch- und Stampfgefäße üblich. Hölzerne Weinfässer sind im alten Griechenland unbekannt. Man benützte zur Aufbewahrung des Weines Tongefäße und Schläuche. In Oberitalien und Gallien sind dagegen Holzfässer seit alter Zeit häufig nachgewiesen, laut Varro und auf Katakombenmalereien auch in Rom (Daremberg-Saglio 1, 1594). Im Lateinischen nannte man sie „cupae". Im Laufe der langen Geschichte der Fassbinderei wurde oftmals die regionale Herkunft der Eichen, die für die Herstellung von Weinfässern verwendet wurden, gewechselt. Der Grund dafür lag bei den Weinproduzenten, die sich wegen der unterschiedlichen Geschmacksbeeinflussung beim Ausbau der Weine auf einige Holzarten spezialisiert hatten. Da das bevorzugte Holz nicht immer in der Umgebung des Fassbinders zu finden war, kam

Stimmungsvoll präsentiert sich der Barriquekeller von Château Haut-Brion in Bordeaux

es bei der Fassherstellung zur Trennung in zwei Produktionszweige: einerseits der Lieferung des Holzes durch Holzhändler und anderseits die Fertigung der Fässer durch die Fassbinder bzw. Tonnellerien.

Das Ende des 17. und der Anfang des 18. Jahrhunderts bezeichnet beim Weinausbau den Beginn des bewussten Einsatzes des Holzes. Das Weinfass war nicht mehr nur ein einfacher Lagerbehälter. Das Holz wurde langsam zu einem tragenden Element im Wein(aus)bau. Damals wurden noch zahlreiche unterschiedliche Hölzer wie Akazie, Kastanie, Buche, Eiche, Weide und Maulbeere für den Fassbau verwendet. Die Eiche setzte sich von allen verwendeten Hölzern immer stärker durch.

Das Buch „Complete Manual for the Copper" von Paulin-Desormeaux und Ott, das 1875 erschien, beschreibt schon genau die unterschiedlichen Herkunftsregionen und Qualitäten des damals in französischen Tonnellerien verwendeten Eichenholzes. Der größte Teil des verwendeten Holzes kam aus

Rußland und einem Teil des nördlichen Deutschland aus Danzig, Riga und Lübeck, der Handelsname dafür war „handgespaltene Eiche aus dem Norden". Ein Teil kam aus Nordamerika (hauptsächlich Kanada, und ein Anteil aus den Vereinigten Staaten). Der dritte Teil kam aus dem südlichen Teil der Österreichisch-Ungarischen Monarchie und aus nördlichen türkischen Provinzen, es wurde unter dem Namen „Bosnische handgespaltene Eiche" geführt. Es wurde von den Adriahäfen nach Frankreich verschickt. Erst zum Schluss wird unter dem Namen „fléche garnie" oder „the garnished arrow" das französische Holz angeführt. Es kam aus den Vogesen, Pérgord, Burgund und der Angoumoisregion.
Das Holz aus dem Norden war schon damals das teuerste und hatte als weiteren Nachteil sehr schmale Fassdauben. Die Fassdauben aus Bosnien waren dagegen preislich wesentlich günstiger, sehr dick und lang. Da kann man schon die nostalgischen Erinnerungen eines Fassbinders verstehen, der gemeint hat: „Man kann sie mit der Säge nochmals teilen und jede Hälfte ergibt eine kräftiges Stück Holz, das sich sehr gut fürs Fassbauen eignet." Das französische Holz wurde wegen seiner Unregelmäßigkeiten nicht so oft verwendet. Die Fassbinder und Weinmacher kannten bald die Unterschiede der einzelnen Hölzer und deren geografischer Herkunft.
Von einer Sortenspezifikation war man damals noch weit entfernt, man unterschied lediglich Weißwein und Rotwein, ob er schwach oder stark war und der Name der Anbauregion galt als Qualitäts- und Markenzeichen.
In Bordeaux wurde sehr viel handgespaltenes nordländisches Holz für Fässer verwendet. Gefolgt wurde esvon bosnischer und amerikanischer Eiche und erst zum Schluss rangiert das heimische französische Eichenholz. Zu Beginn des 20. Jahrhunderts war die Meinung vorherrschend, dass die österreichischen und bosnischen Eichen Tannine und andere lösliche Substanzen enthielten, die sich sehr harmonisch mit dem Wein verbänden.

Die erste Studie mit Eichen unterschiedlicher Herkunft

Paul Draper vom Weingut Ridge war in Kalifornien einer der ersten, die sich Ende der 60er-Jahre mit amerikanischer Eiche für Weinfässer beschäftigten. „Der Grund, warum ich darauf vertraute, dass wir amerikanische Eiche verwenden sollten, basierte auf einer Studie aus dem Jahr 1900, die in Bordeaux gemacht wurde. Der 1900er war ein großer Jahrgang mit viel Extrakt, ich trank vor vielen Jahren einen Châteaux Margaux 1900 und er war im Stil wie ein Châteaux Latour, ein Pauillac. Ein großartiger Wein. Bei diesem Versuch wurden Fässer aus sechs Eichenarten unterschiedlicher Regionen gebaut. Je zwei Fässer davon wurden den besten Weingütern des Medoc, Haute Brion usw. zur Verfügung gestellt. Jedes der ausgesuchten Weingüter hat mit diesen sechs Sets von Fässern gearbeitet. In dieser Zeit wurde der Wein nach durchschnittlich drei Jahren in Flaschen gefüllt. Es waren immer mehr als zwei, aber nie mehr als drei Jahre. Die Weine wurden in den nächsten Jahren beobachtet. Im Jahre 1910, zehn Jahre nach der Ernte, wurden die Flaschen geöffnet, analysiert und verkostet.
Das Ergebnis dieser Untersuchung (Vergleichsverkostung) war, dass nicht das eine Château mit dieser oder der anderen Eiche besser umgehen konnte. Das Ergebnis war in jedem Château dasselbe. Der Wein mit der besten Entwicklung war in jedem Château in Fässern derselben Eichenart ausgebaut worden. Auch die Reihenfolge, welche Eichenarten sich geschmacklich am besten eigneten, war nach diesem Langzeitversuch ident.
Die beste geschmackliche Entwicklung des 1900er Weines auf allen Châteaus brachten die Barriques, die aus luftgetrocknetem Eichenholz aus Riga, Lettland, gebaut wurden. Das zweitbeste Ergebnis wurde mit Weinen, die in Eichenholz aus dem Baltikum (den Wäldern rund um Stettin und der deutsch-polnischen Grenzregion) reiften, erreicht. Die baltischen Wälder wurden im 1. Weltkrieg teilweise verwüstet, und während des 2. Weltkrieges wurden sie total abgeholzt. Nummer vier war dann luftgetrocknete amerikanische Eiche. Wir glauben, dass das Holz aus der Gegend von Ohio, Indiana, stammte.
Die Eiche Nummer fünf war aus Bosnien, jugoslawische Eiche, und erst Nummer sechs war Center of France, das sind Allier, Nevers, Tronçais. Diese Studie sagte aus, dass es überall auf der Welt Eichenholz gibt, das mindestens so gut wie das französische für den Weinausbau geeignet ist. Natürlich immer vom Jahrgang 1900 aus betrachtet. Für mich hat das bedeutet, das ich keine Kopie der Bordeaux-Stilistik machen will. Wir haben hier in Kalifornien unser eigenes Klima und unseren eigene Bodenstrukturen. Wir verwenden zwar die alten Rebsorten aus der Bordeauxregion, aber wir möchten großen kalifornischen Wein machen, oder großen St.-Cruz-Mountain-

Barriques aus amerikanischer Eiche bei Ridge Vineyard in Cupertino, Kalifornien

Wein. Wir wollen keinen französischen Geschmack nachmachen, um französischer auszusehen, wir spiegeln die Möglichkeiten unserer Region wider. Die Studie sagt aus, dass amerikanische Eiche „Quercus alba" in diesem Qualitätsvergleich als gleichwertig herausgekommen ist, daher wollen wir diese verwenden. Das war der Grund, warum ich im Jahre 1969 auf die Suche nach einer für den Fassbau geeigneten Eichenart amerikanischen Ursprungs ging.

Kalifornischer Wein in Kleinfässern aus amerikanischem Eichenholz

Damals bauten die amerikanischen Fassbinder ihre Kleinfässer nur für die Whiskeyproduzenten. Paul Draper begann Fässer aus amerikanischer, luftgetrockneter Eiche der „Hill Roundoak" (Arkansas), von einem Copper in Little Rock, Arkansas, bauen zu lassen. Gleichzeitig hat er mit Eichen aus Kentucky, Illinois und Missouri Versuche gemacht um festzustellen, wie diese Eichen sich geschmacklich im Wein auswirken. Zur damaligen Zeit hat er die Kleinfässer aus der Minnesota-Eiche der Blue Grass Coppers in Louisville bevorzugt. In den letzten 15 Jahren wurde die Zusammenarbeit mit unabhängigen Sägen in Missouri und Arkansas verstärkt. „Während der ganzen Jahre haben wir uns immer um andere, kleinere, Fassbindereien umgesehen und auch immer wieder deren Eichenfässer ausprobiert. Hauptsächlich hat es sich aber bewährt, unsere Weine in den Fässern dieser beiden Fassbindereien auszubauen." In den 70er-Jahren begann Paul Draper, auch Barriques von kleineren französischen Tonnellerien verschiedener Regionen nach Kalifornien zu importieren. „Wir kauften hauptsächlich Fässer aus „Central-France"-Holz. Das war aber ein nicht mehr als 5%iger Anteil in der Monte-Bello-Produktion. Wir begannen, auch mit anderen Fassbindern zusammenzuarbeiten. Der Monte Bello ist keine besonders große Produktion, und dadurch kamen vielleicht drei bis fünf Fässer auf einen Fassbinder. Es ging uns um darum, alles selbst auszuprobieren. Es gab Jahre, wo einzelne Fasstypen von 5 auf 15% Gesamtanteil gehoben wurden. Es ging uns immer darum, herauszubekommen wie sich die unterschiedlichen Holznuancen in die Cuvée Monte Bello einfügen. Bevor jedoch der Jahrgang in Flaschen gefüllt wurde, haben wir von all den Experimenten einzelne Proben extra in Flaschen gefüllt. Wenn wir sahen, das eines der Fässer oder eine Fasslinie Geschmackstöne mit sich brachte, die wir nicht wollten, wurde dieser Wein ausgeschieden". Die Weine wurden ständig sensorisch und analytisch kontrolliert. „Zum Schluss schauten wir, wie die Fässer mit dem französischen Holz in der Cuvée mit den in amerikanischer Eiche ausgebauten Weine harmonierten. Die Monte-Bello-Cuvée bestand dann meist aus Weinen, die zu 85% in luftgetrockneten, amerikanischen Eichenfässern und zu 15% in französischen Fässern ausgebaut wurde."

Zur damaligen Zeit war Ridge das einzige kalifornische Weingut, das mit Fässern aus luftgetrockneter amerikanischer Eiche gearbeitet hat. Für die Fässer für die Whiskeylagerung wurde nur kammergetrocknetes Holz verwendet. Kammergetrocknetes Holz wird nur für sechs Monate im Freien gelagert, die restliche Feuchtigkeit wird dem Holz in einem beheizten Raum entzogen. Geschmacklich besteht ein wesentlicher Unterschied zwischen diesen beiden Trocknungsverfahren.

Die älteste Eiche Mitteleuropas wächst in der Steiermark bei Fürstenfeld. Ihr Alter wird auf 1.000 Jahre geschätzt.

Eichen für den Fassbau

Von den 450 verschiedenen Eichenarten, die botanisch zur Familie *Quercus* zählen, werden nur drei Hauptgruppen als Grundholz für die Fassherstellung verwendet. Zwei davon sind europäischen Ursprungs, die Traubeneiche (*Quercus sessilis)* und die Stieleiche (*Quercus pedunculata und Quercus robur)*. Die dritte ist die amerikanische Weißeiche (*Quercus alba*). Diese drei Eichenarten haben ähnliche Struktur und Grundcharakteristik, doch gibt es in ihrer physikalischen und chemischen Zusammensetzung einige Unterschiede, die es wiederum leicht machen sie zu unterscheiden.

In Frankreich sind es zwei Eichenarten, *Quercus robur* und *Quercus sessilis*, die für den Fassbau Verwendung finden. Sie wachsen gemeinsam in den französischen Wäldern. *Quercus pedunculata* und *Quercus robur* bevorzugen feuchte, tiefgründige Erde in den Tälern und Ebenen, während *Quercus sessilis* mehr in den Hügeln und Bergen gedeiht und generell weniger Feuchtigkeit braucht.

Die Stieleiche – *Quercus robur und Quercus pedunculata*

Der Name leitet sich vom lateinischen *Quercus* = Eiche und *robur* = Kraft ab.

Mächtiger, starkästiger, unregelmäßiger Baum, der durchschnittlich 20 bis 40 m hoch wird. Die Stieleiche wächst meist in geschlossenen Beständen in der Ebene. Einzelne Exemplare können auch eine Höhe von bis zu 50 Metern erreichen.

Sommergrün, runde Krone mit auseinanderlaufendem Stamm und knickigen Ästen. Stamm und Äste orthotrop orientiert.

Wie bei den meisten ringporigen Baumarten findet der Austrieb erst Ende April bis Mitte Mai statt. Blühreife mit etwa 40 Jahren. Blüten eingeschlechtlich, einhäusig und windbestäubt. Die männlichen Blüten stehen einzeln und locker an herabhängenden, fädigen Achsen. Sie haben ein zipfeliges Perigon mit 5 bis 12 Staubblättern. Die weiblichen Blütenstände stehen, ebenso wie später die Früchte, zu wenigen an längeren, steifen Stielen (Stieleiche) in den Achseln der oberen Blätter junger Triebe. Sie bestehen nur aus einer einzigen Blüte. Ihr dreifächeriger Fruchtknoten ragt mit einer rötlichen Narbenscheibe und 6 unscheinbaren Perigonblättchen aus der schuppigen und napfförmigen Cupula heraus. Die Blüteninduktion erfolgt im Sommer des Vorjahres, die der männlichen Blüten früher als die der weiblichen. Nach der Blüte im Mai findet eine nennenswerte Größenentwicklung der Fruchtknoten erst wieder ab August statt.

Fruchtreife im Oktober. Die Frucht ist eine Nuss mit rehbraunem, lederartigem Perikarp mit olivgrünen Längsstreifen. Die Stieleiche ist eine Lichtbaumart mit Pioniereigenschaften, was an den allseits ausgerichteten Blättern und Zweigen zum Ausdruck kommt, die die Krone mehrschichtig wirksam werden lassen. Sie tritt aber auch als natürliche Mischbaumart im Zwischenwald auf und auf schlechteren Standorten als Bestandteil des Schlusswaldes. Sie kommt in der nemoralen Zone in ganz Europa bis zum Ural und Kaukasus vor. Sie verlangt höhere Sonnenwärme, dauernde Bodenfrische und tiefgründige, nährstoffreiche Böden. Ihr Schwerpunkt sind die Tieflagen mit stärkeren Klimaextremen auf schwereren, feuchten und kalten Böden.

Das Holz der Stieleiche

Das Holz ist ringporig mit einem gelbbraunen Kern. Neben sehr feinen Holzstrahlen finden sich sehr breite, die mit bloßem Auge erkennbar sind. Sehr fest, hart und schwer. Das Dickenwachstum hält bis Ende August an.

Die Traubeneiche – *Quercus sessilis oder Quercus petraea*

Die Eichenart *Quercus sessilis* wächst vorwiegend im Hügel- und Bergland auf leichteren, sandigen und trockenen Böden. Die Krone ist regelmäßig und häufig mit durchlaufendem Stamm, da die Spitzentriebe im Gegensatz zu *Quercus robur* nicht abspringen. Unterschiede zur Stieleiche: die Knospen sind kegelförmig, graubraun, nicht glänzend; Blätter mit Büschelhaaren in den Nervenwinkeln und meist längerem Stiel; Früchte im typischen Fall sitzend und traubig angeordnet, rotbraun und nicht gestreift, oft schon im Herbst keimend, Laubausbruch und Blüte bis zu 14 Tage später.

Die amerikanische Weißeiche – *Quercus alba*

Schon im 19. Jahrhundert wurden Fässer, die aus amerikanischer Eiche gebaut wurden, in Frankreich, Großbritannien, Jerez und Oporto verwendet. Zu dieser Zeit war es in Europa nicht leicht brauchbare Eichenstämmme für die Fassherstellung zu finden. Erst seit dem Jahre 1930 hatte man in Frankreich wieder eigenes Holz zur Verfügung.

In Nordamerika wird hauptsächlich *Quercus alba* für die Fassherstellung verwendet, daneben auch andere Eichenarten werden dafür verwendet: *Quercus prinus, Quercus bicolor, Quercus meulhenbergii und Quercus stellata,* um nur einige zu nennen. Zwischen dem 30. und 65. Breitengrad wächst die amerikanische Weißeiche. Von Alabama im Süden bis zu den großen Seen im Norden, kommt sie hauptsächlich in gemischten Wäldern vor. Eichenholz aus den nördlicheren, kälteren Bundesstaaten ist dichter und härter als das im Süden gewachsene. Die Gesamtfläche der Eichenwälder in den USA beläuft sich auf ca. 45 Millionen Hektar. Die Eichenressourcen in diesen Gebieten betragen 694 Millionen Kubikmeter Holz, das sind um 30% mehr als alle französischen Wälder gemeinsam.

Die Region mit den großen Weißeichenvorkommen ist der Mittelwesten der USA (Kentucky, Tennessee, Missouri, Ohio, Wisconsin, Illinois und Iowa), auch die Fassbinderindustrie ist dort angesiedelt. Sehr gut für den Fassbau geeignet sind auch die Eichen aus Nordkalifornien und den Bergregionen Oregons. In den westlichen Appalachian Mountains sind die größten Whiskeyhersteller des Landes beheimatet.

Amerikanische Eiche hat einen wesentlichen Vorteil gegenüber europäischer: der Stamm kann ohne Qualitätsverlust in Fassdauben aufgesägt werden.

Die Herkunft des Holzes

Die Struktur des Eichenholzes hängt von den Wachstumsverhältnissen der Bäume im Laufe ihres 180- bis 250-jährigen Wachstums ab, vom Boden und dem natürlichen Klima. Die Ernährung eines Baumes erfolgt durch seine Wurzeln, die die Inhaltsstoffe des Bodens aufnehmen. Sein Wachstum ist von den Niederschlägen eines Jahres abhängig. Alle klimatischen Einflüsse während eines Vegetationszyklus, ob es genügend Regen gab oder trocken war, der Winter kalt oder mild, hinterlassen ihre Spuren im Buch der Jahresringe.

Die Kraut-, Sommer- oder Stieleiche –
Quercus robur = Quercus pedunculata
Höhenwachstum: 25 – 40 m, Alter: 500 bis 800 Jahre
Wachstum in Europa, Nordafrika und Kleinasien.

Die Trauben-, Winter- oder Steineiche –
Quercus petrea = Quercus sessilis
Höhenwachstum: 25 – 45 m, Alter: 180 bis 250 Jahre
Wachstum in Europa bis Kleinasien.

In Frankreich sind es insbesonders zwei Arten, die Stieleiche *Quercus robur* und die Traubeneiche *Quercus sessilis*, die Verwendung finden. Sie wachsen gemeinsam in den französischen Wäldern. Die Sommereiche *Quercus pedunculata* bevorzugt feuchte, tiefgründige Erde in den Tälern und Ebenen, während die Wintereiche *Quercus sessilis* mehr in den Hügeln und Bergen wächst und auch weniger Feuchtigkeit braucht.

Bis eine Eiche als Grundmaterial für den Fassbau verwendet werden kann, vergehen durchschnittlich 200 Jahre. Die heutige französische Forstwirtschaft profitiert von den Überlegungen des Herrn Colbert, der Minister unter König Ludwig XIV. war, und der mit einer Wiederaufforstung der Wälder begann. Der Bürgerkönig Louis-Philippe hat diese Anstrengungen dann noch weitergeführt. Bei ihrem Einsatz zur Rettung der Eichenwälder dachten die Staatsmänner nicht daran, dass die Weinindustrie in 200 Jahren vermehrt Eichen für den Bau von Barriques benötigen würde, sondern vielmehr daran, in Zukunft genügend Holz für den Schiffbau zur Verfügung zu haben.

Das Eichenholz war über Jahrhunderte ein unerlässlicher Bestandteil für den Schiffbau. Heute werden rund 1,8 Millionen Hektar französische Wälder vom staatlichen Forstministerium „l'Office National des Forêts" bewirtschaftet. Insgesamt bedecken 10 Millionen Hektar Wald (mit 4 Millionen Besitzern) die Oberfläche Frankreichs. Der gesamte Eichenbestand dieser Wälder beträgt etwa 40 Millionen Bäume. Der jährliche Bedarf der holzverarbeitenden Industrie liegt bei rund 400.000 Bäumen. Wobei das Eichenholz in erster Linie für den Möbelbau verwendet wird. Alljährlich werden in Frankreich rund 200.000 Eichenfässer hergestellt.

Die Charakteristik der französischen Eiche

Der Unterschied beruht auf den Regionen, auf den verschiedenen Eichenarten, dem Klima, der Feuchtigkeit, dem Boden, Nährstoffen und den Kultivierungsmethoden und der Pflege des Waldes über fünf Generationen.

Die Holzherkunft wird nach 2 Gesichtspunkten unterschieden:
* Nach der Region * Nach dem Wald

Bei den *Regionen* unterscheidet man:
* Région Centrale du France (Central France)
* Allier Region
* Tronçais
* Nevers Region
* Burgund
* Vosges Region
* Limousin Region

Die Unterscheidung nach dem *Wald*

bedarf einer genaueren Analyse. Auch in den besten Waldgegenden wie in Russy, Jupille, Tronçais, Bertranges, Darney ist es nicht möglich, dass alle Bäume mit den gleichen Bedingungen gedeihen. Kleinklima, Höhenunterschiede, unterschiedliche Bodenstrukturen, extrem fette oder karge Böden, mehr oder weniger Winterfrost, Jahre mit mehr Regen und andere ohne lassen die Qualität der Bäume sogar aus demselben Wald untereinander differieren. Im Laufe von 180 bis 250 Jahren wachsen in den Wäldern die unterschiedlichsten Qualitäten heran. Um optimales Holz zu bekommen ist es für den Fassbinder notwendig, sich ständig mit seinem Grundmaterial auseinanderzusetzen.

Das bedeutet für die Fassbindereien (Tonnellerien):
- die Wälder zu kennen und diese ständig zu beobachten (wann die Bäume gefällt werden sollen)
- die Holzauktionen im Herbst zu verfolgen
- Aussuchen und kaufen von Bäumen direkt aus dem Wald

Région Centrale (Central France)

die Wälder der Region Département du Cher erstrecken sich unterhalb der Stadt Orleans. 161.000 Hektar Waldfläche umfasst dieser Teil im Herzen Frankreichs. Beide Eichenarten wachsen hier, sowohl die Stieleiche *Quercus robur* als auch die Stein- oder Traubeneiche *Quercus sessilis*. Die guten klimatischen Bedingen ermöglichen ein gleichmäßiges Wachstum. Das Holz ist hart und widerstandsfähig. Die Maserung des Holzes ist fein, engporig und gerbstoffreich.

Allier

Eiche kommt aus den gleichnamigen Wäldern im Département Allier, oberhalb der Stadt Vichy. Diese Hochwälder zählen zu den schönsten Europas und wurden von Colbert in der Zeit Ludwig XIV. angelegt. Die Bäume wachsen auf lehmigen und kieselhaltigen Böden. Hier gedeiht hauptsächlich die Stieleiche *Quercus robur*. Die guten Wachstumsbedingen ermöglichen ein rasches Höhenwachstum und ein geringes Breitenwachstum. Die Maserung ist dadurch sehr fein, kleinporig und gerbstoffreich.

Tronçais

Der Wald von Tronçais umfasst eine Fläche von 10.611 Hektar und ist naturgeschützt. In diesem Wald werden sehr wenig Bäume gefällt. Pro Jahr sind es vielleicht hundert Fässer, die aus diesem Holz gebaut werden. Das Tronçais-Holz wirkt im Wein schon am Anfang sehr intensiv, besonders im Geruch, fällt danach aber relativ rasch ab. Der deutliche und vordergründige Holzgeruch ist für Tronçais-Eiche sehr typisch.

Nevers Eiche

benannt nach der Stadt Nevers – wächst in der Umgebung der Stadt im Département de la Nievrè. Die Waldfläche dieser Region umfasst 114.000 Hektar. Die Region ist sehr hügelig, die Erde fruchtbar und feucht. *Quercus pedunculata* ist vorherrschend, aber in einem der größten Wälder, dem von Bertranges, wächst nur *Quercus robur*. Die Holzqualität liegt in der Mitte zwischen Limousin und Tronçais. Die Maserung ist feiner und geradwüchsiger als die der Limousin-Eiche.
Das Holz hat eine mittlere Porenstruktur. Die Nevers-Eiche beeinflusst den Wein weniger schnell, aber mit der Lagerung kontinuierlich fortschreitend.

Burgundische Eiche

aus der Region der Côte d'Or – kommt hauptsächlich aus den Wäldern von Citeaux, östlich von Nuits-Saint-Georges. Die Charakteristik des Holzes ist der Limousineiche am ähnlichsten.
Das Holz verfügt über eine mittlere Porenstruktur. Beim Ausbau verhält sich die burgundische Eiche ähnliche der Nevers-Eiche, mit einer langsamen und gleichmäßigen Zunahme der Gerbstoffe im Wein.

Vogesen

Nordöstlich von Dijon erstreckt sich diese Region. Mehr als 280.000 Hektar sind bewaldet, wovon der berühmte „Forêt Domaniale de Darney" 8.500 Hektar ausmacht. Je nach der geografischen Lage, ob am Berg oder im Tal gelegen, sind die Böden sehr unterschiedlich. Es gedeihen hier auch beide Eichenarten, die Stiel- und die Traubeneiche. Das Holz ist engporig und gerbstoffreich.

Limousin-Eiche

benannt nach der gleichnamigen Region, kommt aber hauptsächlich aus der Umgebung von Haute-Vienne, nahe der Stadt Limoges. In Limousin gibt es hauptsächlich ton- und kalkhaltige oder granithaltige Böden. Der Duft des Holzes entspricht dem des Bodens. Sowohl die Bäume als auch die Wälder sind klein und weit verstreut.
Die Stieleiche *Quercus robur* ist hier vorherrschend. Die Dichte des Holzes und die grobe Maserung kommt von den harten Wachstumsbedingungen in dieser Region, das Höhenwachstum ist auch deutlicher zugunsten des Breitenwachstums ausgeprägt. Die Maserung des Holzes ist sehr verschlungen, mit einer großporigen Struktur. Die Wälder von Rochechouart und Brigueuil sind sehr typisch für diese Eichenart.
Durch die große Porenstruktur werden die physikalisch-chemischen Austauschvorgänge zwischen Holz und Wein

beschleunigt. Das Aroma des Weines wird durch den hohen Gerbstoffgehalt sehr schnell beeinflusst. Die Weine sind in ihrer Jugend nicht so fein und reich im Ausdruck, weniger ausgewogen und rund und neigen leicht zur Adstringens im Geschmack.

Andere französische Regionen mit geeigneten Eichen für den Fassbau sind: Département d'Eure et Loire, Département de l'Indre, Département du Loiret, Département de la Sarthe und das Département de la Vienne.

In der Bordeaux-Region wird die Nevers-Eiche sowohl für die kräftigen Rotweine als auch zum Ausbau der Weißweine verwendet werden. In der Cognac wurde traditionell immer Limousin-Eiche verwendet, aber auch eine Mischung aus Tronçais und Nevers. Limousinholz und Eiche aus den Wäldern von Citeaux werden schon seit vielen Generationen im Burgund sowohl für die rote Burgunder- als auch für Weißweinlagerung verwendet.

Zentraleuropäische (ungarische, serbische, rumänische), russische, deutsche und österreichische Eichen

In der ehemaligen Sowjetunion wurde schon im ersten Jahrtausend vor Christus Weinbau betrieben. Die Sowjetunion war auch das drittgrößte weinbautreibende Land der Erde nach Italien und Frankreich.

①

②

③

Charakteristische Unterschiede der Jahresringe (grain) bei Eichen verschiedener Herkunft

① *Quercus sessilis – Traubeneiche*
② *Quercus pedunculata – Stieleiche*
③ *Quercus alba – amerikanische Weißeiche*

In den 80er-Jahren begann die Tonnellerie Seguin Moreau in Georgien am Schwarzen Meer gemeinsam mit der Regierung die Forstwirtschaft aufzubauen. Die Eiche dieser Region ist für den Fassbau besonders geeignet.

Bei Beachtung standortbedingter, klimatischer und artspezifischer Gesetzmäßigkeiten ist die Eiche aus fast allen mittel- und osteuropäischen Ländern als Grundwerkstoff für den Bau von Weinfässern verwendbar. Gerade in den letzten Jahren wurde verstärkt mit einheimischen, österreichischen Eichen experimentiert. Die Weine, die in Fässern aus Mannhartsberger, südoststeirischen Eichen oder Eichen aus dem Wienerwald ausgebaut wurden, zeigen sehr interessante Geschmackskomponenten. Die Voraussetzung dafür ist immer die jahrelange Lufttrocknung des Holzes und die weitere fachgerechte Verarbeitung.

Die Struktur des Eichenholzes

Ein sehr markantes Merkmal des Eichenholzes ist es, dass jeder Jahresring, die jährliche Wachstumsperiode, mit einer relativ porösen Zone beginnt. Den Pflanzensaft leiten hauptsächlich die großen, röhrenförmigen Tracheen (Gefäße) des Frühjahrsholzes weiter. Das Ende eines Jahresringes besteht immer aus einem längsgerichteten Gewebe und Cellulosefasern feiner Struktur. Diese Fasern dienen der Speicherung und Stoffumwandlung und besitzen sehr viele feine Leitungsbahnen, die Tracheiden. Daraus ergibt sich das für die Eiche typische Erscheinungsbild aus groß- und engporigen Jahresringen.

Es sind nur bestimmte Eichenarten, die als Ausgangsholz für Fassmaterial geeignet sind, dieses strukturelle Merkmal ist besonders in den Markstrahlen und Thyllen begründet. Strahlenförmig, vom Zentrum des Stammes aus, durch den Radius des Holzkörpers erstrecken sich die Markstrahlen (Xylemstrahlen) des Holzes. Quer, vom Mark (oder Herz) des Baumes bis zur Borke führen diese Diffusionskanäle durch den Stamm. Im lebenden Baum sorgen diese Kanäle für den horizontalen Transport der Stoffe.

Beim Eichenholz gibt es zwei Typen dieser Markstrahlen; die großen, primären Xylemstrahlen, die im Querschnitt (Hirnschnitt) des Holzes als deutliche, von der Stammmitte nach außen weisende hellere Strahlen zu erkennen sind, und die sekundären, kleineren Markstrahlen, die kürzer und schmäler sind.

Bei der Weißeiche (*Quercus alba)* machen die Markstrahlen rund 28% des Holzvolumens aus, bei anderen Eichenarten 19 bis 32%. Die Markstrahlen bei anderen Harthölzern nehmen nur rund 15% des gesamten Holzvolumens ein.

Im Vergleich zu anderen Hölzern tragen diese großen Xylemstrahlen zur Stärke und Undurchlässigkeit des Eichenholzes

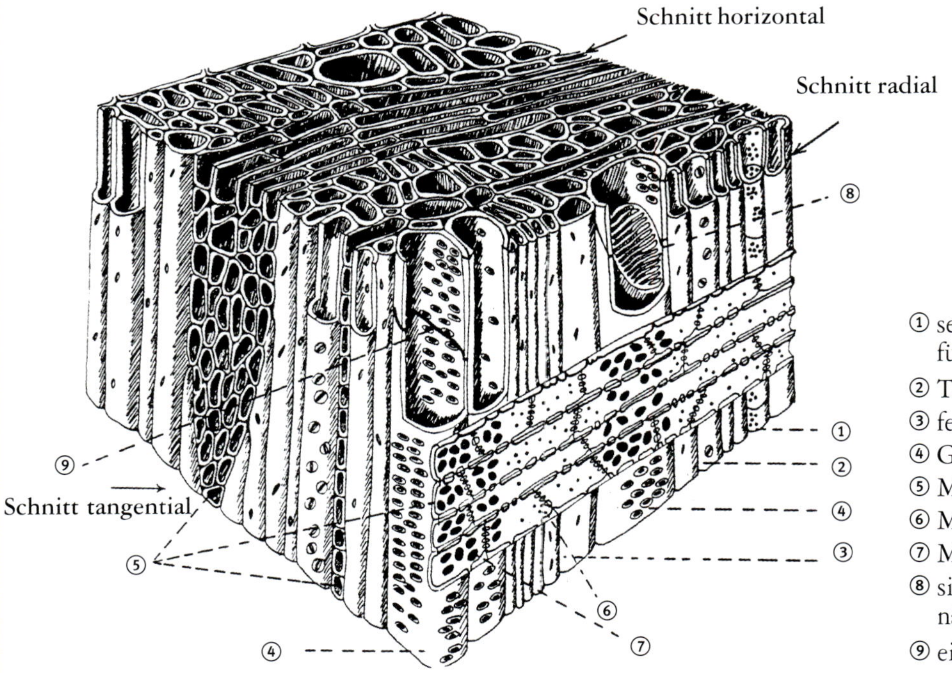

① senkrecht laufendes Parenchymgewebe für den aufsteigenden Saftstrom
② Tracheidfaser
③ feine Fasern
④ Gefäß mit Lüftungsöffnungen
⑤ Markstrahlen für radialem Transport
⑥ Markstrahlfasern mit Punkten
⑦ Markstrahlgefäße mit Punkten
⑧ siebartiger Gefäßdurchlaß zur nächsten Zelle
⑨ einzelne Öffnungen

bei. Die Xyleme (Markstrahlen) des Eichenholzes sind so groß und zahlreich, dass ein Wassermolekül, das durch die Flanken eines Fasses diffundiert, bei geradlinigem Weg fünf oder mehr von ihnen passieren muss.

Eichenhölzer, die für den Fassbau bevorzugt verwendet werden, sind von Natur aus reich an Thyllen. In den Leitungsbahnen sind Thyllen ballonartige Einstülpungen. Sie entstehen durch die Aufblähung der Wände angrenzender lebender Zellen in den Gefäßkanal. Je nach Art der Eichen werden sie in einer außerordentlich großen Zahl gebildet. Sie blähen sich in die feinen Saftröhren hinein und vergrößern sich, bis sie die Tracheen vollständig schließen und effektiv den Transport von Flüssigkeit in diesen Leitungsbahnen blockieren. Die vollständige Verstopfung der Gefäße mit Thyllen fällt gewöhnlich mit dem Übergang von Splintholz in Kernholz zusammen und ist ein Grund, warum nur das Kernholz für die Herstellung von Fassdauben verwendet werden kann.

Das Wachstum des Holzes

Wenn ein Baum senkrecht zu seiner Achse durchgeschnitten wird (Querschnitt), sind die Jahresringe meist als konzentrische Kreise mit einem gemeinsamen Mittelpunkt zu sehen. Diese Schnittfläche wird „Hirnfläche“ genannt. Einen Längsschnitt durch die Mitte (Herz-Markröhre) des Stammes bezeichnet man als Radial-, Spalt- oder Spiegelschnitt.

In der Mitte des Stammquerschnittes befindet sich das „Herz“ oder „Mark“. Es ist schwammig-weich und sieht rot bis braun aus. Um das Herz herum liegt bei Kernholzbäumen das Kernholz, es hat im trockenen Zustand eine dunklere Farbe als das dann folgende Splintholz. Bei manchen Holzarten liegt zwischen Kern- und Splintholz eine Schicht, die weniger hart als Kernholz, aber härter als das Splintholz ist. Man bezeichnet sie als „Reifholz“. Um die Splintschicht herum sitzt die Teilungsschicht oder das Kambium. Dies ist die eigentliche Wachstumsschicht. Sie sorgt für das Dickenwachstum des Baumes. Den Abschluss des Stammes nach außen bildet die Rinde.

Das Splintholz ist noch aktiv an der Saftleitung beteiligt, während das innenliegende Kernholz keinen Anteil mehr am Leben des Baumes hat. Durch physikalische, chemische und anatomische Veränderungen entsteht das Kernholz. Diese Veränderungen finden sich hauptsächlich in den ältersten Wachstumsringen:

* Durch die Einlagerung von gewissen Stoffwechselprodukten wird das Holz dunkel gefärbt.
* Die großen Gefäße werden durch das Hineinwachsen der ballonartigen Ausstülpungen, der Thyllen, vollständig verschlossen.

Die jährliche Neuholzbildung ist bei der Eiche nur von Ende April bis August. Im Frühjahr arbeitet das Kambium viel lebhafter als im Herbst. Das Frühjahrsholz schließt deshalb ein bis drei Reihen größere Leitungsbahnen (Tracheen) von etwa 0,3 mm Durchmesser ein, während das Sommerholz viel

	Quercus robur		Quercus petraea		
	Limousin-Eiche	Französisches Baskenland	Vogesen-Eiche	Zentralfranzösische Eiche	Spanisches Baskenland
Breite der Jahresringe in mm	4,5	1,36	2,9	1,39	1,43
Anzahl der Jahresringe pro cm	2,22	7,36	3,44	7,16	6,9
Breite des Frühlingholzes in cm	1	0,72	0,77	0,39	0,75
Dichte und Breite des Sommerholzes mit Bezug auf die Wachstumszunahme	0,77	0,47	0,73	0,71	0,47

kleinere Gefäße aufweist. Dieser Teil des Jahresringes ist infolgedessen härter. Je älter der Baum, desto größer werden die Jahresringe. Ihre Anzahl gibt das Alter des Baumes an. Die einzelnen Jahresringe können nicht gleich breit sein, denn sie fallen naturgemäß in einem kalten oder trockenen Jahr schmäler aus. Am breitesten sind sie in nassen und warmen Jahren. Aus der Natur des Zellverbandes und seiner gegebenen Struktur, der Oberflächenbeschaffenheit und der „Porengröße" sowie den natürlichen Restinhaltstoffen des Holzes ergibt sich die Beeinflussung des Weincharakters durch das Holzfass. Die Holzqualität spielt immer eine entscheidende Rolle für den Gehalt an Aromakomponenten. Langsam gewachsenes, feinstrukturiertes Holz bringt immer die stärksten Aromen mit. Holz mit groben Jahresringen beinhaltet weniger Duftkomponenten und diese werden schneller erschöpft.

Die Jahresringe – „Grain"

Die tatsächliche Herkunft des Holzes ist für den Verwender eines Barriques nicht nachvollziehbar. Ein Teil der französischen Tonnellerien garantiert die Herkunft des für ihre Barriques verwendeten Holzes.
Zusätzlich hat ein Baumstamm noch unterschiedlich dichte Jahresringe. Je nachdem, wie hoch der Stamm gewachsen ist, sind die Jahresringe gröber oder feiner. Einige Meter oberhalb des Bodens sind sie feiner als unten.
Deshalb sind einige Tonnellerien dazu übergegangen, die Klassifizierung der Qualität des Holzes nach der Feinheit der Maserung der Jahresringe einzuteilen.
Die Namen der Wälder und Regionen wie „Tronçais" stehen für eine ganz bestimmte Dichte der Jahresringe, für einen Typ Holz, der in allen Wäldern vorkommt.

Die „Grain-Typ-Bezeichnung" hat folgende Bedeutungen:

Typ „Grain-Tronçais" 0,5 – 1 mm Breite eines Jahresringes,
Typ „Grain-Allier" 1 – 2 mm Breite eines Jahresringes,
Typ „Grain-Nevers" 2 – 3 mm Breite eines Jahresringes,
Typ „Grain-Vosges" 3 – 4 mm Breite eines Jahresringes,
Typ „Grain-Limousin" 5 mm Breite eines Jahresringes und mehr.

Die Dichte der Jahresringe wird in Kategorien unterschieden:

„grain fin" = Feine Maserung
„grain moyen" = Mittlere Maserung
„gros grain" = Grobe Maserung

Die Dichte des Holzes wird auch nach der Anzahl der Jahresringe pro cm gewachsenen Holzes, und der Breite des Frühlingsholzes, das eine weichere Konsistenz aufweist, unterschieden.

Diese Forschungsergebnisse stammen von den Untersuchungen des Önologen Nicolas Vivas, Tonnellerie Demptos. Recherches sur la Qualite du Chene Français de Tonnellerie et sur les mecanismes d'oxydoreduction des vins rouges au cours de leur elevage en barriques, Universite Victor Segalen Bordeaux 2, 1997.

4
5
6
1
2

Die Herstellung der Barriques

Günther Schönberger

Die Herstellung eines Holzfasses ist wie schon vor hunderten Jahren ein Handwerk geblieben. Bis jedoch der Stamm einer Eiche dick genug ist um daraus Fässer machen zu können, vergehen einige Jahrhunderte. Fünf Generationen müssen einen Wald pflegen, bevor ein Baum die nötige Stärke erreicht hat, um als Grundprodukt für die Weinfässer gebraucht zu werden. Für ein 225-l-Barrique braucht man einen halben Kubikmeter ausgesuchte Bretter – eine ausgewachsene Eiche mit ungefähr 200 Lebensjahren ergibt etwa 10 Kubikmeter Holz, wovon allerdings die Hälfte aus Ästen besteht. Nur der untere Teil des Baumes, der gerade gewachsene Stamm mit etwa einem Kubikmeter Holz, kann für die Holzfassherstellung verwendet werden. Für einen Kubikmeter *„Douelles"*, den Holzrohlingen, die aus dem aufgespaltenen Holz herausgeschnitten werden, braucht man 5 m^3 Eichenholz. Wenn der Stamm sorgfältig verarbeitet wird, kann man gerade zwei Kleinfässer daraus bauen.

Die Aufbereitung der Baumstämme

Als erstes werden in der Fassbinderei die Baumstämme, die für Fässer in Barriquegröße verwendet werden, in Einmeterstücke *(Billon)* geschnitten. Diese Holzbloche werden anschließend hydraulisch aufgespalten, in die benötigten Stückgrößen zerkleinert. Die Spaltbarkeit entlang der Markstrahlen ist eine der wichtigsten Eigenschaften des Holzes. Die Bruchfläche erfolgt entlang der Wachstumsfaser. Dabei werden nur wenige Gefäße angeschnitten und die Holzoberfläche ist dadurch in sich für Flüssigkeit und Gas dichter.

Die Abteilung, in der die Stämme zerkleinert werden, bietet eine imposante Geräuschkulisse. Von einem Arbeiter gelenkt,

① Gleich nach dem Fällen des Baumes wird er mit einer Nummer und Farbmarken versehen. Dadurch ist die Herkunft des Holzes immer kontrollierbar.

② Die Stämme werden in ein Meter lange Bloche („Billon") zersägt.

③ Die Bloche werden in 16 gleich große Stücke aufgespalten. Das Spalten erfolgt immer exakt nach der Maserung des Holzes.

④ Die dreieckigen Holzrohlinge werden „Quartier" genannt.

⑤ Die Eichenholzstücke werden zu rund drei Zentimeter dicken Brettern („Douelles") zugeschnitten und gehobelt.

⑥ Diese Bretter werden dann zwei bis drei Jahre zum Trocknen im Freien aufgestapelt. Im Laufe dieser Zeit verliert das Holz durch Regen, Wind und Sonne die bittersten Gerbstoffe und einen Teil der Feuchtigkeit.

3
4
5
1
2

treibt ein starker Elektromotor den schweren Spaltkeil in das Holz. Dem wilden Knirschen des Holzes, wenn es entlang der Längsfasern aufsplittert, folgt eine kurzer Moment der Ruhe bevor das gleichmäßige Surren der Maschine zum nächsten Aufschwung und neuerlichen Niederdrücken des Stahlkeiles wieder einsetzt. Dabei versucht er mit jedem weiteren Spaltstoß die größtmögliche Nutzung aus den rund 50 Zentimeter Durchmessern eines Stammes zu erreichen.

Das Rohmaterial für die Fassdauben, die Eichenstämme aus Wäldern unterschiedlicher europäischer Regionen, werden immer der gewachsenen Maserung folgend gespalten, nicht gesägt. Wenn die Spaltfläche glatt und ebenmäßig verläuft, ist die weitere Verarbeitung, das Zuschneiden des Holzkeiles zum Brett, leicht und man hat nur einen geringen Abfall.

Der Stamm der amerikanischen Weißeiche *(Quercus alba)* kann für die Fassherstellung aufgesägt werden. Bei gesägtem Holz hängt die Qualität des zukünftigen Fasses vom geraden Wuchs des Baumes und der Technik beim Aufsägen des Stammes ab. Beim „Spiegelschnitt" soll der Schnitt annähernd durch die Markstrahlebenen verlaufen, sodass die Jahresringe an den Daubenköpfen aufrecht stehen und die Xylemstrahlen an der Stirnseite sehr flach verlaufen. „Spiegel" werden die angeschnittenen Markstrahlen, die als glatte und helle Holzzonen auf den Längsflächen der Dauben und Fassbodenstücke sichtbar sind, genannt.

Das Zuschneiden der Rohbretter

Die dreieckigen Holzkeile *(Quartier)* werden im nächsten Arbeitsgang mit einer Bandsäge aufgeschnitten und anschließend zu etwa drei Zentimeter dicken Brettern *(Douelles)* gehobelt. Diese rohen Bretter werden das erste Mal selektioniert. Jedes Brett, das auch nur einen noch so kleinen Ast hat, wird ausgeschieden. Und falls ein Holzwurm seine Spuren in einer der zukünftigen Dauben hinterlassen hat, kommt dieses Brett ebenfalls zum Brennholz.

Bevor die Kurzbretter weiterverarbeitet werden, trocknen die Rohlinge zwei bis drei Jahre im Freien. Feinsäuberlich in Stößen aufgeschichtet, den Jahreszeiten und jeder Witterung, ob Sonne, Wind oder Regen, ausgesetzt, werden im Laufe der Jahre bei dieser Lufttrocknung die bittersten Gerbstoffe und Tannine aus dem Holz gewaschen. Unter der Einwirkung von Holz- und Mikroorganismen und Enzymen kommt es auch zu einer chemischen Veränderung der Inhaltsstoffe, den Gerbstoffen und der Zellulose.

Jeder Stapel muss so gesetzt sein, dass von allen Seiten die Luft gleichmäßig zum Holz kommt. Die Trocknung geht sehr langsam vor sich, ein bis zwei Jahre pro Zentimeter Dicke beim Hartholz besagt eine Regel. Die Bretter trocknen immer von der Außenseite her ab. Ein frischer Daubenstabes ist in der Mitte feuchter als außen. Der Unterschied zwischen außen und innen baut sich im Laufe des Trocknungsprozesses ab, und bei vollständiger Durchtrocknung herrschen im ganzen Eichenbrett fast die gleichen Feuchtigkeitswerte.

Die oberen Bretter eines Stapels werden durch den Regen immer stärker ausgewaschen als die unteren. Um eine gleichmäßige Auswaschung und Trockenqualität des Holzes zu erreichen wird der ganze Stapel mit einem Gabelstapler umgedreht, sodass die unteren Bretter nach oben kommen und die oberen nach unten.

Einige französische Tonnellerien wenden verschiedene Methoden an, um die groben Gerbstoffe schon während der Trockenphase aus dem Holz auszuwaschen. Bei Seguin Moreau werden die Holzstapel regelmäßig beregnet. Die Tonnellerie Boutes verwendet Tauchbecken, in die die Holzstapel für zwei Wochen getaucht werden. Um eine gleichmäßige Verringerung der Gerbstoffe zu erreichen, wird nach der ersten Woche das Wasser gewechselt und das „Auslaugungsbad" mit frischem Wasser wiederholt. Die Tonnellerie Saury entwickelte eine eigene Technik zur Reduzierung der Gerbstoffe. Wie bei einer Autowaschanlage werden die aufgeschichteten Eichenholzbretter mit starken Sprühdüsen, die den Stapeln entlangfahren, geduscht und die Gerbstoffe dabei ausgewaschen. Bei den ersten Duschdurchgängen ist das abfließende Wasser dunkelbraun, so stark wird das Holz ausgeschwemmt. Durch diese Behandlung wird die Eiche weicher, gleichmäßiger ausgewaschen und milder. Es sind von Beginn des Trocknungsprozesses an weniger von den harten und bitteren Gerbstoffen im Holz.

Nach dem Spalten hat das Eichenholz 35 – 40% Feuchtigkeit und ist somit recht nass. Nach zwei Jahren der Trocknung beträgt die natürliche Feuchtigkeit nur mehr 12 – 18%.

---

① *Zwischen den Holzstapeln sind Beregnungsanlagen installiert. Jede Tonnellerie hat dabei ihre eigene Methode um die groben Tannine des Eichenholzes schon während der Trocknungsphase auszuwaschen.*

② *Ein gerade gesetzter Holzstapel, die Bretter sind noch hell und frisch.*

③ *Sorgfältig aufgeschichtet steht ein Stapel neben dem anderen, damit überall die Luft zirkulieren kann.*

④ *Nach abgeschlossener Reifung werden die Bretter zu Dauben gehobelt.*

⑤ *Die Fassdauben sind verschieden breit, auf der Assemblagebank legt der Fassbindermeister die passenden Stücke für ein Barrique auf. Rund dreißig Stück werden für ein Fass benötigt. Dabei berücksichtigt er gleich die passende Daube, in die zum Schluss das Spundloch gebohrt wird.*

Die einzelnen Dauben werden zur Grundform des künftigen Fasses vereinigt. Durch zwei Metallreifen beringt wird die Form zusammengehalten. In dieser Phase gleicht das Fass einer geöffneten Rosenblüte.

1
2
3
4

① *Die Fassrose wird das erste Mal über eine Feuerstelle gestellt, die mit den Eichenholzresten befeuert wird.*

② *Damit sich die Dauben leichter biegen lassen, muss das Feuer während dieser Erwärmung gleichmäßig sein.*

③ *Nur mit Hitze und Wasser wird es in seine durch den Schnitt der Dauben vorgebene Form gebogen. Ein ständiges Befeuchten der Innen- und Außenseite des Holzes ist dabei notwendig.*

④ *Mit einem Seilzug werden die Dauben in die Fassform gezwängt.*

⑤ *Dabei ist sehr viel Gefühl und die Erfahrung des Fassbinders gefordert. Nur wenn das Holz richtig temperiert ist, splittert und bricht es nicht.*

Der Wassergehalt des Holzes und der der Luft liegen dann so nahe beieinander, dass Feuchtigkeit weder aufgenommen noch abgegeben wird, durch die Lufttrocknung ist das „hygroskopische Gleichgewicht“ zwischen Holz und Umgebungsluft erreicht. Die Elastizität und der Biegepunkt des Holzes sind bei dieser Feuchtigkeit ideal für die weitere Verarbeitung.
Eichenbretter, die in Trockenkammern bei 40 bis 60°C während eines Monats getrocknet wurden, verfügen nicht über dieselben Voraussetzungen wie luftgetrocknetes Holz. Sie haben ein schwächeres Holzaroma und sind im Wein aber adstringierender und bitterer.

Zur Holztrocknung werden auch Verfahren mittels Infrarotstrahlen und Hochfrequenzwärme angewandt, doch sind diese Verfahren für Weinfässer ebenfalls ungeeignet.

2
3
4
1

Die Herstellung der Fassdauben, der Fassbau beginnt

Der Zuschnitt der Eichenbretter auf die gewünschte Länge des zukünftigen Fasses ist nach dem jahrelangen Trocknen die erste Tätigkeit ist. Trockenrisse am Ende der Bretter werden weggeschnitten und alle Fassdauben auf ihre Qualität überprüft.

Die rohen Bretter werden mit einer speziellen Maschine in ihre zukünftige Form gebracht, was zwei Arbeitsgänge bedeutet, einerseits soll die Daube in der Mitte dicker sein als an den beiden Enden, andererseits sind die Außenseiten konvex. Diese 2-seitige Hobelmaschine führt beide Arbeitsgänge auf einmal aus.

Die gehobelten Fassdauben werden nebeneinander trocken aufgelegt. Die etwas breiteren Mittelteile müssen dabei eng zusammenliegen, die Breite des Stapels ist gleich dem künftigen Fassumfang. Bei dem 225-l-Fasstyp „Bordelaise" beträgt der Umfang an der dicksten Stelle 2,18 Meter. 28 bis 32 Dauben werden für ein Fass benötigt. Der Umfang des Barriquetyp „Bourguignonne" beträgt 2,28 Meter bei einem Fassungsvermögen von 228 l. Jede Lage auf dem Auswahlstapel wird später ein Fass.

Diese Arbeit muss sorgfältig ausgeführt werden, die Enddichte des Fasses hängt von der genauen Selektion der einzelnen Dauben ab. Der Inhalt sorgt dafür, dass das Fass später auch dicht ist. Durch den Wein quillt das Holz auf und verhindert so das Ausrinnen der Flüssigkeit.

---

① *Zum Toasten der Fässer werden provisorische Fassbänder aufgezogen. Sie halten das Fass zusammen und verhindern, dass sich die Form verändert und es dadurch später sogar undicht werden kann. Mit Maschinenkraft werden die Eisenreifen auf das geformte Fass gedrückt.*

② *Bei der zweiten Röstung erhält das Holz seine aromatische Prägung. Die Intensität des Feuers und die Dauer des Toastens sind für die Geschmacksentwicklung verantwortlich. Damit beide Seiten des Fasses gleichmäßig erwärmt werden, wird es mehrmals umgedreht. An der Farbe der Innenwand kann man den Grad des Ausbrennens erkennen.*

③ *Mit einem Deckel wird die Temperatur im Fass erhöht.*

④ *Je nach der gewünschten Intensität der Röstung bleiben die Barriques kürzer oder länger über dem Feuer.*
Grundsätzlich werden drei Grade des Ausbrennens (Toasting, Intensité du brûlage) angewandt: leicht (light, chauffé légère), mittel (medium, chauffé moyenne) und stark (strong, chauffé forte).

Das Zusammensetzen der Fassdauben zu einem Fass – die „Rose" blüht auf ...

Jetzt beginnt die „Handarbeit". Die einzelnen Fassdauben werden in einen metallenen Setzreifen geschlichtet, der an einem Ende dem zukünftigen Fass die Form gibt und es vorerst zusammenhält. Daube um Daube wird nebeneinander gestellt, bis der Kreis sich geschlossen hat. Durch die vorberechneten Breiten ergibt sich ein exakter Kreis, am anderen Ende stehen die Holzstreifen weit auseinander. Die konische Form der Dauben ist genau auf die gewünschte Fassgröße abgestimmt. Mit zwei Eisenreifen werden die Dauben in der gewählten Form gehalten. Die Fassrose ist nun bereit für die Feuerbiegung.

Das Biegen des Holzes

Die Holzdauben der Rose werden noch innen und außen befeuchtet, bevor mit ihnen weitergearbeitet wird. Mit Feuchtigkeit und Hitze wird das Holz für das weitere Biegen geschmeidig gemacht.

Mehrere Befeuerungsplätze stehen in dieser Abteilung nebeneinander. Der Mittelpunkt jedes dieser Plätze ist immer ein kleiner Ofen, über den die Fassrose gestellt wird. Diese Öfen werden mit den Eichenholzresten beheizt.

Das Fass, das nur einseitig beringt ist, soll in seine bauchige Form gebracht werden. Zwölf bis 20 Minuten dauert die Aufwärmphase, ganz langsam wird das Eichenholz erwärmt. Der Küfer befeuchtet dabei immer wieder die Außen- und die Innenwand des Fasses, um das Holz geschmeidiger zu machen. Hitze und Feuchtigkeit sind notwendig, um Holz zu formen. Nach dieser Erwärmphase, die ungefähr 20 Minuten dauert, ist das Holz bereit zum Biegen. Mittels einer Seilwinde werden die Fassdauben am offenen Bodenteil langsam zusammengezogen und damit das Fass in seine vorgegebene Form gebracht. Immer wieder befeuchtet der Fassbinder das Fass, beobachtet dabei die Spannung des Holzes, und ganz langsam kommen sich die Fassdauben näher. Bis sie aneinanderstoßen. Damit die Form erhalten bleibt, wird ein massiver Eisenreifen über das noch offene Ende gesteckt.

Zu diesem Zeitpunkt ist das Holz in einem sehr gespannten Zustand und es kann durch die Spannung leicht splittern. Die einzelnen Dauben müssen eng aneindergepresst sein, damit das Fass in Zukunft auch dichtet.

Das „Toasten" des Holzes

Um die Spannung langsam zu nehmen wird das Fass nach dem Aufsetzen der Bodenringe noch einmal gewärmt. Dieses erneute Erwärmen der Fässer bei ungefähr 200°C nennt man Ausbrennen oder „Toasting". Dabei wird die Temperatur des Holzes mit einem Laserthermometer ständig kontrolliert.

Zwischen 70° und 90°C beträgt die Temperatur an der Außenfläche des Holzes, im Inneren des Fasses das Doppelte.
Beim „Toasten" wird dem Fass ein wesentlicher Charakterzug eingebrannt. Der Grad des Ausbrennens wird in der Zeitdauer der zusätzlichen Befeuerung und Erwärmung unterschieden: ein *leichtes* Toasting *(light, chauffé légère)* dauert zirka 5 Minuten, *mittleres (medium, chauffé moyenne)* bei 200°C Holzaußentemperatur um die 5-10 Minuten, und ein *starkes* Toasting *(heavy, chauffé forte)* bei 220°C über 15 Minuten.
Beim geringen Toasting wird die innere Holzoberfläche des Fasses nur wenig angesengt, die chemische Zusammensetzung der Holzstruktur wird dadurch nur geringfügig verändert. Das mittlere Toasting ist deutlicher sichtbar, die Fassinnenfläche ist mittelbraun, bis in eine Tiefe von 1 mm wird dabei die Holzstruktur beeinflusst. Bei starkem Ausbrennen des Fasses dagegen wird die Holzoberfläche in einer Tiefe von 1 bis 2 mm beeinflusst. Bei der Tonnellerie Boutes beträgt die Ausbrenndauer eines Fasses mit der Anwärmzeit für *leichtes (light, chauffé légère)* Toasting 15 Minuten. Beim starken Toasting *(heavy, chauffé forte)* bleibt das Fass für ungefähr 45 Minuten auf dem Feuer. Ein oftmals verlangter Toastinggrad ist *„medium+"*, die Tonnellerie Sylvain in Libourne befeuert dafür das Fass für 40 Minuten und gibt dabei einem Deckel auf die obere Öffnung. Wogegen ein *„medium"*-getoastetes Barrique nur 20 Minuten ohne Deckel über dem Feuer steht.
Je nach Intensität und Dauer der Hitzeeinwirkung entstehen aromatisch wirksame Substanzen. Dabei gibt es eine wesentliche Veränderung der auslaugbaren Substanzen, die dem Wein ein spezielles Aroma, mehr Fülle und Konplexität bringen können. Vor allem Phenole, aromatische Aldehyde und

Furanderivate werden dabei verändert. Die Veränderung dieser Substanzen entsteht durch den thermischen Abbau des Holzes und dessen wichtigsten chemischen Bestandteilen Zellulose, den Hemizellulosen und dem Lignin. Diese Umwandlungen führen zur Modifizierung der organoleptischen Eigenschaften der Weine, die in solchen „getoasteten" Barriques vergoren und gelagert werden.
Bei leicht getoasteten Fässern findet man sehr viele phenolische Stoffe, die zusätzlich zu den Holzaromen auf den eingelagerten Wein übergehen. Bei einem 225-l-Fass kann es zu einem Transfer von etwa 100 bis 200 mg/l Phenolen vom Fassholz in den Wein kommen. Diese Aufnahme von Extraktstoffen aus dem Holz kann durch das Ausbrennnen des Fasses auf der weinberührenden Seite noch erheblich gesteigert und auch qualitativ beeinflusst werden.

In der Toastingabteilung von Seguin Moreau bekommen die Fässer ihren individuellen Geschmackston eingebrannt

Jede Fassbinderei hat ihre eigene Arbeitsmethode, und ihre eigene innerbetriebliche Logistik im gesamten Ablauf der einzelnen Arbeitsschritte. Gerade beim Ausbrennen der Fässer, dem Toasten, hat jeder Betrieb seinen eigenen Stil, seine eigene Handschrift, drückt jeder Betrieb dem Fass seinen eigenen Geschmacksstempel auf. Wenn bei einem Betrieb die Stärke des Ausbrennens *„medium +"* ist, kann diese Toastintensität bei einer anderen Tonnellerie bereits *„heavy"* sein. Diese Unterschiede sind gegeben, burgundische Fassbauer haben zudem eine andere Arbeitsweise als ihre Kollegen in Bordeaux.

In großen Tonnellerien werden alle notwendigen Arbeitsschritte in eigenen Abteilungen durchgeführt. Diese Fassbinder bei Seguin Moreau sind nur für das Toasten zuständig. Routiniert und mit viel Gefühl behandeln sie jedes einzelne Fass. Dadurch kann ein hoher Qualitätsstandard gesichert werden.

BOUTES

Die Fassböden

Schon bei der ersten Selektion des Holzes werden Bretter, die für eine normale Fassdaube zu kurz sind, aussortiert. Diese Kurzbretter sind das Grundmaterial für die Fassböden. Sie werden gleich wie die Fassdauben getrocknet und mehrere Jahre im Freien gelagert, bevor sie weiterverarbeitet werden. Gehobelt und in der Länge vorgerichtet, werden 12 bis 16 Stücke für einen Fassboden ausgewählt. Mehrere dieser geraden Eichenholzbretter werden nebeneinander gelegt und mit Holzdübel zusammengestiftet. Als Dichtung wird eine Lage Schilf zwischen den einzelnen Brettern eingelegt. Mit einem Zirkel oder einem Laser wird die Größe des Fassbodens aufgetragen.
Mit einer Bandsäge werden die Fassböden ausgeschnitten. Damit der Boden in die vorgesehene Fuge im Fass passt, werden die Ecken leicht abgeschrägt.
Der schwere eiserne Formreifen wird durch einen zweiten, der mehr in der Fassmitte angelegt wird, ersetzt. Dadurch lässt sich der Fassboden leichter in die eingefräste Rinne einsetzten. Anschließend kommt der Eisenreifen wieder auf seinen Platz. Manche Winzer wollen auch die Böden getoastet haben, um auch diese Fläche für die Auslaugung optimal zu verwenden. Ein gerader Fassboden kann aber nicht wie ein Fass getoastet werden, durch Wasser und Hitze würde er sich sofort werfen, das Schilf zur Dichtung verbrennen und der Boden wäre für die weitere Verwendung unbrauchbar.
Die Tonnellerie Demptos verfügt über eine eigene Maschine zum Toasten ihrer Fassböden. Einige kleinere Fassbindereien behelfen sich dabei mit einer Lötlampe und schwärzen mit der Flamme einseitig die innere Seite der Fassböden.

Das Einfräsen einer Fuge in die Innenseite

Nach dem Biegen und Toasten wird der oberste Eisenring an den beiden Enden des Fasses wieder abgenommen. Die Endstücke werden gesäubert und abgehobelt. Am oberen Teil wird im Inneren eine leicht schräge Fuge eingefräst, darin soll der Boden seinen Halt finden und auch das Fass abdichten.

Einsetzen der Fassböden

Bevor der Boden ins Fass eingesetzt wird, kommt noch der Fassbrand mit dem Logo des Herstellers darauf. Vom alten Brandstempel über computergesteuerte Laserbrenngeräte bis hin zu Metallschildern reicht die Bandbreite der eingesetzten Methoden und Techniken. Andere Kürzel und Symbole, wie jene für das verwendete Holz, den Grad des Toastens usw. werden auch in die Böden eingebrannt.
Mit viel Gefühl werden die Deckel in die ausgesparte Fuge eingesetzt. Die Böden werden im Fass mittels eines Eichenbrettes und mehrerer kleiner Holzkeile fixiert.
Die provisorischen Metallreifen, die gleich darauf wieder aufgeschlagen werden, halten die Form des Fasses zusammen.

Das Spundloch

Schon bei Aussuchen der Fassdauben hat der Bindermeister dafür gesorgt, dass eine Daube breiter als die anderen ist, in diese wird das Spundloch gebohrt. Damit der Stopfen auch richtig dichtet, muss das fertige Spundloch konisch sein, das Einbrennen des Loches erfolgt, wie schon seit Jahrhunderten, mit einem glühenden Eisenstempel.

Die Dichtheit überprüfen

Zum Abschluss wird jedes Fass auf seine Dichtheit überprüft. Mit heißen Wasserdampf wird es befüllt und einige Zeit stehen gelassen. Bevor es zur Endfertigung kommt, muss alles Wasser wieder heraus.

Das Polieren des Fasses

Der nächste Arbeitsschritt besteht darin, die Außenwand des Fasses zu reinigen. Durch das Feuer und das Toasten wurde das Holz auch außen rußig und unansehnlich. Das Fass wird in eine große Drehbank eingespannt und die verschmutzte Außenseite mit einer Bandschleifmaschine geputzt und abgeschliffen. Dadurch werden auch kleine Unebenheiten zwischen den einzelnen Fassdauben geglättet.

Aufsetzen der Ringe und der Kastanienholzreifen

Als eine der letzten Arbeiten werden die schweren eisernen Fassreifen durch vorgefertigte Stahlreifen ersetzt. Bei normalen Barriques sind es acht Stück die ein Fass zusammenhalten. Die klassischen Bordelaiser Barriques tragen als Abschluss einen Reifen aus Kastanienholz, der mit einem Weideholzstreifen und feinem Draht zusammengebunden wird.

Verpacken und Ausliefern

Es sind viele Kleinigkeiten, die in Summe dann die Qualitätsunterschiede bei den Barriques ausmachen.
Ein Fassbinder allein kann an einem Arbeitstag gerade ein Fass fertigen. In den großen Tonnellerien sind die einzelnen Arbeitsgänge in Stationen aufgeteilt. Die Arbeit eines einzelnen Binders bezieht sich dabei meist auf zwei Arbeitsschritte. Dadurch konnte einerseits der Qualitätsstandard angehoben und gleichzeitig die Arbeitsleistung erhöht werden.
Über 200 sauber polierte, vom intensiven Duft geräucherten Eichenholzes umgebene Fässer werden täglich von Seguin Moreau in Merpins (Cognac) fertig gestellt. Mehr als 50.000 Stück Barriques werden von dieser Tonnellerie, dem Weltmarktführer, im Jahr gebaut. Der größte Teil davon wird exportiert. Dadurch, dass die Erntezeiten in der Weinwelt

1
2
3
4

① *Die Fertigungshalle der Tonnellerie Sylvain in Libourne.*
② *Einbrennen des Spundloches.*
③ *Mit einem Hobel und der Bandschleife wird die Oberfläche der Fässer gereinigt.*
④ *Das Anlegen der Metallreifen. Diese werden auf das fertige Fass aufgeschlagen.*
⑤ *Die Fässer warten auf das Einsetzen der Fassböden.*

unterschiedlich sind, können die Kleinfässer das ganze Jahr produziert werden. In Europa und Nordamerika findet in den Monaten September und Oktober die Traubenernte statt, in Südafrika und Australien zwischen Februar und März. Dadurch können die Tonnellerien immer zum benötigten Erntezeitpunkt der jeweiligen Länder ihre Fässer liefern.

1

2

3

4

① *Endfertigung der Barriques in der Tonnellerie François Frères in Burgund. Bei dieser letzten Station der Fertigung werden die Fässer gesäubert, die Metallreifen aufgesetzt, die Dichtheit überprüft und die Endkontrolle durchgeführt.*
② *Überprüfung der Dichtheit mit heißem Wasserdampf.*
③ *Zum Abschluss werden die Kastanienreifen aufgesetzt.*
④ *Der letzte Schliff vor der Fertigstellung des Fasses.*

Die Verwendungsdauer der Fässer

Der Zeitraum der Verwendung der Barriques ist von Region zu Region verschieden. In manchen Ländern werden sie viele Jahre benutzt.

35 Jahre für Champagner
15 Jahre in großen Bordelaiser Weinkellereien
15 Jahre in spanischen Weingütern
10 Jahre in vielen Crus Bourgois Weingütern
5 Jahre von kalifornischen Weingütern
5 Jahre von den meisten Grand Crus
3 Jahre von einigen Grand Crus
2 Jahre von einigen Premier Crus

Der Werdegang der Tonnellerie Demptos, der ältesten Fassbinderei von Bordeaux, beschreibt auch die magische und zauberhafte Geschichte, wie aus einfachen Stücken Holz ein Barrique wird, und dadurch zur wertvollen und nicht mehr wegzudenkenden Stütze in der Entwicklungsgeschichte des Weines. Damit vertraut und familiär eingebunden, werden seit nunmehr fast zwei Jahrhunderten, seit dem Gründungsjahr 1825, Fässer gebaut.

Demptos hat die Entwicklung des Weinausbaues in Barriques mitgestaltet. Durch die Eröffnung der Filiale in Napa, Kalifornien, im Jahre 1980, konnte Demptos seine Erfahrungen bei der Fertigung hochwertiger Barriques in der neuen Weinwelt einbringen, und ist dadurch für den Stil der kalifornischen Weine mitverantwortlich.

Die intensive Zusammenarbeit mit der Önologischen Fakultät der Universität Bordeaux bringt eine ständige Qualitätskontrolle unserer Fässer und auch Zugang zu den aktuellen Entwicklungen der Weinforschung aus erster Hand.

Durch diese Zusammenarbeit kann sich die Tonnellerie mit ihren Fässern auf den Charakter jeden Weinstiles einstellen und angleichen. Das ist eine sehr einfühlsame Kunst, wobei die individuelle Seele jedes einzelnen Fasses respektiert wird.

Unsere Produkte

Der Austausch von Aromen zwischen dem Wein und dem Eichenholz des Barrique wurde in der Zwischenzeit genau analysiert und sichtbar gemacht. Andererseits ist diese Auslaugung noch immer von Geheimnissen umhüllt. Daher ist es für jeden Weinproduzenten von allergrößter Wichtigkeit, für seinen Weinstil die passende Eichenart auszusuchen. Dass das Holz

Barrique Bordeaux „Tradition"

Barrique Bordeaux „Transport"

fachgerecht getrocknet, und das Fass sorgfältig gebaut wurde, sind die Grundvoraussetzungen, um den gewünschten Weincharakter zu erzielen. Spezialisiert auf 225 l-Barriques, bauen wir aber auch Fässer in Größen zwischen 28 l und 600 l Fassungsvermögen. Dabei verwenden wir französisches, ungarisches und amerikanisches Eichenholz.

Forschung aus Tradition

Durch den Ursprung unseres Hauses in Bordeaux gehört Demptos zur Geschichte des Weines dieser Region. Alle führenden Châteaus des Médoc, Saint-Émilion, Pomerol, Graves, Sauternes, arbeiten seit vielen Jahrzehnten mit Demptos-Fässern. Diese unschätzbare Erfahrung führt auch zu weiteren internationalen Referenzen: In Italien, Nord- und Südamerika, Spanien, Österreich, Südafrika, Australien und Neuseeland werden unsere Fässer von führenden Weingütern für die Vinifikation ihrer Weine verwendet. Demptos war eine der ersten Tonnellerien mit einer eigenen Forschungsabteilung und einer intensiven Zusammenarbeit mit den Weininstituten der Universitäten Bordeaux I und II .

Drei Themenbereiche sind dabei im Vordergrund: Grundlagen- und allgemeine Forschung, önologische Beratung und die Aus- und Weiterbildung. Dadurch entstand unser Informationsblatt „Recherches" in französischer und englischer Sprache und ein jährliches Informationsheft über alle neuesten Erkenntnisse im Zusammenhang mit Eichenherkunft, Barriques und Entwicklungen im Weinausbau. Wir organisieren auch Seminare und Konferenzen in mehreren Ländern.

DEMPTOS
Tonnelier
en Bordeaux

Tonnellerie Demptos
33 880 Saint-Caprais-de-Bordeaux, B.P. 10
Tel.: 0033 - (0)5 - 57 97 12 50
Fax: 0033 - (0)5 - 56 78 72 04
www.demptos.fr
Kontakt: Grégoire Vigan
Tel.: 0033 - (0)6 -73 67 10 98

„Barrels of quality can never be left to chance.“

Jean-Jacques NADALIÉ

Als erstes verlangt die Kunst des Fassbindens viel Wissen und Verständnis für Holz. Nur die Eiche bietet die notwendigen Tannine für einen ausgeglichenen Reifeprozess des Weines, und davon bekommt der Wein auch seine Raffinesse.

Der Ruf unserer Firma und unser Streben nach Perfektion versetzt auch unsere Holzaufspalter in die Lage, dieses hohe Ziel zu verfolgen. Das bedeutet, dass auch in diesem Bereich die Grundeinstellung verfolgt wird, nur die bestmögliche Qualität zu liefern.

Wir, die Tonnellerie Nadalié, beziehen die Eichen für unsere Fassproduktion aus den feinsten Wäldern Frankreichs. Gefällt werden die Bäume nur zu einem ganz bestimmten Zeitpunkt. Wenn der Mond in seinem letzten Viertel ist, dem Zeitraum, wo der Saft rückläufig ist.

Diese Baumstämme werden nach der Tradition des Fassbinderhandwerkes ausschließlich händisch aufgespalten, immer der Wachstumsfaser entlang. Aus den wuchtigen Baumstämmen werden dann die Bretter geformt. Durch diese sorgfältige Handarbeit erhalten wir das beste Ausgangsmaterial für unsere hochwertigen Fässer.

Die gespaltenen Bretter werden sortiert, klassifiziert und zur ersten Trocknung aufgestapelt. Die natürliche Trocknung des Holzes beginnt schon im Wald, dort, wo die Bäume gewachsen sind.

In unserem Betrieb im Herzen des Médoc wird der Trocknungsprozess zu Ende geführt. Den natürlichen Witterungsbedingungen ausgesetzt, bei Regen, Sonnenschein und der Brise des nahen Ozeans trocknet das Holz für die nächsten drei Jahre. Dieser zeitaufwändige Prozess ist ausschlaggebend für die weitere Qualität des Eichenholzes und ist der Schlüssel für die hohe Qualität unserer Produkte.

Mit Feuer, Wasser und der Kunstfertigkeit der alten Fassbindertradition entsteht dann aus diesen Holzbrettern ein Fass.

NADALIE
Tonnellerie Ludonnaise

„Gemeinsam können wir ihren Wünschen entsprechen und das ideale Holz und Toasting für ihren Weinstil finden. Warum sprechen wir nicht über unser spezielles Weißweintoasting, das wir entwickelt haben?“

Christine NADALIÉ
Önologin und Verkaufsmanagerin

Tonnellerie Nadalié
99, Rue Lafont
LUDON - MEDOC
33 295 Blanquefort Cedex
Tel.: 0033 - (0)5 - 57 100 202
Fax: 0033 - (0)5 - 57 100 200
Email: info@nadalie.fr

Standard Export 225 l — Bordeaux – 225 l Château Ferré — Bordeaux – 225 l Traditional Typ — Burgundy Export 228 l — Burgundy – 228 l Traditional Typ — Export von 250 bis 600 l

Die chemische Zusammensetzung und Reaktionen des Holzes beim Fassbau

Gerhard Redl, Pascal Chatonnet

Chemisch und morphologisch ist Holz ein uneinheitlicher Stoff. Die chemische Grundzusammensetzung ist für alle Holzarten ungefähr gleich:

49% Kohlenstoff,
44% Sauerstoff,
6,3% Wasserstoff,
0,2% Stickstoff und 0,5% Mineralien (Asche).

Bei der Verbrennung von Holz bleibt Asche zurück, es ist dies der anorganische, nicht brennbare Anteil. Je nach Holzart sind die Hauptbestandteile 25 – 40% Kalium, 20 – 50% Kalk und 1 – 8,5% Phosphorsäure.

Die wichtigsten organischen Verbindungen des Holzes sind Zellulose, Hemizellulosen und Lignine. Andere teilweise herauslösbare Stoffe, die auch oft geruchlich und geschmacklich in Erscheinung treten sind zum Beispiel Harze, Wachse, Terpene, Phenole, Gerbstoffe, Chinone, Lactone, Farbstoffe, Fette, Zucker, Eiweiß, Mineralstoffe usw. Ihr Mengenanteil weist bei den verschiedenen Holzarten erhebliche Differenzen auf.

Zellulose

Hauptbestandteil der pflanzlichen Zellwand ist Zellulose. Ihre Begleitstoffe im Holz sind Hemizellulose und Lignin (Holzstoff). Die für den Fassbau geeigneten Harthölzer bestehen im Durchschnitt aus 45% Zellulose, 25% Hemizellulose (meist Xylane), 23% Lignin und 7% extrahierbare Stoffe.

Zellulose jene die organische Substanz, die in der Natur am meisten vorkommt. Sie besteht aus langen, unverzweigten, aus D-Glukose aufgebauten Fadenmolekülen. Ihr Molekulargewicht beträgt bis zu einigen Millionen bei einem Polymerisationsgrad von 3.500 bis 14.000 Einzelmolekülen.

Hemizellulose

Als Hemizellulose bezeichnet man eine uneinheitliche Gruppe von Polysacchariden, die hauptsächlich zusammen mit Zellulose und Lignin die pflanzliche Zellwand aufbauen. Größere Mengen sind in Pflanzenschleimen und Reservestoffen enthalten. Man kann sie mit wässrigem Alkali aus den Zellwänden extrahieren.

Lignin

Der önologisch wichtigste und interessanteste Holzbestandteil ist das Lignin. Es steht mengenmäßig nur an dritter Stelle der Holzinhaltsstoffe. Sein Gehalt schwankt je nach Herkunft des Holzes. Von allen Holzbestandteilen wird Lignin am langsamsten abgebaut.

Chemisch ist Lignin uneinheitlich. Es ist eine sehr komplexe Verbindung, hochmolekular und aus substituierten Phenylpropaneinheiten aufgebaut. Es ist ein Gemisch hochpolymerer, verzweigter Produkte.

Lignin bildet eine hellgelbe bis braune krümelige Masse, die nur wenig in Wasser quillt. Es ist amorph, isotrop und hydrophob (wasserabweisend). Bei vorsichtiger Oxidation entwickelt das Lignin ein Vanillearoma; einige Hölzer zeigen bereits von Natur aus leichten Vanillegeruch.

Wenn ein Teil des Pflanzengewebes „verholzt", bedeutet das den Einbau (Inkrustierung) von Lignin (Holzstoff) um die Zellulosefasern der Zellwände. Es entsteht dadurch ein starres Gerüst hoher statischer Festigkeit.

Die eingelagerten Gerbstoffe lassen das Plasma (Eiweiß) der fäulniserregenden Pilze und Bakterien koagulieren und machen dadurch Rinde und Holz widerstandsfähig. Da Eichenholz sehr gerbstoffreich ist, hat es eine hohe Beständigkeit.

Gleichzeitig scheint Lignin auch als eine Art „Hemmstoff" zu wirken, welcher verhindert, dass das Zellulose-Makromolekül durch Hydrolyse in größerem Umfang geschädigt und dadurch das Holz zerstört werden kann. Schließlich wird aber auch dieser widerstandsfähige Stoff angegriffen.

Man unterscheidet zwei Arten des Ligninabbaus, die für Fässer von Bedeutung sind:

* Der holzzerstörende Abbau durch Pilze (Angriffe von außen)
* Durch den Alkohol des Füllgutes (teilweise Alkoholyse des Lignins) werden Ligninbestandteile gelöst.

Die Verknüpfung der Ligninfraktionen mit ellagischen (adstringierenden, gerbigen) Säuren

Das neu gebildete Holz ist zunächst frei von Einlagerungen. Rein optisch ist dies an seiner hellen Farbe feststellbar, wie es vom Splintholz her bekannt ist. Beim Aufbau des Kernholzes sind dann jedoch Verknüpfungen zwischen ellagischen Komponenten und Ligninfraktionen möglich. Dadurch kommt es zu „Inkrustationen" ellagischer Tannine in den polyosidischen (polysaccharidischen) Komponenten des Holzes und damit zu einer „sekundären Lignifikation" im Sinne von Hergert

Tabelle 1: Wichtige Komponenten die aus Eichenhölzern verschiedener Herkunft ausgelaugt werden

Extrahiert mit 12% wässriger alkoholischer Lösung, Durchschnitt aus 10 Messungen

Parameter	Limousin	Central	Burgund	Vogesen	Quercus alba
Summe gelöster Stoffe	14%	9%	7,9%	7,5%	5,7%
(mg/g)	140	90	79	75	57
nicht flüchtige Stoffe:					
Gesamtphenole (D 280)	30	22	22	22	17
Ellagtannine (mg/g)	16	8	11	10	6
Catechine (mg/g)	0,59	0,30	0,58	0,30	0,45µg
Farbtiefe (D 420) [1]	0,040	0,024	0,031	0,040	0,023
flüchtige Stoffe:					
Methyl-octalacton					
cis+trans (µg/g)	17	77	11	66	158
Eugenol (µg/g)	2	10	1,8	0,6	4
Vanillin (µg/g)	6	8	-	-	11
Oxo-(α,β)-ionol	n.n.	n.n.	n.n.	n.n.	2 isomere

n.n.: nicht nachweisbar oder Spuren

[1] Braunfärbung der Extraktionslösung (420 nm/1 mm o.W.)

(1977). Diese findet in der Dunkelfärbung des Kernholzes ihren sichtbaren Ausdruck.

Bei der Holztrocknung (Lufttrocknung) werden diese inkrustierten Tannine entweder endgültig in den Poren eingeschlossen oder durch kovalente Bindungen im Xylem verankert. Eine nicht unwichtige Veränderung in Menge und Art ergibt sich durch die Arbeit von Mikroorganismen während der Lagerung im Freien sowie durch Witterungseinflüsse.

Diese gebundenen Tannine sowie die Ligninfragmente sind jene originären Hauptbestandteile des rohen Fassholzes (vor der Behandlung), die der Wein angreift und teilweise herauslöst. Es ist in diesem Zusammenhang interessant, dass es eine große Variabilität dieser gerbigen, holzig schmeckenden, sowie nach Eiche und etwas nach Vanille duftenden Substanzen gibt, je nachdem, wo die Eichen gewachsen sind (siehe Tabelle 1). Es ist daher üblich, die Eichen nicht nach ihrer botanischen Herkunft, sondern nach ihren geographischen Standorten einzuteilen.

In Tabelle 1 soll ein Vergleich alkohollöslicher Verbindungen verschiedener französischer Standorte untereinander, sowie dieser mit der amerikanischen Weißeiche (Quercus alba) beispielhaft aufgezeigt werden. Obwohl diese Analysen Mittelwerte darstellen, ist bei der Diskussion die oft erhebliche Schwankungsbreite auch innerhalb eines Standortes oder einer Art zu berücksichtigen.

Vergleicht man die **Summe aller gelösten Stoffe**, zeigt Limousin eine signifikant höhere Menge, die amerikanische Weißeiche eine geringere. Der Rest liegt etwa dazwischen.

Ein ähnliches Bild zeigt sich bei den **Ellagtanninen** (ergeben einen adstringierenden Eichenholzgeschmack).

Die **Braunfärbung** der Extraktionslösung ist bei Limousin und Vogesen relativ hoch, bei Holz aus der Centralregion und der amerikanischen Weißeiche um die Hälfte geringer.

Bei den flüchtigen, sensorisch wirksamen Verbindungen sind die **Methyllactone** (frischer Holzgeruch) die größte und wichtigste Gruppe. Von den europäischen Hölzern liegen vor allem Central und Vogesen signifikant höher als die anderen, jedoch noch immer halb so hoch als die amerikanische Weißeiche. Ist die Menge an Methyl-Octalactonen zu hoch, wird der Wein jedoch oft abgelehnt (zu starker „Barrique-Geruch", manchmal fast harzig). Diese „Überholzung" tritt gerne bei der amerikanischen Weißeiche auf und erfordert eine sehr dichte Weinsubstanz. Für Weine mit mittlerem Extrakt ist dieses Holz weniger geeignet. Die maximale noch tolerierbare Konzentration dürfte für Weißwein etwa 0,24mg/l, für Rotwein 0,38 mg/l betragen.

Eugenol (nach Gewürznelken) ist beim Standort Central auffällig hoch.

Das Phenol **Vanillin** ist klar bei der Weißeiche am höchsten.

Interessant sind die Verbindungen des Oxio-ionols (leichter Veilchenduft) dadurch, das sie in europäischer Eiche kaum zu finden sind, sehr wohl aber immer in den amerikanischen. Diese Verbindung kann als Schlüsselsubstanz zur Erkennung von Quercus alba bezeichnet werden.

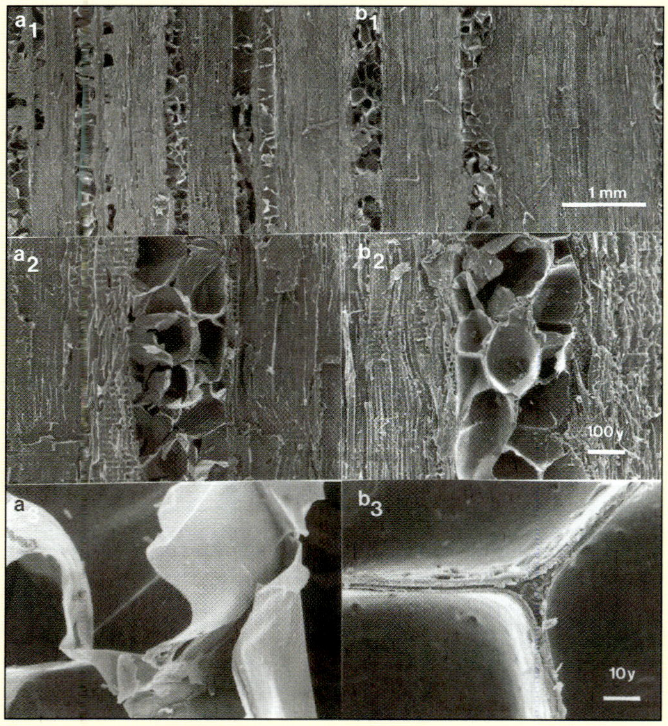

Ultrastruktur von Hölzern europäischer und amerikanischer Eichen in unterschiedlicher Vergrößerung (Tangentialschnitte)

Bild a1: Quercus sessilis, 25-fach, 4 Jahresringe sichtbar
Bild a2: Quercus sessilis, 100-fach, papierartige, dünne Zellwände
Bild a3: Quercus sessilis, 1.000-fach, Detail einiger Zellen mit sehr dünnen Wänden (1µ)

Bild b1: Amerikanische Weißeiche (Quercus alba), 25-fach, nur knapp 3 Jahresringe sichtbar
Bild b2: Quercus alba, 100-fach, dickwandige, stabile Zellen
Bild b3: Quercus alba, 1.000-fach, Detail einer relativ dicken Zellwand (4 - 5µ)

Die oben gezeigten Beispiele über die Holzzusammensetzung französischer und amerikanischer Eichen beziehen sich auf das unbehandelte Originalholz nach üblicher Trocknung im Freien. Sehr ähnliche Zusammensetzungen wie bei den französischen Eichen finden sich auch bei vielen osteuropäischen und russischen Herkünften. Bei entsprechender Verarbeitung (vor allem richtig angepasstes Toasting) sind diese Standorte ebenfalls gut für Barriques geeignet.
Die Holzzusammensetzung allein ist noch keine Garantie für gute Barriques. Zwei entscheidende Punkte spielen neben der Herkunft eine noch größere Rolle:
* **Die Art der Trocknung.** Es wird keineswegs einheitlich vorgegangen. Fast jede größere Fassbinderei hat ihre eigene Philosophie. Entweder wird alles den natürlichen Wetterbedingungen überlassen (diese sind allerdings oft stark unterschiedlich), oder es werden die grob zugerichteten und in verschiedener Schlichtung gestapelten Rohlinge zusätzlich nach verschiedenen Verfahren beregnet. Wieder andere legen die Pakete der rohen Daubenzuschnitte eine gewisse Zeit unter Wasser usw.
Alles hat den Sinn, Mikroorganismen, vorwiegend Pilzen, günstige Bedingungen zu schaffen, damit möglichst viele lösliche, feinere und aromatische Derivate aus den groben Holzstoffen entstehen. Gleichzeitig sollten die strengen, adstringierenden, wasserlöslichen Tannine, Gerbsäuren und Phenole wenigstens aus den äußeren Holzschichten teilweise ausgewaschen werden.
* **Die Art der Wärmeanwendung** (das Ausbrennen oder Toasting). Dieser Vorgang ist im Sinne der Weinqualität neben der Holzart der entscheidende Einflussfaktor auf den Abbau, die Umwandlung und die Komplexierung der Holzinhaltsstoffe. Man kann durchaus sagen, dass die sorgfältige und fachgerechte Befeuerung (Toasting) der Fässer den wichtigsten Teil der Qualität eines Barriquefasses ausmacht.
Ein gut nachvollziehbarer Vergleich, welcher die Veränderung aromatischer Substanzen im Pflanzengewebe während des Trocknens erkennen lässt, ist der Geruch von grünem, frisch gemähtem Gras im Vergleich zu getrocknetem, duftendem Heu. So ist es auch bei Eichenholz; nur dauert es nicht Tage wie beim Heu, sondern mehrere Jahre.
Als Beispiel für die Veränderung von Holzinhaltsstoffen während der Lagerung und Reifung der Dauben sei das wichtige Methyl-octalacton (MOL) angeführt:
Es ist gut zu sehen wie dieser wichtige Stoff, MOL, der das Eichenaroma liefert, in allen Holztiefen an Stärke zunimmt.

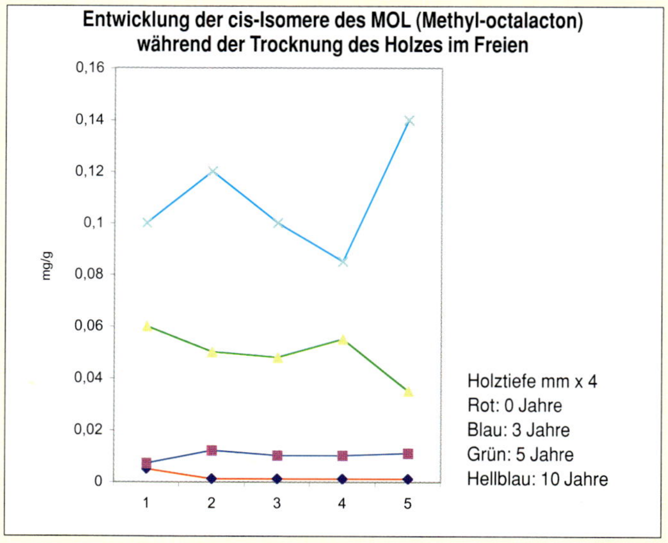

Das Ausbrennen der Fässer (das Toasting) und die Auswirkung auf die Inhaltsstoffe des Holzes

Ein Fassholz muss – um gebogen werden zu können – erhitzt werden. Dies wird heute wie früher mit natürlichem Eichenholzfeuer aus Resten des Fassholzes durch geführt. Andere automatisch-elektrische Verfahren hat man wieder aufgegeben. Es ist schon sehr lange bekannt, dass die Art der Befeuerung auch auf die Qualität der späteren Weine eine große Auswirkung hat. Heute wird das Erhitzen des Holzes ganz gezielt durchgeführt. Es lassen sich beim Toasting im Grunde zwei Größen variieren:

* erstens die Höhe der Temperatur (z.B. durch die Stärke des Feuers), und

* zweitens die Zeitdauer der Einwirkung.

Entscheidend für alle Umwandlungen der Holzinhaltsstoffe, genannt Thermodegadation, ist die Maximaltemperatur an einer bestimmten Stelle im Fassholz. Damit die Wärme genügend tief ins Holz eindringt und die Oberflächentemperatur trotzdem nicht zu hoch wird, ist eine bestimmte Zeit und Feuerstärke notwendig.
Auch die Fassböden sollten wenigstens leicht getoastet werden.

Tabelle 2: Mittelwerte der Temperaturen bei verschieden langer Befeuerung (brûlage) während des Fassbaues
Daubendicke 27 mm, in der Mitte des Fasses (50cm) gemessen

Bezeichnung (Stärke)	Dauer in Minuten	°C -Infrarot Oberfläche (0 mm)	°C -Sonde in 3 mm Tiefe	sichtbare Bräunung
leicht (L)	5	180°	110°	Oberfläche
mittel (M)	10 - 15	200°	120°	bis 1 mm
stark (S)	15 - 20	220°	125°	1 – 2 mm
sehr stark (SS)	20 - 25	230°	140°	2 – 4 mm

Um auf bestimmte Unregelmäßigkeiten des Holzes wie Dicke der Dauben, Herkunft (Porengröße) u. a. Rücksicht zu nehmen und dadurch optimale Ergebnisse zu erzielen, ist auch heute noch die große Erfahrung und das handwerkliche Können von Spezialisten notwendig. Die einzigen Hilfen gegenüber früher sind exaktere Messmethoden für die Toastingtemperatur, bessere Maschinen und umfangreichere und genauere Holzanalysen zur späteren Qualitätskontrolle.

Tabelle 3: Schwellenwerte für Geruch und Geschmack

Wichtige Aromastoffe des Holzes, die Wein aus dem Eichenholz auslaugen kann, werden als Schwellenkonzentration angegeben. Das ist jene Mindestmenge an Stoff in Wein oder Wasser, die von einer durchschnittlich sensiblen und geübten Person gerade noch identifiziert werden kann. Maßeinheit ist mg/l (1mg = 1/1000g) (1µg = 1/1000 mg)

Substanz	Wasser	Weißwein	Rotwein	Art des Eindruckes
Furane				
Furfural	8	65	20	Mandel, Karamel
Methyl-5-furfural	6	52	45	geröstete Mandel, Brottöne
Lactone				
trans-Methyl-octalacton	0,064	0,46	0,32	Eichenholz [1]
cis-Methyl-octalacton	0,028	0,092	0,074	Eichenholz, wohlriechend Kokosnuss [1] [2]
Aromatische Aldehyde				
Vanillin	0,105	0,4	0,32	vanilleartig
Syringaldehyd	>50	-	15	Waldbeeren
Phenole				
Guajacol	0,0055	0,095	0,075	rauchig
Methyl-4-guajacol	0,01	0,065	0,065	angebrannt, Kamin, Speck [3]
Ethyl-4-guajacol	0,025	0,07	0,15	Feuerstelle, rauchig [3]
Vinyl-4-guajacol	0,032	0,44	0,38	Gewürze, würzig
Eugenol	0,007	0,1	0,5	Gewürznelke, u.a. Gewürze
Phenol	5,5	35	25	Tinte
o-Cresol	0,045	0,06	0,8	Asphalt, Bitumen
m-Cresol	0,085	0,38	0,18	pharmazeutisch, Azeton [4]
Ethyl-4-phenol	0,13	1,0	1,2	Stall, Pferdeschweiß [4]
Vinyl-4-phenol	0,085	0,77	1,5	Datura (Stechapfel)
Syringol	0,4	1,5	2	rauchig
Acetovanillon	3	25	25	Holz, Vanille
Ethyl-4-vanillat	1,3	8,5	8	Vanille

[1] gut löslich, daher weniger in gebrauchten Fässern vorhanden

[2] 5-mal intensiver und besser als die trans-Form

[3] ab 70 µg/l negativ

[4] negativ, durch Mikroorganismen bei Unsauberkeit und zu wenig Sulfit

Veränderungen der Holzinhaltsstoffe durch das Toasten

Die heutige Forschung hat eine große Zahl an Substanzen identifiziert. Viele sind sensorisch relevant, also über der Wahrnehmungsschwelle oder darunter und nur von theoretischer Bedeutung. Alleine bei den flüchtigen Stoffen sind derzeit mehr als 60 bekannt. (Vgl. Tabelle 3)

Um zu zeigen, wie Stoffe im Holz durch Toasting oft massiv verändert werden, sollen einige Schlüsselsubstanzen, die auch später im Wein eine Rolle spielen, vorgestellt werden. Es sind dies Derivate der Zucker aus Zellulose wie z.B. Furane. Weiters die wichtigen Aromen der Lactone, entstanden durch Abbau der Lignine und Lipide und deren Derivate. Eine besondere Gruppe sind die Tannine und Polyphenole, meist flüchtige Substanzen in großer Zahl.

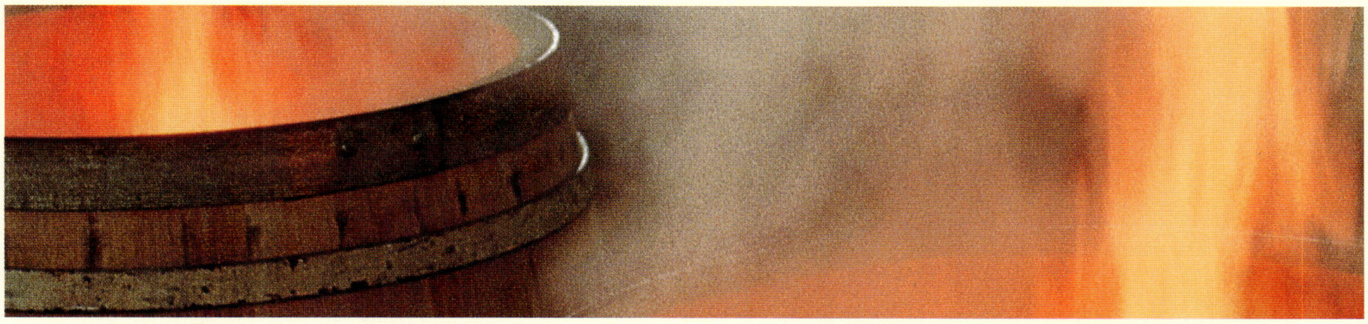

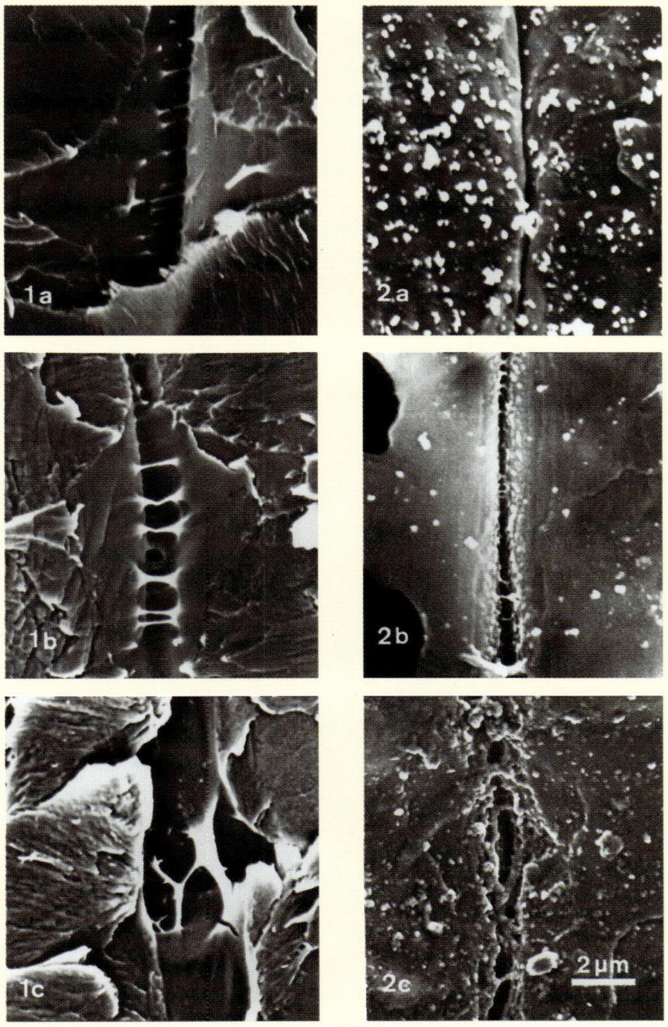

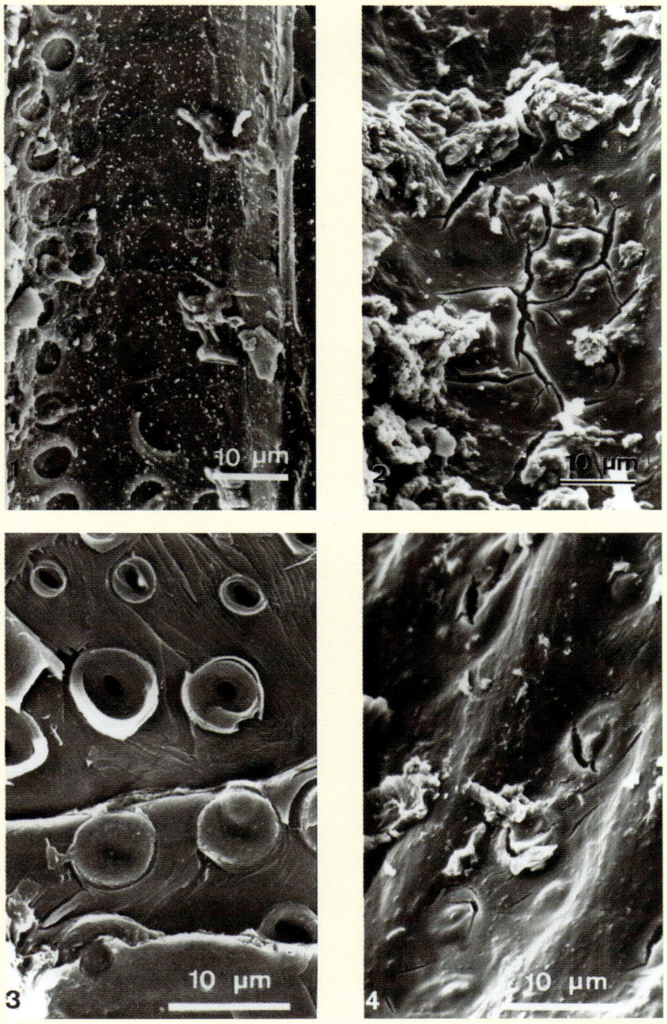

Veränderung von Zellzwischenräumen des Holzes durch Hitze

Bilder 1a, 1b, 1c: 6.500-fach, Holz vor dem Toasting
Bilder 2a, 2b, 2c: 6.500-fach, Holz nach 10 min. Toasting

Die Zwischenräume werden kleiner. Die Oberfläche wird glasig, Feinstrukturen verkrusten.

Veränderungen der Oberfläche des Holzes durch Hitze

Bild 1: 1.500-fach, Holz vor dem Toasting
Bild 2: 1.500-fach, starkes Toasting (20 min.)
Verglasung, Verkrustung, Auflösen der Feinstruktur, Risse
Bild 3: 2.500-fach, Siebröhre, ohne Toasting
Bild 4: 2.500-fach, Starkes Toasting (20 min.)
Verkrustung, Verglasung, wellige Oberfläche

Diagramm 1: **Veränderung der furanischen Aldehyde**

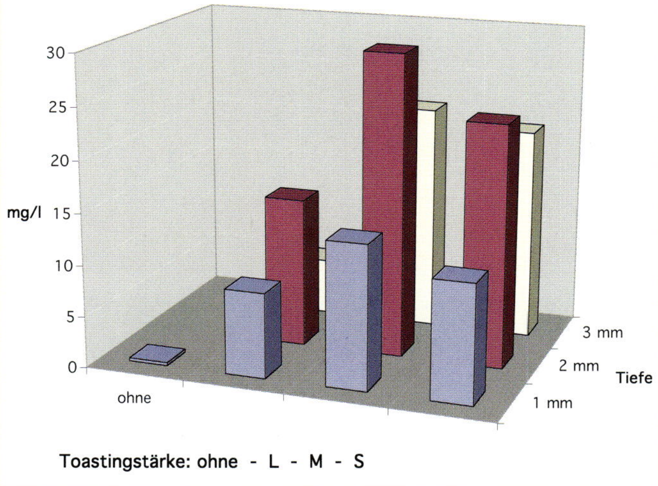

Diagramm 2: **Veränderungen der löslichen braunen Farbpigmente (440 nm)**

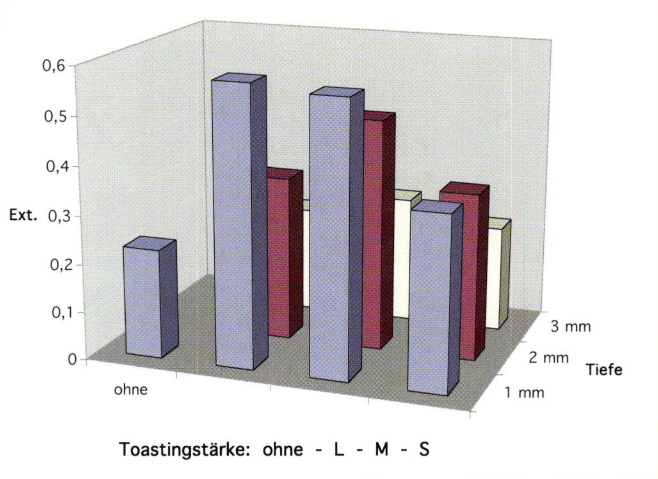

Furane und furanische Aldehyde sind für angenehme Röst- und Mandeltöne, auch Karamel und Brot, verantwortlich. Sie sind nur im erhitzten Holz vorhanden. Bei mittlerer Toastingstärke und in tieferen Holzschichten höhere Konzentration. Der Übergang in den Wein vollzieht sich eher langsam.

Eine Reihe von Ligninderivaten ist gefärbt. Die herauslösbare Menge steigt schon durch leichtes Toasten stark an. Diese gelbbraunen Töne sind besonders bei Weißwein ein Thema. Sie nehmen mit zunehmender Toaststärke ab und sind in den äußeren Schichten am höchsten. Sie werden vom Wein eher rasch gelöst.

Diagramm 3: **Veränderung des flüchtigen Aromas Phenol**

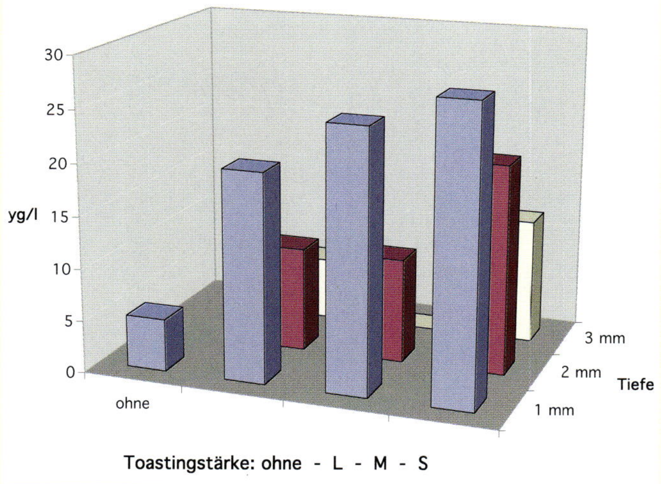

Diagramm 3a: Veränderung des flüchtigen Phenols Eugenol

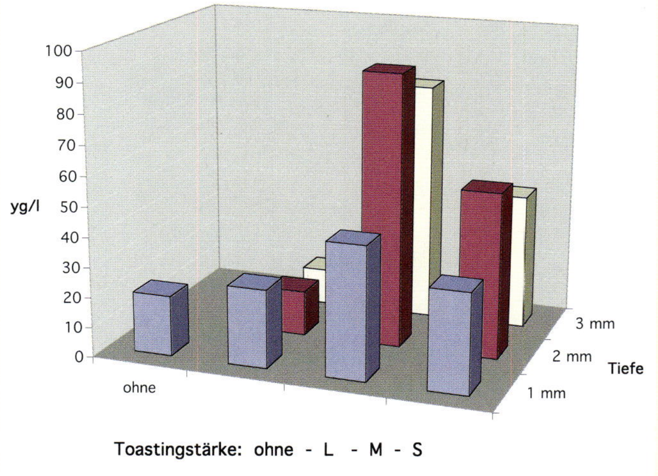

Die Konzentration von Phenol steigt mit zunehmender Hitze stark an.

Es gibt sehr viele Derivate, meist rauchige Aromen. Diese Stoffe finden sich bei leichter und mittlere Hitze vorwiegend in den äußeren Schichten, nur bei starker bis sehr starker Befeuerung auch tiefer (Brandyfässer).

Eugenol (Gewürznelke), besonders bei Weißwein eine interessante Komponente, liegt bei leichtem Toasting immer, bei starkem sehr oft unter der Erkennungsschwelle. Eine kleine Menge tritt auch in ungetoastetem Holz auf. Die höchste Konzentration entwickelt sich bei mittlerer Hitze in tieferen Schichten. Langsame Auslaugung, auch bei gebrauchten Fässern noch vorhanden. Den höchsten natürlichen Gehalt haben Hölzer der Centralregion (Allier), den geringsten Limousin und Weißeiche.

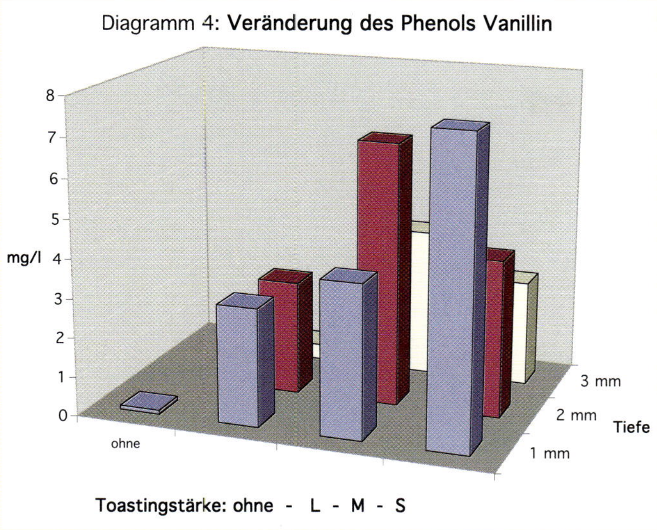

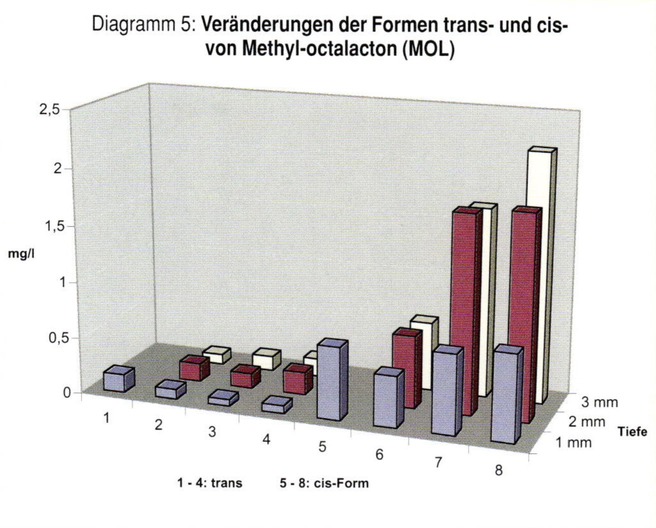

Vanillin, ein aromatisches Aldehyd, das im Zusammenspiel der Aromen sehr wichtig ist, weil es die immer vorhandenen Holzaromen verfeinert und Finesse bringt. Der natürliche Gehalt im Holz liegt meist unter der Erkennungsschwelle. Erst durch das Toasting entstehen ab mittlerer Hitze wahrnehmbare Mengen Vanillin.

Methyl-octalacton (MOL), das typische Holzaroma, ist als Geruch immer anwesend. Nur die Molekülform cis ist in ausreichender Menge von Natur aus vorhanden. Sie wird bei mittlerer Hitze in tiefen Schichten stark erhöht. Auch in gebrauchten Fässern noch vorhanden. In der amerikanischen Weißeiche ist MOL doppelt so hoch wie in europäischen.

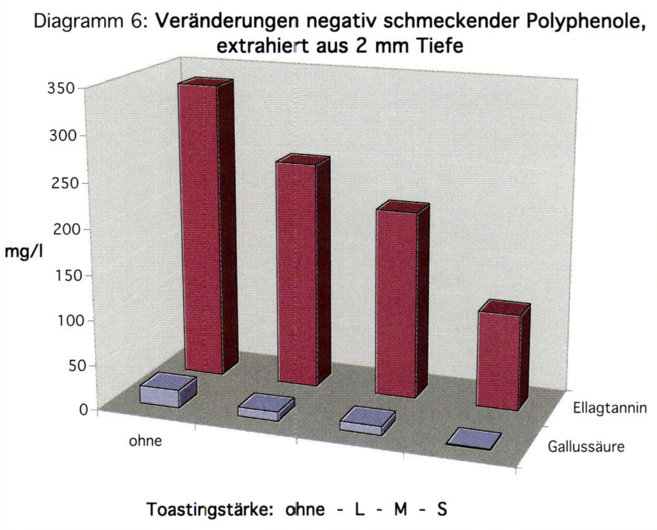

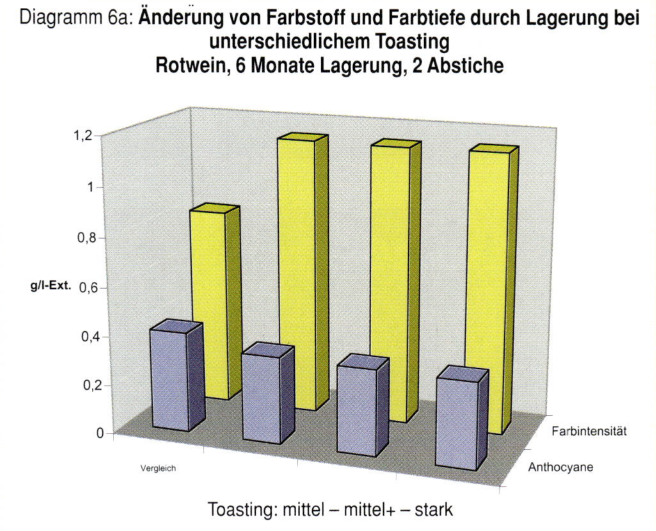

Es gibt auch Polyphenole wie Ellagtannin mit seinen Derivaten und Gallussäure, die schon in geringen Mengen negativ schmecken (adstringierend, bitter). Mit zunehmender Toastingstärke nehmen beide deutlich ab. Holz, das reich an solchen Stoffen ist (Limousin), sollte stärker getoastet werden.

Diagramm 6a zeigt die Farbveränderung eines Rotweines. Toasting führt indirekt zur Farbvertiefung durch freisetzen von Bindungspartnern für die Anthocyane. In diesem Beispiel ist eine Zunahme der Farbintensität um 40% nach 6 Monaten erkennbar. Die Toastingstärke spielt keine große Rolle. Die Anthocyane in ihrer ursprünglichen, nicht polymerisierten Form nehmen dagegen im getoasteten Barrique in dieser Zeit leicht ab.

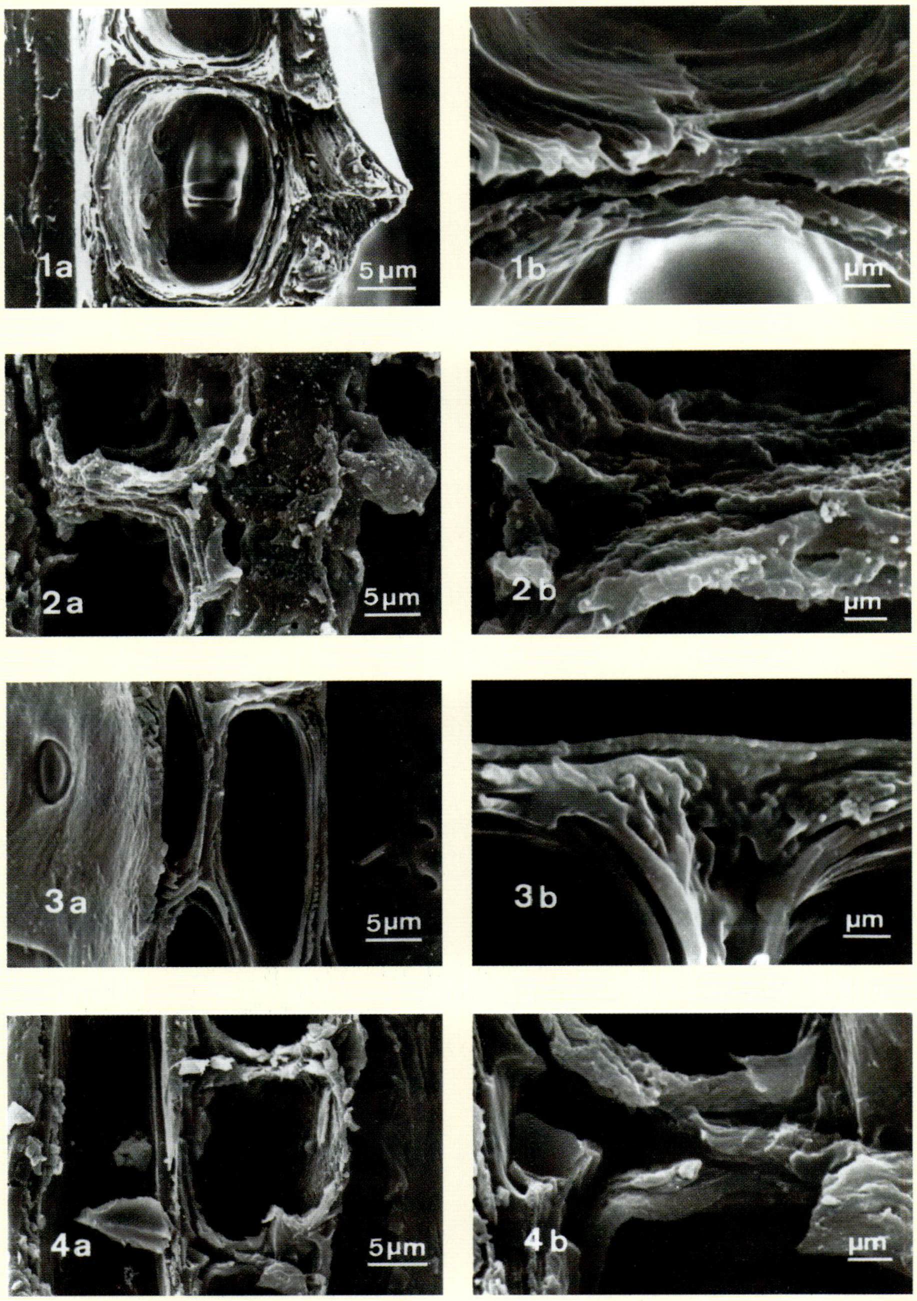

Veränderung von großen Zellen des Frühlingsholzes durch das Toasten

(Transversalschnitt)

Bild 1a: 2.500-fach, kein Toasting
Bild 1b: 10.000-fach, kein Toasting, Teilansicht einer Gefäßwand

Bild 2a: 2.500-fach, leichtes Toasting (5 min.)
Bild 2b: 10.000-fach, leichtes Toasting (5 min.), Teilansicht

Bild 3a: 2.500-fach, mittleres Toasting (10 min.)
Bild 3b: 10.000-fach, mittleres Toasting (10 min.), Detail einer karamelisierten Zellwand

Bild 4a: 2.500-fach, starkes Toasting (20 min.)
Bild 4b: 10.000-fach, starkes Toasting (20 min.), Detail einer karamelisierten, aufgebrochenen Zellwand

Auswirkungen des Toasting auf den Wein

Vorgänge während des Fassausbaues

Weißweine

Die Verwendung von Barriques bei der Vinifizierung von Weißwein erfordert viel Können und Fingerspitzengefühl.
Die Besonderheit des Ausbaues liegt in der Rolle der Hefen in ihrem Zusammenwirken mit den Bestandteilen des Weines und Holzes. Die Hefe beeinflusst durch Ihren Enzymreichtum schon während der Gärung, aber auch noch eine gewisse Zeit danach den Wein. Viele Inhaltsstoffe werden relativ rasch verändert, z. B. durch Freisetzen von Aroma aus Vorstufen oder Umwandlung von Furfural (Aldehyd) in Furfurol (Alkohol), Ähnliches geschieht mit Vanillin und anderen Substanzen. Die Toastingtöne gehen zurück.
Neben diesen katalytischen Vorgängen am Beginn gibt es sehr wirksame kolloidchemische Reaktionen von Hefeeiweiß (Mannoproteine aus der Zellwand u.a.) mit Tanninen und Phenolen. Man kann das als eine Art natürlicher Eiweißschönung sehen. Ein Teil dieser Glyco- und Mannoproteine reichern sich im Wein an und geben ihm Körper und Geschmeidigkeit.
All dies braucht Zeit und ein bestimmtes Milieu von Oxyreduktion, wie es im Tank (auch mit Hefedepot) nicht zu erzielen ist.
Der reduktive Teil ist die Hefe, der oxidierende sind die Holztannine (Weißwein hat zu wenig eigene Tannine). Beide

Oberfläche des Holzes bei verschiedenen Toastingstärken: ① leichtes, ② mittel, ③ mittel+, ④ stark, ⑤ sehr stark.

müssen ständig in Kontakt bleiben um das aromaschützende Fließgleichgewicht der Oxyreduktion zu erhalten, bis die gewünschte Entwicklung abgeschlossen ist (mehrere Monate). Dies erfordert einerseits ausreichend nachdosierende Holzstoffe (daher möglichst keine gebrauchten Fässer verwenden) und ein Vermischen dieser mit der Hefe (ein Aufrühren, am Anfang möglichst oft, ist notwendig).

Tabelle 4: Aromatische Substanzen im Weißwein

(Analyse nach 9 Monaten Lagerung, Mittel aus 3 Barriques)

Substanz	Vergleich, auf Feinhefe	neues Fass, auf Feinhefe	neues Fass, auf Gesamthefe
Σ Furane (mg/l)	0,16	0,7	0,5
Σ Methyl-Octalactone (mg/l)	0	23	0,16
Guajacol (µg/l)	2	4	10
Eugenol (µg/l)	5	20	16,5
Vinyl-4-Phenol [1]	180	175	167
Σ flüchtige Phenole (µg/l)	360	411	364
Vanillin (mg/l)	Spuren	0,49	0,36
Σ aldehydische Phenole (mg/l)	Spuren	0,97	0,89

[1] Hefeprodukt, nicht barriquespezifisch (negativ)

Um Harmonie und hohe Qualität zu erreichen, ist die volle physiologische Reife mit optimaler Aroma- und Fruchttiefe wichtig (Selektion bei der Lese). Überreife Auslesen mit 22° – 25°KMW (110,5° – 127,3°Öchsle) Zucker sind wenig geeignet.

Erst wieder hohe Prädikatsweine wie Ausbrüche, Trockenbeerenauslesen und Eisweine, ab 27° KMW (138,6° Öchsle), sind sehr gut dafür geeignet.

Alle Rebsorten – auch aromatische wie Sauvignon blanc, Traminer u.ä. – sind unter den genannten Bedingungen für den Barriqueausbau geeignet.

Der im Barrique ausgebaute Wein braucht Substanz! Daher muss genügend Zeit zur Extraktion aus der Schale gegeben sein. Der individuelle Charakter liegt in der Schale. Außerdem ist ein gewisser Luftzutritt von Bedeutung (vorsichtiges Maischen, langsames Pressen). Ein weitgehendes, schonendes Entschleimen ist wichtig.

Müssen jedoch sehr große Traubenmengen in kürzester Zeit verarbeitet werden, ist die geforderte Qualität der Mostgewinnung und -behandlung leider schwer möglich. Eine Sulfitzugabe sollte gering sein oder ganz unterbleiben.

Reinzuchthefen, möglichst in mehreren geeigneten Stämmen, sind hilfreich. Die Gesamtpartie teilen und je einen Stamm zugeben.

Als Holz scheint Typ Allier (weniger Limousin oder Weißeiche), mittel getoastet, am besten geeignet. Vgl. Tabelle 5

Tabelle 5: Aromatische Substanzen im Weißwein in Abhängigkeit von Holzart und Toasting während der Reifung im Fass (Analyse nach 8 Monaten)

Substanz	Vergleich	Allier				Limousin			
Toasting	[1]	L	M	S	SS	L	M	S	SS
Farbe (420 nm)	0,1	0,12	0,13	0,13	0,08	0,42	0,47	0,48	0,48
Σ Furane (mg/l)	0	2,2	9,8	10,4	8,2	6,7	7,1	9,9	6,5
Σ Methyl-octalactone (mg/l)	0	0,42	0,31	0,142	0,151	0,162	0,146	0,078	0,07
Guajacol (µg/l)	2	10	18,5	38	65	6	12	21	33
Eugenol (µg/l)	0	27	29	38	28	13	13	19	23
Vinyl-4-phenol [2]	300	197	206	319	210	187	211	214	131
Vanillin (mg/l)	0	0,29	0,35	0,36	0,2	0,2	0,64	0,43	0,1
Σ aldehydische Phenole	0	0,88	1,04	1,076	2	0,47	1,04	-	-

1) kein Holzfass; 2) Hefeprodukt, kann durch Bakterien in Ethyl-4-phenol („Pferdeschweiß“) umgewandelt werden.
L = leicht; M = mittel; S = stark; SS = sehr stark

Tabelle 6: Aromatische Substanzen im Rotwein in Abhängigkeit vom Toasting während der Reifung im Fass (Analyse nach 6 Monaten und dem 2. Abstich)

Substanz	Einheit	Vergleich [1]	L	M+	S
Σ Furane	mg/l	0,24	6,5	8,05	9,8
Σ Methyl-octalactone	mg/l	0	0,26	0,17	0,2
Guajacol	µg/l	Spuren	33	33	35
Eugenol	µg/l	2	21	19	18,5
Ethyl-4-phenol	µg/l	1	3	2,5	3
Vinyl-4-phenol	µg/l [2]	42	40	47	21
Vanillin	mg/l	0,03	0,43	0,23	0,21
Σ aldehydische Phenole	mg/l	0,03	1,53	1,13	0,93

[1]) kein Holzfass; [2]) Hefeprodukt (negativ) unter der Erkennungsschwelle
L = leicht; M+ = mittel (10 min.); S = stark

Zusammenfassend kann bemerkt werden, dass ein geeigneter und richtig im Barrique ausgebauter Wein weniger tanninbetont und adstringierend, wohl aber geschmeidiger und voller wirkt. Er zeigt mehr individuelles Profil und eine schönere, brillantere, grüngoldene Farbe als ein Vergleichswein, der nur im neuem Holz ausgebaut wurde.

Rotweine

Die beste Vinifizierung eines hochwertigen Traubenmaterials zu schönen, feinen, komplexen und langlebigen Rotweinen ist die Verwendung von Barriques. Allerdings sind bestimmte Voraussetzungen unerlässlich. Die Trauben sollen – unabhängig vom Zuckergehalt – im Stadium der physiologischen Vollreife sein. Das heißt beste Ausfärbung (Sonnenlicht) und Fruchttiefe (nicht zu heiß in der Reifezeit) sowie Säureharmonie (nicht zu kalt und trocken während der Reife). Ganz wichtig ist die völlige Gesundheit der Trauben (eventuell Selektion bei der Lese).

Die weitere Verarbeitung bis zur Befüllung der Barriques ist wichtig, soll aber hier nicht weiter behandelt werden.

Der erste Vorgang im Fass ist das Einsetzen der „fermentation malolactic“, des Äpfelsäureabbaues in Milchsäure. Neben der

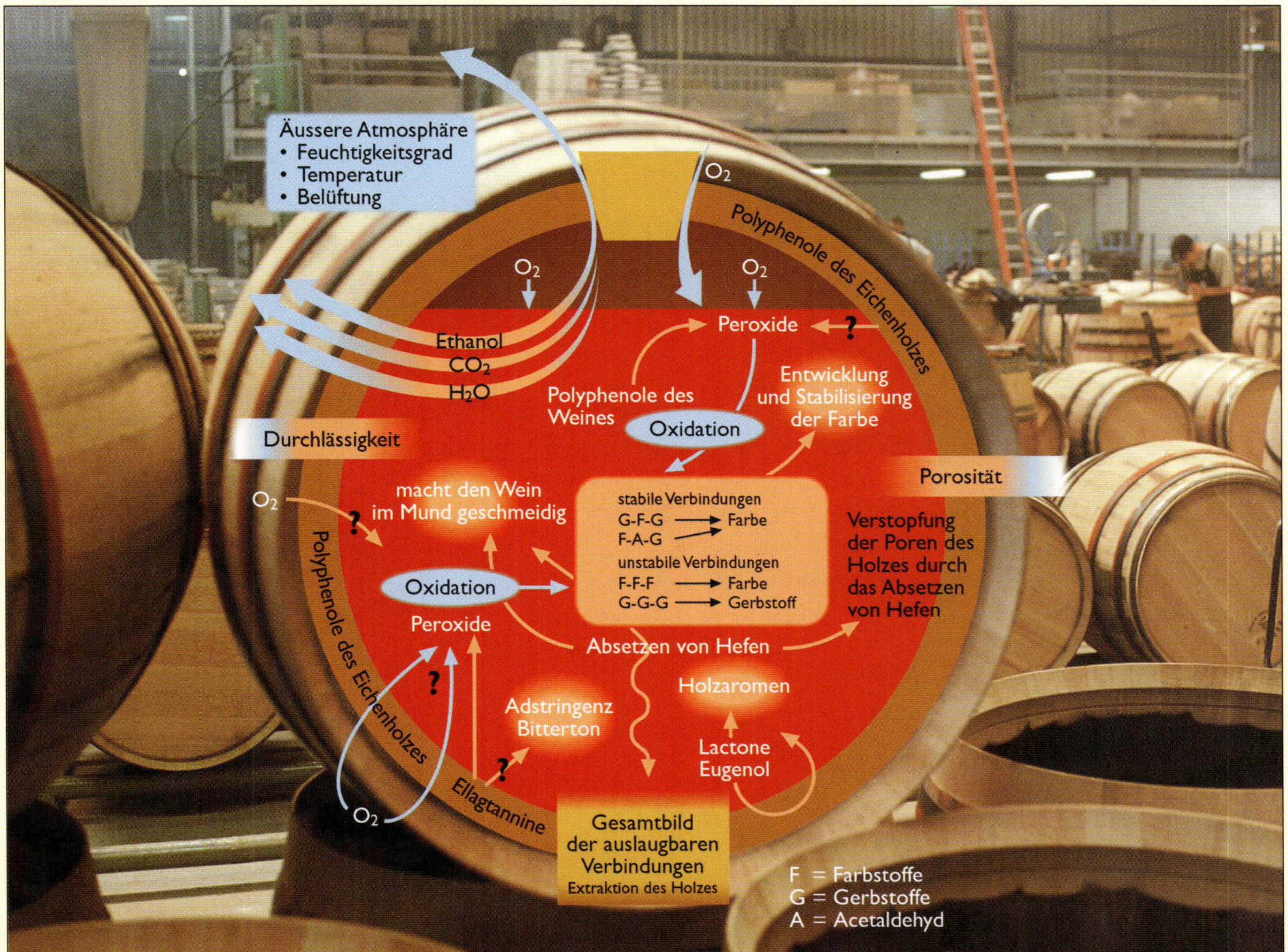

Dynamische Veränderung der Inhaltsstoffe des Rotweines während der Lagerung im Barrique

Äpfelsäure werden auch gewisse aus dem Holz stammende Stoffe umgewandelt. So trägt dieser Vorgang, so er im Fass stattfindet, auch zur Verfeinerung des Gesamteindruckes bei. Die auffälligste Veränderung ist zuerst die starke Zunahme der Adstringenz und der Bittertöne sowie eine fast „staubiger" Holzgeruch.

Feine Nuancen in Duft und Geschmack, sowie ein Großteil der Frucht ist vorerst kaum erkennbar. Bei ausreichend Tannin (inklusive der Farbstoffe) aus Wein, sowie Gerbstoffe aus Holz und Sauerstoff (wenig freies Sulfit), stellt sich ein Oxidations-Reduktionsgleichgewicht ein. Dieses führt zur Kondensation (Molekülverkettungen) und damit zu Stabilisierung von Farbe und Gerbstoffen. Es sind die Molekülketten Gerbstoff-Farbstoff-Gerbstoff (G-F-G) und Farbstoff-Aldehyd-Gerbstoff (F-A-G) die besonders stabil sind. (Vgl. mit Bild oben).

Neben der Stabilisierung tritt auch eine Verbesserung und Vertiefung der Farbe sowie das Zurückgehen der Adstringenz ein. Nach etwa drei Monaten werden die wenig angenehmen Stoffe zunehmend geringer, die Röstaromen des Toasting kommen zum Vorschein und harmonisieren sich langsam. Auch die Frucht wird wieder erkennbar. Nach einem Jahr ist die erste Phase des Ausbaues vorbei. Der Wein wurde drei- bis viermal umgezogen und ist blank und relativ stabil. Sein Sauerstoffbedarf ist nun geringer. Weitere Abstiche sollten seltener und ohne Luft erfolgen. Die Flaschenreife ist aber noch nicht erreicht. Jeder Wein hat seinen eigenen Abfüllzeitpunkt.

Etwas zu früh gefüllt ist nicht sehr schlimm, zu spät meist eine Katastrophe. (Vgl. mit Diagramm 7)

Diagramm 7: **Die Veränderung der Isomere des MOL im Laufe von 2 Jahren Fassausbau**

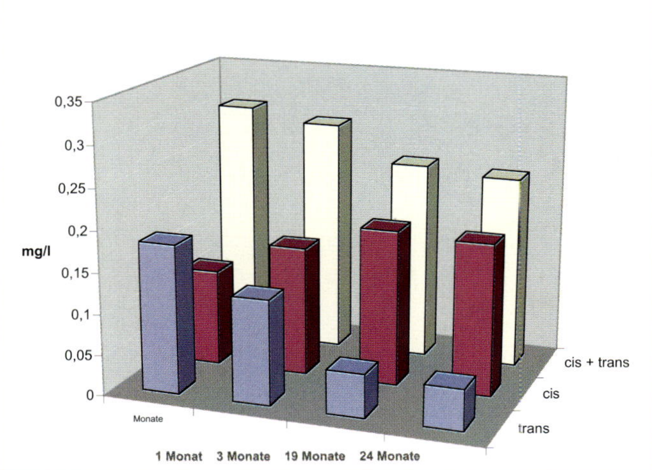

Diagramm 8: **Die Veränderungen der Isomere des MOL im Laufe von 15 Jahren Flaschenreife**

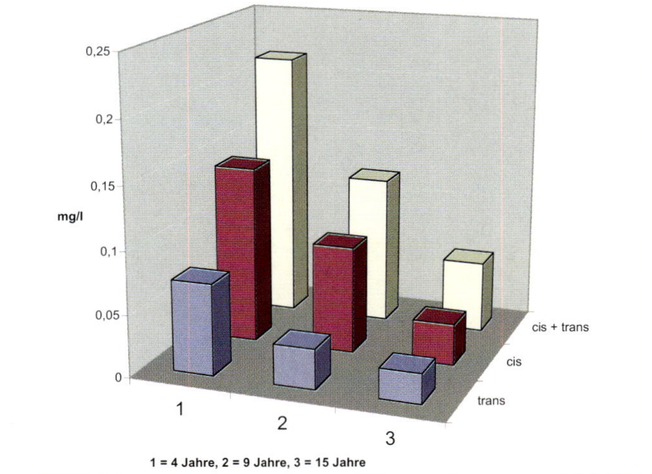

Wenn man beispielsweise das Aroma des MOL-Komplexes (Methyl-octalacton) während zweier Jahre Fassausbau verfolgt, sieht man gut die Abnahme. Sie ist typisch für viele Substanzen die durch das Toasten entstehen. Dieser Vorgang des Zurückgehens ist ein Ausdruck der Reifung, der Oxidation, aber auch des Alterns. Er setzt sich auch in der Flasche fort.

Die Untersuchungen und Analysen der Hölzer und Weine wurden von Pascal Chatonnet, Önologisches Institut der Universität Bordeaux II, durchgeführt. Sie beziehen sich auf Weine aus der Bordeauxregion. Zusammengetragen von mehrjährigen Arbeiten, und ausgewertet von Gerhard Redl.

Literatur:

Pascal Chatonnet, Influence des procédés de tonnellerie et des conditions d'elevage sur la composition et la qualité des vins élevés en fûts de chêne - These pour le doctorat de l'universite de Bordeaux II, 1995.

Bruchmann E. (1976); Angewandte Biochemie, Verlag Eugen Ulmer Stuttgart

Monties B. (1987): Composition chimique des bois de chêne: Composés phenoliques, relations avec quelques propriétés physiques et chimiques susceptibles d'influencer la qualité des vins et des eaux-de-vie – Connaissance Vigne Vin, 21, 169 - 190.

Haslam E., Lilley T.H. (1985): New Polyphenols from Old Tannins - The Biochemistry of Plant Phenolics, 25, 237 – 256.

The barrel and the wine – Scientific Mastering of a Traditional Know-How, Seguin Moreau Cooperage, Enology Institute of the University of Bordeaux II, 1994.

Marsal F., Sarre C., Boidron Jn., Dubourdieu D., 1988, Rôle de la levure dans la transformation de certains constituants volatils du bois de chêne au cours de l'élaboration des vins blancs secs, Conn. *Vigne et vin*, 22, 33-38.

Pontallier P., Salagoity-Auguste M.H. et Ribereau-Gayon P., 1982, Intervention du bois de chêne dans de l'élevage des vins rouges en barriques, Conn. vigne et vins, 16 , 45-61.

Singleton V.L. et Noble A.C., 1976, Wine flavour and phenolic substances, A.C.J. Symposium, series 26, 47-70.

Im Diagramm 8 (eine Weiterführung von Diagramm 7) kann man erkennen, dass MOL erst nach etwa 15 Jahren seine Erkennungsschwelle unterschreiten wird.

Die Tonnellerie wurde 1952 gegründet. Heute leitet Jean-Luc Sylvain den Betrieb, der nur wenige Kilometer von Saint Émilion entfernt gelegen ist.
Jean-Luc Sylvain sieht die Fassbinderei als eine Kunst, wobei er außerordentlichen Wert auf die Tradition legt, die mit diesem alten Handwerk einhergeht. Genauso werden für die Fertigung modernste Maschinen und Innovationen eingesetzt, die die Qualität der Handarbeit gleichzeitig präzisieren und erleichtern.
„Unsere Fässer sollen die perfekte Harmonie und Balance zwischen dem Geschmack der Eiche und einem großen Wein herstellen." Seine Methode dabei ist, für die Barriques nur das feinste an der Luft getrocknete Eichenholz zu verwenden, das Holz sorgfältig aufzubereiten und durch ein perfektes Toasting Fässer zu schaffen, die dafür die optimalen Voraussetzungen besitzen. Die Baumstämme werden zur Tonnellerie nach Libourne geführt, dort gelagert und weiterverarbeitet. Jeder Stamm erhält schon im Wald eine Identifikationsnummer, dadurch ist die Herkunft des Holzes immer belegbar. Nur die von November bis März gefällten Bäume werden für den Fassbau verwendet. Die Aufspaltung der Stämme und das Trocknen des Holzes finden am Firmengelände statt.

Bordelaise Transport Export 225 l

Château Tradition 225 l

Je nach dem gewünschten Weinstil wird das Holz unterschiedlich lange getrocknet. Mindestens zwei Jahre dauert die Trocknungszeit des Holzes im Freien für Fässer die kräftige Rotweine wie Cabernet Sauvignon oder Blaufränkisch veredeln sollen. Für einen leichteren, fruchtbetonten Merlot ist eine verlängerte Holztrocknung von drei Jahren von Vorteil. In diesem weiteren Jahr werden noch zusätzliche Holztannine ausgewaschen, das Eichenholz wird dadurch weicher und der Wein geschmeidiger.

Fässer mit folgenden Volumen werden von Sylvain hergestellt:
Kleinfässer von 56 l und 112 l.
Barriques:
Bordelaise Transport „*Export*" mit 225 l,
Bordelaise Transport „*Fût*" 300 l,
Château „*Tradition*" mit 225 l,
Château „*Ferrée*" mit 225 l,
Bourgogne „*Tradition*" mit 228 l,
Bourgogne „*Export*" mit 228 l.

Ein Drittel der Produktion wird exportiert, zahlreiche renommierte Weinbaubetriebe in Italien, Spanien, Deutschland, Schweiz und Österreich zählen zu den Kunden der Tonnellerie Sylvain. In der neuen Welt werden führende Betriebe in den USA, Südafrika, Neuseeland und Chile beliefert.

Tonnellerie Sylvain

175, Route de Saint Émilion
33 500 Libourne
Tel. 0033 - (0)5 - 57 55 46 36
Fax 0033 - (0)5 - 57 55 46 39
Email: mail@tonnellerie-sylvain.fr

Blick in den Gärkeller von Vieux Château Certan in Pomerol mit den hölzernen Gärständern, die seit über 30 Jahren für die Vinifizierung der Weine verwendet werden.

Der Einfluss von Eichenholz bei der Vinifikation großer Rotweine

Paul Pontallier, Château Margaux, Henry Sams

Seit einigen Jahren verwenden einige Grand-Crus-Weingüter in Bordeaux für die Vinifizierung ihrer Rotweine immer mehr Gärständer aus Eichenholz. Der Einsatz dieser traditionellen Gärmethode basiert auf den Erfahrungswerten mit der modernen Edelstahltechnologie. Im Vordergrund steht dabei immer der Wunsch, individuellere große Rotweine zu produzieren. Es soll auch klar verstanden werden, dass es nicht darum geht, die alte Schule gegen die neue auszuspielen. Die heute praktizierte Form der Önologie ist auch ein mächtiger Gegenpol zu der traditionellen Glaubenslehre. Der Einsatz von Edelstahltanks für die Vinifikation hat über viele Jahre, und auch bei großen Jahrgängen, außergewöhnliche Erfolge erzielt.

Paul Pontallier

Zwei Fragen sollten dabei allerdings gestellt werden:

1. Welche Bedeutung hat die vermeintliche Überlegenheit der Edelstahltechnologie?
2. Gehen durch den Ersatz von Holzgärständern anstelle der Edelstahltanks einzelne sichere Vorteile verloren?

Welche Bedeutung hat die vermeintliche Überlegenheit der Edelstahltechnologie?

Abgesehen vom attraktiven Preis haben Edelstahltanks bei der Vinifizierung von Rotweinen zwei unbestreitbare Vorteile. Auf der einen Seite sind sie sehr leicht handzuhaben und auf der anderen Seite erlauben sie grundsätzlich eine sichere Kontrolle der Gärtemperatur.
Die hölzernen Fässer sind schwieriger zu warten als die Edelstahltanks und sind nach einer gewissen Zeit zum Großteil nicht mehr zu gebrauchen. Es stimmt, dass der oft schlechte Zustand der Holzfässer meist der Grund dafür ist, dass es mikrobiologische Probleme gibt. Edelstahltanks bieten bei ihrem Einsatz sowohl Komfort als auch Sicherheit und beruhigen durch ihre Technik – und das ist richtig so. Zweifellos sind Edelstahltanks schlecht gereinigten Holzfässern vorzuziehen. Das ist nur eine Frage der Sauberkeit und Pflege. Es ist aber nicht besonders kompliziert, auch Holzfässer in einem guten physikalischen und makrobiologischen Zustand zu erhalten. Man muss nur höhere Instandhaltungskosten dafür akzeptieren.
Die Vinifikation von Weintrauben derselben Qualität sowohl in Holz- als auch in Edelstahlgärständern, wie wir sie auf Château Margaux jedes Jahr vergleichend versuchen, führt uns am Beispiel der flüchtigen Säure immer zu identischen Werten. Die Vorteile von Edelstahlgebinden sind unbestritten die Anschaffungskosten und die Arbeit, die Technik ist in Wahrheit aber nicht dafür entscheidend.

Temperaturkontrolle

Die Kontrolle der Gärtemperatur ist ohne Zweifel ein beträchtlicher Vorteil des Edelstahls.Bevor Edelstahltanks bei der Vinifikation eingesetzt wurden, bereiteten übermäßig hohe Gärtemperaturen – besonders in guten, meist sehr heißen Jahren – der Hoffnung auf erstklassige Weine oft ein jähes Ende. Erst der Einsatz von Edelstahltanks ermöglichte eine relativ leichte und strikte Temperaturkontrolle, die es erlaubte, die Wärme im Tankinneren zu senken. Dieses Kühlsystem ist sehr einfach, da man nur kaltes Wasser an der Außenwand des Gärtanks runterrinnen lassen muss. Es sollte aber darauf hingewiesen werden, dass das Problem der Temperaturkontrolle bei Holzgärständern auf die gleiche Art und Weise gelöst werden kann.
Das Klima in Bordeaux ist nicht mit jenem in Kalifornien zu vergleichen und es kommt in Frankreich nicht oft vor, dass es während der Lesezeit sehr heiß ist. Um die Gärtemperatur unter 32°C zu halten, braucht man daher keine hochentwickelte Technik. Wenn einer bei 20°C vinifizieren will, muß er eine andere technische Lösung finden. Bei der Vinifikation von roten Trauben ist ein regelmäßiges Umpumpen notwendig,

speziell am Beginn der Vergärung, wenn die Temperatur zu steigen beginnt und die Hefen Sauerstoff brauchen. In diesem Stadium kann eine Wärmetauscher leicht eingesetzt werden, um beim Umpumpen die Temperatur zu senken und diese in Umlauf zu bringen. Experimente zeigen, dass bei Edelstahltanks mit externer Kühlung das Kühlen mit dem Umpumpen verbunden werden muss, um eine gleichbleibende Temperatur im Inneren des Gärständers zu erhalten.

Was sind die Vorteile der hölzernen Gärständer?

Bei der traditionellen Art der Vinifikation ist der objektive Vorteil der Holzgärständer hauptsächlich in der Entwicklung der Mazeration bei der Vergärung zu finden.

Ein echter Nachteil – wie wir gesehen haben – ist die träge Temperaturentwicklung am Beginn der Gärung. Einen definitiven Vorteil haben, wenn diese Phase abgeschlossen ist und es uns möglich wird, die Mazeration bei einer höheren Temperatur beizubehalten und dies zu einer bemerkenswerten Verbesserung der Tannin-Extraktion führt. Das empfielt sich, denn nach drei Wochen liegt die Temperatur des Weines in den Holzgärständern nach wie vor bei 25°C, während der Wein in Edelstahltanks auf 18°C bis 19°C abgekühlt ist.

Die Form der Gärständer spielt während der Mazeration auch eine Rolle. Es ist einleuchtend, dass eine größere Breite/Höhe der Oberfläche beim Kontakt zwischen der Maische (Kerne und Beerenhäute) und dem Most oder dem Wein ein günstigeres Verhältnis der Mazeration bewirkt.

Tatsache ist, dass im Edelstahltank dieses Verhältnis fast immer weniger als 1, beim Holz es immer größer als 1 ist. Natürlich ist es denkbar, dass es Metalltanks gibt, welche breiter als hoch sind, aber das gibt es in der Praxis nicht. Die Form des Aufbaus hat einen signifikanten Einfluss auf die Dichte der Maischehutes, welcher in Holzgärständern weniger fest wird als in Edelstahltanks. Das Resultat ist größere Homogenität der Temperatur innerhalb der Holzgärständer; die maximale Temperaturdifferenz ist immer weniger als 5°C, während sie in Edelstahltanks bis zu 10°C betragen kann.

Den Grund für die Überlegenheit der Holzgärständer vermuten wir im intensiveren Maische/Wein-Kontakt und der kräftigeren Extraktion. Man kann natürlich einen Behälter aus Edelstahl an die Stelle des Holzgärständers setzen, zusätzlich die Frequenz und die Intensität beim Umpumpen steigern, aber das Resultat ist definitiv nicht das gleiche wie bei Holzgärständern. Auf der einen Seite die sanfte „passive" Extraktion, auf der anderen Aktivität und größere Auseinandersetzung mit der Maische, die eine Auflösung bzw. Umwandlung der harten und krautigen Tannine bewirken kann. Natürlich ist alles abhängig von der Zusammensetzung der Trauben, speziell von deren Reife. Mit aller Wahrscheinlichkeit werden die Unterschiede immer größer, je mehr die Qualität der Trauben abnimmt. Mehrere Experimente haben uns gezeigt, dass eine längere Mazeration in Edelstahltanks manchmal einen leichten Reduktionsgeschmack bewirken kann. In Holzgärständern ist das nie der Fall. Dieser Reduktionsgeschmack kann einen sehr unangenehmen Charakter haben und zwingen daher den Winzer zu schnellen Handeln. Nach einer Untersuchung von M. Glortes dürfte die Schweißnaht in Edelstahltanks für den Reduktionsgeschmack während der Gärung verantwortlich sein.

Das Gleichgewicht zwischen Holz und Stahl

Diese Überlegungen sollen keine Ausrede für eine Rückkehr zu traditionellen Gärbehältern sein. Natürlich sind gute Edelstahltanks mehr wert als alte, schlecht erhaltene aus Holz. Es ist immer von önologischer Wichtigkeit, moderne technologische Entwicklungen zu hinterfragen. Wenn der technische Fortschritt das Wissen vergangener Zeiten überholt, ist es an der Zeit, sich wieder neu Gedanken zu machen.

Warum reifen große Rotweine in kleinen Fässern?

Der Ausbau großer Rotweine in Fässern wurde Anfang des 18. Jahrhunderts eingeführt und im Prinzip hat sich bis heute daran fast nichts geändert, aber das vermehrte Wissen um diese Technik hat zweifellos dazu geführt, bei der Vinifizierung größere Vorteile daraus zu schlagen und Rückschläge zu vermeiden. Das Reifen im Fass ist aber kein „Altern" im eigentlichen Sinn. Es ist eine Lebensphase des Weines durch die er erst fähig wird, in der Flasche zu altern.

Das Ziel eines reifenden Weines ist es, die Sicherheit von physikalischen und chemischen Umwandlungen zu erreichen und diese ebenso herauszufordern. Sie sind unentbehrlich für die künftige Qualität des Weines. Zuerst muss der Wein während des Reifestadiums Klarheit und Stabilität erwerben. Dieser Umstand ist besonders wichtig für einen großen Rotwein, gilt es doch, ihn für eine lange Zeit (20, 30 oder mehr Jahre) perfekt zu erhalten. Diese Reifung muss jenen erforderlichen Zustand schaffen, der für die mannigfaltigen herben Einflüsse des Weines und die Farbe verantwortlich ist, so dass diese sich nicht später in der Flasche verändern. Zweitens muss die Reifung zur Stabilisierung und Beständigkeit seiner Farbe führen, aber auch, um die Adstringenz der Tannine zu vermindern. Abschließend müssen große Rotweine während des Reifens jene organische Komplexität erwerben, um später in der Flasche die volle Entfaltung des Buketts zu ermöglichen.

Fässer aus Eichenholz, speziell neue Fässer, sichern großen Rotweinen ein optimales Umfeld für die Entwicklung von all diesen Reaktionen. Vorab verringert das kleine Volumen des Fasses auch das rasche Abfallen der Temperatur im Winter, es besitzt also ein privilegiertes Umfeld, um die Klarheit und die Stabilität des Weines zu erhalten. Auf der anderen Seite verringern Eichenfässer das langsame und kontinuierliche Eindringen von Sauerstoff, im neuen Holz schätzungsweise bei 30 – 40mg pro Jahr. Diese Oxydations-Reaktion fordert eine Polymerisation und Verdichtung der Anthocyan-Moleküle und der Tannine heraus und erhöht dadurch die Farbstoffe im Rotwein. Diese chemischen Reaktionen führen zu folgenden Ergebnissen:

- Zunahme der Farbintensität
- Entwicklung der Farbe; die Farbe des Rotweines bekommt Nuancen von Rubin
- Beständigkeit der Farbe während des Reifens; die Tannine und Anthocyane, die während dieser Reaktion gebildet werden, sind stabiler als die Anthocyan-Moleküle, die für die Farbe bei jungen Weinen verantwortlich sind.
- Präzipitation von großen Tannin-Molekülen (mit verschiede nen anderen Elementen), welche langfristig für die Klarheit des Weines bürgen
- Eine Abnahme von Adstringenz und Strenge, sowie die Zunahme von Samtigkeit und Milde (Weichheit), die Charakteristik eines Rotweines

Weiters erfolgt die Auslaugung von bestimmten Bestandteilen des Holzes, welche während der Reifung des Weines in neuen Eichenfässern stattfindet; zuerst die in kleinen Mengen existierenden Phenol-Verbindungen, die bei der Modifikation des Farbstoffes im Rotwein besonders stark reagieren.
Zweitens die aromatischen Substanzen, die zur Komplexität des Buketts von großen Weinen beitragen. Bei all diesen Elementen, die das Holz an den Wein weitergibt, spricht man vom „Geschmack des Holzes“. Dem folgt eine komplexe Entwicklung: sehr ansprechend in den ersten fünf Wochen – nachdem der neue Wein ins Fass kam – ist der Geschmack von Holz, er mischt sich, während er im Fass reift, allmählich mit dem Wein und bindet sich schließlich komplett ein. Er bekommt einen Bukett-Ansatz eines alten Weines.
Nach dem Füllen des Weines ins Fass wird der „Holz“-Überton rau; es ist bekannt, dass parallel zum Duft die Frucht ein sehr angenehmes Vanille-Aroma entwickelt, welches manchmal ein bisschen grün wirkt. Der Tannin-Eindruck ist generell am Gaumen sehr stark; gelegentlich zeigen sich solche Weine mit einem schwachen „staubigen“ Charakter. Dieser anfängliche „Holz“-Charakter verschwindet sehr schnell. Nach ein paar Jahren der Flaschenreifung wird das Holz im Wein nicht mehr wahrgenommen. Die Entwicklung der Aromen ist erstaunlich, das Bukett entfaltet sich und erwirbt prächtige Komplexität. Die Eichenfässer tragen also einen wichtigen Beitrag für die Reifung von Rotweinen bei.
Der Wein erwirbt einen zuverlässigen „Holz“-Charakter, der aber immer im Gleichgewicht mit den anderen aromatischen Tönen sein muss und der nicht dominant wirken darf.
Der Einfluss der Herkunft der Eichen und die Techniken der Fassbindereien sind die gemeinsame Basis für den weiteren Erfolg bei der Reifung von Weinen in den Barriques. Dieser Einfluss kann aber gerade in Weinbaubetrieben, die Weine mit Qualität produzieren, sehr stark variieren, so dass sich auf der einen Seite die „Entwicklung“ der Eiche, auf der anderen auch deren Qualität ändert. Heute ist Frankreich mit seiner Forstwirtschaft sehr privilegiert. Einzelne Studien haben die unvergleichliche Qualität seiner Wälder für die Produktion von Eichenfässern bewiesen. Mit sorgfältig ausgewählten Eichen können Fassbinder ihre alte und immer noch mystische Kunst praktizieren. Das Trocknen, das Formen der Fassdauben, das Zusammenbauen der Fässer und das „Toasten“ sind Komponenten, welche jedem einzelnen Fass seine eigene Identität geben. Jedes einzelne ist daher ein Kunstwerk und Ausdruck für das Können des Handwerkers.

Der Einfluss der Herkunft des Holzes

Die Tonnellerien rund um Bordeaux verwenden das Eichenholz von zwei Regionen, dem Limousin und Central-Frankreich (Allier). Die Limousin-Eichen (im wesentlichen *Quercus robur*) wachsen auf Böden aus kalkhaltiger Erde und Granit. Die Jahresringe sind weit und gleichmäßig; die Struktur ist grob; die Durchlässigkeit des Holzes ist hoch und die Tannine verkörpern 10% des trockenen Extrakts. Die Eichen aus Centralfrankreich (vorwiegend *Quercus sessilis*) wachsen auf dürftiger kieselerdehaltiger Tonerde. Hier gedeihen Wälder mit voll entwickelten Bäumen, die schönsten Exemplare sind jene der Tronçais. Die Jahresringe (Grain) sind eng und das Gefüge geschlossen, die Porosität ist nicht sehr hoch und die Tannine verkörpern rund 6% des trockenen Extrakts. Es gibt einen kleine aber nicht unbedeutenden Unterschied zwischen einem Fass aus Allier- und einem aus Limousin-Eiche, bei gleichem Inhalt. Experimente zeigen, dass im Normalfall rote Bordeaux-Weine, vinifiziert in Allier-Eiche, nicht nur eine intensivere, sondern auch eine schmeichlerische und überaus angenehme „Holz“-Charakteristik ergeben. Im Fass der Limousin-Eiche ist der Wein im Duft nicht nur holzlastiger, sondern am Gaumen auch schärfer und bitterer.

Der Einfluss der Trocknungsmethode des Holzes

Der mechanische Widerstand der Fässer setzt voraus, dass der Feuchtigkeitsgehalt des Holzes im Gleichgewicht mit dem Umfeld ist. Der Holzfeuchtigkeitsgehalt in den gemäßigten westlichen Regionen Frankreichs liegt bei rund 14% bis 18%. Tonnellerien, die Eichenholz für ihre zukünftigen Fässer verwenden, müssen dieses zuerst „trocknen". Das kann sowohl natürlich als auch künstlich erfolgen. Das natürliche Trocknen im Freien dauert zumindest zwei bis drei Jahre. Während dieser Zeit wird das Holz nicht nur getrocknet, sondern durch Regen und Schnee werden auch die groben Tannine ausgewaschen. Dies führt zu einer Reduktion des Tanningehaltes des Holzes.

Neben einer Serie von Feuchtigkeits- und Oxidations-Reaktionen findet im Holz eine Bindung der Enzyme statt und Mikroroganismen, welche sich im Holz entwickeln, werden abgesondert. Diese Reaktionen führen zu einer Verdichtung und Polymerisation der Tannine im Holz.

Bei der künstlichen Trocknung werden die Eichenfässer rund ein Monat lang in einem gut durchlüfteten, trockenen Raum bei Temperaturen zwischen 40°C und 60°C gelagert. Bei dieser Art der Trocknung ist wichtig, dass die mechanische Qualität des Holzes sich nicht verändert oder verringert.

Der Umstand, wie Eichenfässer getrocknet werden, beeinflusst die organische Charakteristik des Weines in den Fässern. Es scheint außerdem, dass dieser Einfluss mit der geografischen Herkunft der Eiche zu tun hat. Im Falle der Allier-Eiche ermöglicht nur die natürliche Trocknung im Freien, dem Wein eine kraftvolle „Holz"-Note zu geben, die ebenfalls fein, elegant und in Harmonie mit den anderen organischen Elementen steht. Wenn man diese Eiche künstlich trocknet, wird die „Holz"-Charakteristik aggressiv, grün, staubig und manchmal ein bisschen harzig. Der Einfluss des Trocknungssystems scheint im Falle der Limousin-Eiche geringer zu sein. Wenn diese Eiche natürlich getrocknet wird, gibt sie dem Wein im Fass im Geruch einen diskreten „Holz"-Überton und wird leicht bitter am Gaumen; im Falle einer künstlichen Trocknung gibt es ein diskretes Aroma nach Holz, aber der Eindruck am Gaumen ist meistens sehr schön und harmonisch.

Der Einfluss des Wärmegrades während des Biegens der Fassdauben

Das In-Form-Biegen der Fassdauben erfolgt durch das Verwenden von Feuer und Wasser. Die Hitze eines Feuers aus Eichenholzreststücken in Verbindung mit Feuchtigkeit gibt den Fassdauben die Elastizität, die man braucht, um sie biegen zu können, die Fässer in ihre Form zu bringen. Wenn das Fass fertig ist, wird es ein zweites Mal erhitzt (getoastet). Die Höhe der Hitze bestimmt der Fassbinder. Jeder einzelne hütet neidisch das „Geheimnis" seines Handwerks. Beim zweiten Erhitzen entsteht eine zuverlässige chemische Reaktion, bemerkenswert dabei ist die Bildung von aromatischen Aldehyden während dieser mehr oder weniger intensiven Erwärmung, die die Zusammensetzung einzelner Hölzer empfindlich verändert.

Der Grad des Toastings hat einen definitiven Einfluss auf den organoleptischen Charakter des Weines in den Fässern. Das führt dazu, dass immer mehr Käufer der Kleinfässer spezifische Anforderungen an das Toasting stellen. Generell erhielt früher der Wein einen kräftigeren, aromatischen Charakter mit Erinnerungen an Tabak, Rauch, manchmal sogar an Teer, meist zum Schaden der Finesse, der Eleganz und der Frucht. Es ist ein gutes Beispiel für die Subjektivität der organoleptischen Analyse.

Die Herkunft der Eiche, der Umstand wie sie getrocknet wird, der Hitzegrad und die Länge des Ausbrennens sowie viele andere Faktoren können sehr unterschiedlich sein: dadurch kommen viele „Holzgeschmäcker" in die Fässer, manche sehr intensiv, manche weniger, manche milder, manche vanilliert und manche bitter. Es gibt eine verführerische Auswahl und macht diese oft sehr schwierig. Unsere großen Weine sind das Resultat komplexer Verschnitte verschiedener Trauben, vom Boden, von Weinen verschiedenen Alters – für die Fülle des Buketts spielen die Barriques auch eine Rolle.

Zusammenfassung

Die Eiche bestimmt direkt und indirekt die Entwicklung großer Rotweine. Der Geschmack des Holzes im Wein muss aber ebenso bescheiden sein wie der Weinbauer der ihn macht. Gutes Holz macht keinen großen Wein, es offenbart ihn. Das Holz spielt eine Rolle im Prozess der Entwicklung eines Weines, aber es ist weder dessen Ende noch das Endergebnis. Zunehmend und speziell bei neuen Produzenten und/oder Verbraucherländern wird übertriebener „Holzgeschmack" einzig mit der Qualität des Weines verbunden. In Wirklichkeit ist es aber das Gegenteil. Nur mittelmäßige Weine werden vom Holz dominiert. Die Eiche ist also die Würze, welche die Soße verfeinert, ohne den Geschmack auszubeuten. Ein Weinbauer, der die Vermählung von Eiche und Wein anstrebt, muss unermüdlich arbeiten, um eine solche Vereinigung so harmonisch wie möglich zu gestalten.

Der traditionelle Ausbau großer Rotweine in Bordeaux

Barriquereifekeller in Château Cos d'Estournel, Saint-Estèphe

Anfang Dezember, sobald der Säureabbau beendet ist, beginnt der Ausbau der Rotweine in den Barriques und dauert normalerweise zwei Jahre. Während dieser Zeit finden eine gewisse Anzahl von Arbeiten (Umziehen von Fass zu Fass, Gerbstoffschönungen) statt, die den Zweck haben, dass bis zum Zeitpunkt der Flaschenfüllung die Weine klar und stabil sind. Beim Ausbau in Barriques ist dies besonders wichtig, da bei dieser Tradition kein Filtration der Weine vorgesehen ist.

Die Lagerung in Barriques erfolgt umgehendst nach Abschluss des biologischen Säureabbaus und hat zahlreiche Vorteile :

Die Klärung der Weine, die noch den feinen Hefeschlamm der Gärung enthalten, wird durch die Verkleinerung des Volumens und den kälteren Temperaturen im Weinkeller um diese Zeit (Anfang Januar) sehr gefördert. Innerhalb von drei bis vier Wochen findet eine erhebliche Klärung des Weines durch die starke Absetzung von Pigmenten, Salzen und sonstigen Partikeln statt. Es scheint, dass dieser starke Satz, der die Wände der Barriques teilweise „tapeziert", verhindert, dass der Wein zu strenge Holztöne aufnimmt. Als ob eine Art Islolierung des Holzes stattfände, die den Kontakt zwischen Holz und Wein verminderte.

Schließlich bewirken das Befüllen der Barriques und die ersten Auffüllungen eine frühe und gründliche Belüftung des Weins, die besonders für die Farbintensität und die Stabilisierung von Wichtigkeit ist.

Spund oben oder seitlich?

Der traditionelle Barriqueausbau verläuft in zwei ungleich langen Phasen: während der ersten sechs Monate steht das Fass gerade, mit dem Spund oben, damit die aus dem Gärungsprozess verbleibende Kohlensäure entweichen kann. Bei neuen Barriques, die traditionell mit heißem Wasser vorbehandelt worden sind, ergibt sich in den ersten Wochen ein starker Weinverlust, da das neue Holz Wein absorbiert. Von einem Auffüllen zum anderen ergibt sich daher eine relativ große Kontaktfläche zwischen Wein und Luft, die dem Wein eine erhebliche Menge Sauerstoff zuführt. Dasselbe passiert beim Auffüllen der Fässer, wo größere Mengen an Flüssigkeit im Spiel sind und der Wein ebenfalls stärker belüftet wird.

Mit dem Ausbau in der Fassposition „Spund oben" wird zu Beginn der Fassreife dem Wein eine große Menge Sauerstoff zugeführt. Es stellt sich die Frage, für welchen Weintypus eine derart starke Belüftung wünschenswert ist, bzw. wann davon abzuraten ist. Nach 6 Monaten werden die Fässer seitlich gedreht gelagert, der Spund ist dadurch nicht mehr die höchste Stelle am Fass. Das Auffüllen der Fässer fällt weg. Es gelangt viel weniger Sauerstoff in den Wein, wenngleich trotzdem eine konstante minimale Belüftung stattfindet.

Von der Tradition einmal abgesehen, kann man sich fragen, inwiefern es ratsam ist, das Schema „sechs Monate Spund oben,

18 Monate Spund seitlich" streng einzuhalten. Eine frühe und relativ starke Belüftung ist der Entwicklung von großen Weinen mit einem hohen Phenolanteil zweifellos zuträglich, aber wahrscheinlich ist das bei weniger gehaltvollen Weinen nicht mehr der Fall.

Die Tradition des Umziehens der Weine

Da vom Filtrieren Abstand genommen wird, hängt die endgültige Klarheit des Weins von der Anzahl der Umziehvorgänge ab, die man mehr als Dekantieren ansehen soll. Während des zweijährigen Barriqueausbaus werden die Weine sieben- bis achtmal umgezogen: im ersten Jahr alle drei Monate, im zweiten alle vier. Um den Bodensatz mit der Feinhefe nicht aufzurühren, ist die Verwendung einer Pumpe ausgeschlossen. Man verwendet daher ein Druckluftgerät, mit dem der Wein vorsichtig von einem Barrique in ein anderes geleitet wird. Wenn das Barrique fast leer ist, kommt das eigentliche Dekantieren, das zwei Mann in Anspruch nimmt: einer hebt vorsichtig das Fass wie eine alte Flasche, die man langsam neigt, während der andere mithilfe einer Kerze oder einer Lampe beobachtet, wann der Wein beginnt, trüb zu werden.

Von der Klärung des Rotweins abgesehen hat das Umziehen im Barriqueausbau noch zwei weitere Vorteile: erstens wird der Gehalt an freiem SO_2 geregelt, und zweitens wird dem Wein Sauerstoff zugeführt. Das ist im ersten Jahr sehr gut für die Entwicklung des Weins, aber im zweiten, vor allem nach der Schönung, ist diese Belüftung und damit das Umziehen eher nicht angeraten.

Die Schönung

Das Schönen hat den Zweck, den Wein zu stabilisieren. Sie wird traditionell in den Barriques durchgeführt, was den doppelten Vorteil hat, eine gleichmäßige und vollständige Sedimentierung des Klärschleims zu bewirken. Es werden meist pro Barrique fünf bis sechs Hühnereiweiße verwendet, die leicht schaumig geschlagen werden und dann durch den Spund ins Barrique gefüllt werden. Dann wird der Wein mit einem mechanischen Quirl durchgemixt, damit sich das Eiweiß gleichmässig verteilt. Dann werden die Barriques mit seitlich ausgerichtetem Spund 45 Tage gelagert und anschließend noch einmal umgezogen.

Die Schönung hat eine starke Auswirkung auf den Wein: Er verliert vorerst einen Teil seines aromatischen Ausdrucks, insbesonders der fruchtigen Noten. Am Gaumen haben die Weine weniger Adstringenz, sie scheinen vorübergehend „dünner" als vor der Schönung. Nach zwei bis drei Monaten zeigen sie dann wieder Körper und Substanz. Die Eiweiß-Schönung verleiht großen Rotweinen auch eine unbestreitbare Finesse und ist ein wesentlicher Bestandteil beim Barriqueausbau.

Die Önologie kann man mit der Erziehung von Kindern vergleichen: es gibt keine fixen Vorschriften, man muss sich dem Individuum anpassen. Je nach Persönlichkeit des Rotweins wird der Ausbau 15, 18 oder 24 Monate beanspruchen, um ihm am besten gerecht zu werden.

Der Wein muss im Barrique „reifen", um für eine lange und gedeihliche Existenz innerhalb der Flasche gerüstet zu sein, die ihn noch verfeinern wird. Die organoleptischen Veränderungen des Weins während des Barriqueausbaus können regelmäßig mittels der Verkostungen verfolgt werden, die auch den idealen Zeitpunkt für die Flaschenfüllung anzeigen.

Wie lange soll der Wein in den Barriques reifen?

Die diesbezüglichen Kriterien sind so komplex wie der Wein selbst: Man versucht, einen ausgewogenen Tanninanteil anzustreben, aber das darf beileibe nicht das einzige Kriterium sein. Am Ende des Barrique-Ausbaus sollten sich die gesamten Komponenten des Weins in größter Reife und Ausdrucksstärke präsentieren; die Gerbstoffe sollen abgerundeter, milder, fast seidig erscheinen, die Aromen als eine Harmonie von Holz- und Fruchtnoten. Die Farbe verändert sich leicht, sie beginnt fast unmerklich ins Rubinrote überzuwechseln, was durch die grundlegende Veränderung der Gerbstoffe und Anthocyane/Farbstoffe bewerkstelligt wurde. Man braucht die Erfahrung der Vinifizierung von vielen Jahrgängen ein und desselben Weins, um genau den richtigen Moment zu erfassen, bevor der Wein – übrigens sehr plötzlich – außer Kontrolle geraten („umfallen") kann. Und dann ist es zu spät ...

Kellertemperatur und Luftfeuchtigkeit

Zahlreiche Faktoren außerhalb des Fasses können die Entwicklung des Weines beeinflussen. Beschränken wir uns auf solche, die wir kontrollieren können, wie z. B. die Temperatur des Kellers. Ihr Einfluss auf die Weine in Barriques ist wenig bekannt, man weiß jedoch, dass ungünstige Kellertemperaturen sowohl unerwünschte chemische Reaktionen auslösen, sowie das Absetzen der Hefen und Traubstoffe negativ beeinflussen. Daher ist es notwendig, während des ersten Jahres eine entsprechend niedrige Temperatur aufrechtzuerhalten (5° – 10°C), damit die Absetzung rasch und gründlich vor sich geht. Andrerseits sollte sie im Sommer 18° – 19°C erreichen, um chemische Reaktionen zu beschleunigen. Werden 18° – 19°C überschritten, muss man befürchten, dass sich Mikroorganismen entwickeln oder gewisse chemische Vorgänge falsch verlaufen (oxidierter oder „eingekochter" Geschmack). Während des zweiten Jahres bemüht man sich, starke Temperaturschwankungen zu vermeiden, da

sich die meisten Partikel bereits abgesetzt haben, und nach der Schönung könnten überhöhte Temperaturen eine Fehlentwicklung der Phenolverbindungen zur Folge haben. Die ideale Bandbreite scheint bei 12° – 15°C zu liegen. Allerdings kommt es hier wieder darauf an, mit welchem Wein man es zu tun hat. Insbesondere bei Weinen mit einem hohen pH-Wert (3,8 – 3,9) wäre es problematisch, Temperaturen von 15° – 16°C zu überschreiten.
Die Luftfeuchtigkeit im Keller spielt eine Doppelrolle: einerseits soll sie eine zu hohe Verdunstung des Weins verhindern (was bei zu trockenen Kellern vorkommt), und andererseits einen zu hohen Alkoholverlust (zu feuchte Atmosphäre) verhindern. Der Erfahrungswert liegt bei 80 bis 90% Luftfeuchtigkeit.

Mögliche Abwandlungen des traditionellen Schemas

Im vorangehenden Teil wurde die Bordeaux-Tradition für große Rotweine beschrieben, aber sie wird praktisch nur von den großen Châteaus konsequent befolgt. Abweichungen können in Betracht gezogen werden, ob man nun wirtschaftliche Gründe hat oder aber es mit großen Rotweinen zu tun hat, die nicht aus Bordeaux stammen.
Wie dem auch sei, man darf niemals das „warum" einer gegebenen Handlung aus den Augen verlieren, und muss sich vor allem einprägen, dass dieses traditionelle Schema ein homogenes Ganzes bildet, und jede Veränderung eines Elements die Wirksamkeit des gesamten Ausbaus gefährdet.
Die Verteuerung der Personalkosten spielt für viele Weingüter eine übergeordnete Rolle. Aus Gründen der Rentabilität wird insbesondere die Zeit der Lagerung der Barriques mit „Spund oben" verkürzt und die Tradition des Schönens und des Umziehens nicht mehr respektiert, was zwangsläufig das Filtrieren des Weines unumgänglich macht. Die ganz großen Châteaus sind von diesen Sparmaßnahmen nicht betroffen, aber man kann nicht umhin, in dieser Abweichung von einer lange etablierten Tradition ein Risiko für die Qualität großer Weine zu erkennen.

Für große Rotweine, die nicht aus Bordeaux sind, wird es natürlich notwendig sein, leichte bis einschneidende Abwandlungen der klassischen Ausbaumethode zu erwägen. Wenn sie auch nicht mehr Schritt für Schritt befolgt wird, sollte doch die zentrale Philosophie beibehalten werden.
Die Dauer des Barriqueausbaus, die Belüftung durch Umziehen oder die Spundposition, die Kellertemperaturen und sonstigen Umstände müssen der Persönlichkeit des Weins jeweils angepasst werden. Das hauptsächliche Talent eines Winzers besteht eben darin, sein Können trotz ständig sich verändernder Umstände unter Beweis zu stellen.

Warum werden große Rotweine in Barriques ausgebaut?

Diese Technik des Weinausbaues in Kleinfässern (Barriques) ist seit dem Anfang des 18. Jahrhunderts bekannt und hat sich grundsätzlich wenig geändert, wohl aber verfeinert. Ihr Ziel ist nicht ein absichtlicher „Reifungsvorgang", sondern eine Entwicklung, während dieser der Wein die Fähigkeit erwirbt, in den Flaschen weiter zu reifen. Dabei werden verschiedene physische und chemische Veränderungen gefördert bzw. hervorgerufen.

In der ersten Ausbauphase in den Barriques muss sich der Wein klären und stabilisieren. Das ist ein wichtiger Punkt für Weine mit einem erwünschten Lagerungspotenzial von 20, 30 und mehr Jahren. Der Ausfall von Weinsäure und Farbstoffen muss deshalb in dieser Phase stattfinden, damit dies nicht später in der Flasche passiert. Auch muss sich die Farbe stabilisieren und die Adstringenz der Gerbstoffe mildern. Und schließlich müssen sich die Weine während des Ausbaus die organoleptische Komplexität aneignen, die zur Entwicklung des Buketts des Weins in der Flasche führt.

Der spezifische Beitrag von Eichenfässern

Eichenfässer, insbesondere aus neuer Eiche, beeinflussen alle diese Umwandlungen auf eine sehr günstigste Art und Weise. Da ist zunächst ihr geringes Volumen, das Konvexionserscheinungen mindert, im Winter eine echte Temperatursenkung ermöglicht und das Absetzen von Partikeln in kolloidaler Lösung beschleunigt.

Andrerseits begünstigen neue Eichenfässer die langsame und kontinuierliche Zufuhr von Sauerstoff, der bekanntlich wesentlich zu der Kondensation der Anthocyane (Farbstoffe) und der Gerbstoffe beiträgt. Diese chemischen Verwandlungen der Phenolverbindungen bewirken eine erhöhte Stabilität der Farbe von Rotweinen und haben einen unbestreitbaren Einfluss auf die Entwicklung der organoleptischen Eigenschaften: Rückgang der Adstringenz und Grundlage einer erweiterten aromatischen Komplexität.

Schließlich und endlich findet während des Ausbaus in neuen Eichenfässern ein Abbau (eine Lösung) von gewissen Holzkomponenten statt. Es sind dies zunächst phenolische Verbindungen in kleinen, aber besonders reaktiven Mengen, die an der Verwandlung nicht nur der Farbstoffe von Rotweinen teilnehmen, sondern auch die aromatischen Substanzen beeinflussen, die das Bukett von großen Rotweinen auszeichnen.

Margaux ist einfach Margaux

Schon allein der Name ist ein Mythos. Im Laufe der Jahrhunderte hat das Château Margaux häufig seine Besitzer gewechselt. Seit über 250 Jahren sind Generationen von Kellermeistern dieses „Kulturweingutes" bestrebt, in jedem Jahr den bestmöglichen Wein zu keltern. Der Ruf dieser Weine überdauerte die Zeit, er brachte den Besitzern Wohlstand und Ansehen. Und die Verantwortung dieses Qualitätsniveau zu halten.

Die Weine eines Weingutes dieser Größe sollen Kraft und Beständigkeit verkörpern. Sie werden für den Gaumen mehrerer Generationen gemacht. Diese lange Erfahrung mit den Böden, den Reben und der möglichen Reife der Trauben findet in der Wandlung der Trauben zu Wein seine Vollendung. Jede nur denkbare Variante wurde in den unzähligen Weinlesen schon ausprobiert. Erfolgreiches wurde behalten, und so hat sich im Laufe der Jahrhunderte der Wein „Château Margaux" manifestiert. Ein Margaux ist einfach ein Margaux.

Schon im Jahre 1845 wurden die Margaux-Weine sehr schmeichelhaft beschrieben: „Diese Weine haben sehr viel Finesse, eine schöne Farbe und ein sehr mildes Bukett, das dem Gaumen schmeichelt. Sie haben Kraft, ohne rauchig zu sein; sie muntern den Magen auf, ohne den Kopf zu belasten."

Die nächsten Jahrzehnte brachten einige Besitzerwechsel was aber die hohe Weinqualität nicht mildern konnte.

Ende der 70er Jahre des vorigen Jahrhunderts verhalf der Önologe Emile Peynaud der Familie Mentzelopoulos den neuen Besitzern, Château Margaux zu neuem Aufschwung. Die Weingärten wurden neu bestockt, die Keller renoviert und das Château restauriert. Langsam erreichten die Weine wieder ihre einstige Größe. Heute leitet der Önologe Paul Pontallier die Geschicke dieses Traditionsweingutes.

Die Weingärten

Château Margaux ist das südlichst gelegene erstklassifizierte Weingut des Médoc. Es ist auch das Weingut mit den am wenigsten homogenen Böden. Dreiviertel der 85 Hektar Weingärten verfügen über Feinkies oder lehmigen Sand auf einem lehmigen Untergrund. Die restlichen Weingärten gedeihen auf lehmig-kiesigen und lehmig-kalkigen Böden auf einem Kalksteinuntergrundsockel. Diese Bodenstrukturen sind die Voraussetzung für Komplexität, die ausgepflanzte Rebsorte muss daher auf den Untergrund genau abgestimmt sein. Der lehmig-kalkige Untergrund ist für den Merlot besonders geeignet. Der Ertrag bei dieser Rebsorte muss sehr begrenzt werden, deshalb wurden auch nur 6.000 Reben auf einen Hektar ausgesetzt. Auf den Kiesflächen sind vom Cabernet Sauvignon bis zu 10.000 Stock auf einem Hektar ausgepflanzt. Ungefähr 240.000 Flaschen Château Margaux werden im Jahr

produziert. In der Vergangenheit gab es Zeiten der Höhen und auch der Tiefen. Es lag vor allen Dingen an der Selektion und Konzentration der Trauben. Wenn man keine Mengenbeschränkung durchführt, sinkt die Konzentration und Komplexität des Weines. Wenn aber eine strenge Auswahl getroffen und auch die Vielgestaltigkeit der Böden genau berücksichtigt wird, können hervorragende Weine gekeltert werden.
Das macht eben den Unterschied zwischen einem großen Jahrgang und einem normalen Jahr. In einem großen Jahr sind die Trauben physiologisch voll ausgereift.
Nun, was bedarf es eigentlich zur vollkommenen Traubenreife?
„Die Traubenreife hat natürlich mit den Zuckergraden und den Säuren zu tun, aber gerade bei Rotweintrauben spielen die Tannine eine große Rolle. Abhängig vom Reifeverlauf eines Jahres kann man eine gute Traubenreife mit hohen Zuckergraden und mit einer geradezu perfekten Säurestruktur haben. Gleichzeitig können die in den Beeren enthaltenen Tannine und Gerbstoffe noch nicht genügend ausgereift sein. Dann sind sie noch rau, adstringierend und unreif. Für uns ist neben dem Erreichen der höchstmöglichen Konzentration der Beeren auch die Ausreifung der Kerne und Schalen zu runden, weichen und eleganten Tanninen ausschlaggebend."
Wie kann man das kontrollieren?
„Damit die Tannine zur vollen Ausreifung kommen, ist es bei unserem Klima wichtig, mit der Lese so lange wie nur möglich zu warten. So lange wie nur möglich bedeutet, dass es nicht regnet. Wenn das Wetter konstant ist, ist es kein Problem. Es ist wie ein Glücksspiel, du willst einen großen Wein machen, aber wie wird das Wetter sein? Kein Regen im September und Oktober ist das Kennzeichen eines großen Jahrganges."
Bei Château Margaux wird im Herbst alles daran gesetzt, die perfektesten und gleichzeitig komplexesten Trauben zu ernten. Über 200 Männer und Frauen lesen die Trauben. Es wird ausschließlich von Hand geerntet.
90% der Weingärten in Bordeaux werden maschinell geerntet. Aber nicht in den großen Weingütern. In diesen 5.000 Hektar Rebflächen dieser Weingüter ist es geradezu verpöhnt eine Maschine zur Lese zu verwenden. Die Erntemaschine macht keinerlei Selektionen. „Händische Lese der Trauben bedeutet, dass wir jeden Weingarten zweimal lesen. Zuerst ernten wir die Trauben von den Stöcken, die nachgesetzt wurden und die Trauben, die nicht gleichmäßig ausgereift sind. Beim zweiten Lesedurchgang werden dann die gleichmäßig ausgereiften Trauben von den Stöcken geschnitten. Am Rande des Weingartens steht ein großer Tisch, auf den die geernteten Trauben geschüttet werden. Eine eigene Mannschaft sortiert nochmals durch, bevor die Trauben in den Leseanhänger kommen. Diese nochmalige Traubenselektion ist für uns eine der wichtigsten Arbeiten, eine Maschine kann das alles nicht unterscheiden."

Die neoklassizistische Fassade von Château Margaux

Die Rebsorten

75% Cabernet Sauvignon, 20% Merlot, 2% Cabernet Franc und 3% Petit Verdot.

Maischeschwefelung

Wenn die Trauben im Keller sind, werden sie von den Kämmen befreit und gequetscht. Zu diesem Zeitpunkt wird auch die erste SO_2-Dosage gegeben. Normalerweise wird die Maische mit 40 – 50 mg/hl geschwefelt. Die Höhe der Zugabe hängt von der Gesundheit des Traubenmaterials und des pH-Wertes der Trauben ab.

Das Gärsystem

Holzgärständer mit Überbrausen des Maischehutes

Sehr vorsichtig werden die hölzernen Gärständer mit der Maische befüllt. Den ersten Gärbehältern werden Hefekulturen zugesetzt, am 3. oder 4. Tag sind im Keller überall Hefen vorhanden, in den Pumpen, in den Schläuchen, einfach überall. Dann ist ein Zusatz nicht mehr notwendig.

Vinifizierung/Gärung

Höchste Gärtemperatur

Kühlen der Maische

Rundpumpen und Belüften des Jungweins

Dauer der alkoholischen Gärung

„Es ist nicht gut, wenn die Gärtemperatur zu hoch ansteigt, die Gefahr, dass die Hefen dadurch abgetötet, werden ist zu groß. Wenn die Temperatur manchmal bis 32°C oder mehr ansteigt, verliert man Geschmacksstoffe und Finesse. Trotzdem muss man für die Extraktion sehr schnell zu einer Temperatur von 25°C kommen. Wenn die Trauben perfekt sind, kann man alles extrahieren. Wenn der Jahrgang nicht so optimal war, muß dies sehr vorsichtig geschehen. Wir lassen die Fermentation beginnen und die Gärtemperatur auf 30°C ansteigen. Zur Befeuchtung des Maischehutes wird der Jungwein rundgepumpt. Zusätzlich wird auch ein Wärmetauscher eingesetzt, sodass die Temperatur wieder auf 25°C abgesenkt wird. Langsam beginnt die Temperatur dann wieder zu steigen, beim nächsten Überbrausen senken wir sie wieder auf 25°C. Wenn die Fermentation abgeschlossen ist, stoppen wir das Überbrausen und auch das Herabkühlen. Fünfzehn- bis fünfundzwanzig Tage dauert die Maischegärung in den Holzbottichen. „Wenn die alkoholische Gärung abgeschlossen ist, schließen wir den Tank und lassen den Wein noch für einige Zeit die Beerenhäute mazerieren. Die Länge dieses Zeitraumes hängt vom Jahrgang ab.“ Um den weiteren Auslaugungsprozess zu verfolgen, werden alle Weine täglich sehr gewissenhaft gekostet.

Mazeration

Der Maischehut soll während der Gärphase nicht ganz zerstört werden, er wird bis zum Ende der Mazerationszeit sehr vorsichtig behandelt.

„Wenn wir beim Kosten merken, der Wein hat nun genug Extrakte und Tannine aufgenommen, brechen wir den Auslaugungsprozess ab. Ansonsten besteht das Risiko, dass zu viele Bitterstoffe aus den Beerenhäuten, im Speziellen aber aus den Kernen, ausgelaugt werden.“

Malolaktischer Säureabbau

Kontrolle der Äpfelsäure

„Den malolaktischen Säureabbau wollen wir nach der alkoholischen Gärung und auch nach der Mazerationszeit. Wir ziehen den jungen Wein vom Gärstander, pressen die restliche Maische ganz vorsichtig und bauen beide Weine streng getrennt, weiter aus."

Das Pressen

Seihwein/Presswein

„Presswine concentrates all the qualities and defence. When you have excellent quality for the free running wine, you have excellent quality for the press wine. The most important is to pay a lot of attention to the way you extract the presswine, the way you carry the cap out of the vat, and, of course, press it. Is this all in a good condition, you can have an excellent presswine."

Der biologische Säureabbau wird in der Regel in Edelstahltanks und in den Holzbottichen durchgeführt. „Wir kontrollieren weiterhin die Temperatur der Weine, wir wissen, dass die ideale Temperatur für den Säureabbau bei 20°C liegt. Manchmal dauert der Säureabbau bis in den späten November, und die Außentemperatur ist dann schon sehr kühl. Dadurch fällt auch die Temperatur des Weines sehr schnell. Normalerweise sind alle Weine in einem Monat mit der Äpfelsäureumwandlung fertig."

Befüllen der Barriques und Belüften der Weine

Sobald die Malolaktik beendet ist, wird der Wein abgezogen und belüftet. Mit 50mg/l nachgeschwefelt. Noch am gleichen Tag kommen die Weine in mehreren Partien ohne Filtration in die neuen Barriques.

Der Barriqueausbau

Paul Pontallier: „Jeder der 30 Gärständer wird als eigene Einheit behandelt (Lot 1 bis 30) bezeichnet. Bei unserer Produktionsgröße ist es üblich, dass immer zwei oder drei Gärständer mit dem gleichen Traubenmaterial befüllt werden. Das sind zum Beispiel Trauben von gleich alten Rebstöcken, oder Trauben, die auf denselben Bodenstrukturen wachsen, die selektiv herausgelesen werden und dann gemeinsam vergoren werden."

Herkunft der Barriques

Toasting

Für einen Jahrgang Château Margaux werden ungefähr 1.500 Barriques verwendet. Die Weine werden im ersten Jahr im ebenerdigen Keller gelagert. Der zweite, tiefergelegene Keller wird für die Lagerung der Weine im 2. Jahr verwenden. Eingesetzt werden die traditionellen Bordeauxfässer, mit einer Daubenstärke von 22 mm. „Alle Fässer sind bei der Herstellung getoastet worden, wir verwenden meist ein mittleres Toasting. Ein starkes Toasting ist zu streng für unseren Wein."

Eigene Fassbinderei

Das Château Margaux verfügt auch über eine eigene kleine Fassbinderei, in der ein Drittel der jährlich benötigten Fässer hergestellt wird; die anderen Fässer kommen von fünf verschiedenen Tonnellerien (Nadalie, Seguin Moreau), um auch hier mehr Komplexität zu erzielen. „Blending is a good thing." Wenn man für den Ausbau der Weine verschiedene Fasshersteller verwendet, bekommt man dadurch auch eine größere Geschmacksvielfalt in seine Weine. Dadurch entsteht die Möglichkeit, die Qualität der Assemblage zu verfeinern. Die Weine werden komplexer als nur mit den Fässern einer Tonnellerie. Es ist dieselbe Philosophie wie beim Verschnitt der Rebsorten.

Verschnitt/Assemblage

1. Selektion der Fässer

Bis zu diesem Zeitpunkt sind noch alle Rebsorten, alle Lagen, alle Lots getrennt. Was wir an diesen beiden Tastings herauskosten, sind die Weine für die erste und die zweite Qualität. „Nach 2 bis 3 Monaten, im frühen Januar, beginnen wir die Fässer für die beiden Qualitätslinien auszusuchen. Die erste Qualität ist der Château Margaux, die 2. der Pavillion Rouge du Château Margaux. Wenn ein Fass der ersten Qualität nicht entspricht, wird es sofort ausgesondert."

Umziehen und Belüften

Spund nach oben

Das erste Mal werden die Weine nach 3 Monaten umgezogen. Bei diesem Abstich erfolgt auch die erste Assemblage. „Wir ziehen die Weine Anfang Februar um, und

Erste Assemblage
Umziehen der Fässer
Assemblage im großen Gebinde

dabei kommen sie für kurze Zeit in die Stahltanks. Darin bleiben die Weine einige Tage und kommen dann zurück in die Barriques.“ Bei der ersten Assemblage wird auch der Anteil des Pressweines, der für den Erstwein verwendet wird, bestimmt.
In den ersten sechs Monaten der Fassreife sind die Fässer mit dem Spund nach oben ausgerichtet. In den ersten Monaten der Barriquereifung liegt der freie SO_2-Gehalt zwischen 15 und 18 mg/l.

Nach dem ersten Verschnitt geht es zurück in die Fässer. „Anfang März haben wir dann zwei Weinlinien. Die erste und die zweite Qualität. Es gibt aber immer wieder 50 bis 100 Fässer, bei denen wir uns noch nicht entscheiden können, ob sie in die erste oder in die zweite Linie kommen, die werden noch extra gehalten. Das ist der normale Prozess der Faßreife.“
Im ersten Jahr werden die Fässer alle drei Monate, im zweiten Jahr alle vier Monate umgezogen.

Schönung/Filtration
Gerbstoffschönung

Im zweiten Winter, normalerweise im Jänner oder Februar, wird eine Schönung mit frischem Hühnereiweiß/klar duchgeführt, meist sind es fünf bis sechs Stück pro Barrique, die benötigt werden. Das Eiklar wird leicht schaumig geschlagen und dann durch den Spund ins Barrique gefüllt. Mit einem mechanischen Quirl wird der Wein durchgemixt, damit sich das Eiweiß gleichmässig verteilt kann.
Diese Schönung hat den Zweck, den Wein zu stabilisieren. Es wird traditionell in den Barriques durchgeführt, was den doppelten Vorteil hat, eine gleichmäßige und vollständige Sedimentierung des Klärschleims zu bewirken.

Dauer der Barriquereife

Flaschenfüllung
Keine Filtrationen

Am Ende eines zwanzig- bis sechsundzwanzigmonatigen Ausbaus in den Barriques, einige Wochen nach der Schönung, werden die einzelnen Fässer in ein großes Gebinde zur endgültigen Assemblage des Jahrganges vermischt. Sie reifen noch einige Monate gemeinsam, und werden von dort ohne eine Filtration in Flaschen gefüllt.

Château Cheval Blanc – Cabernet Franc

Die Cheval-Blanc-Weine sind der Inbegriff dessen, was aus der Rebsorte Cabernet Franc in Saint-Émilion werden kann: opulente, außerordentlich reichhaltige, seidig und auch etwas exotisch anmutende große Rotweine, die schon in ihrer Jugend erstaunlich zugängig sind, aber in großen Jahrgängen das Potenzial für eine Lebenserwartung von 30 bis 40 Jahren haben. Der 1947er zählt noch heute zu den tragenden Säulen in der Geschichte der Bordeaux-Weine. Das Château Cheval Blanc ist auch eines der ganz wenigen Weingüter, das seit seiner Gründung im Besitz derselben Familie ist. Dieser lange Bestand und die damit verbundene Erfahrung ist auch sicherlich einer der Gründe für die Kontinuität bei der Produktion großer Weine. In den unzähligen Weinjahrgängen, seitdem Jean Laussac-Fourcauds Mitte des 19.Jahrhunderts zum besten Graves von Saint-Émilion gewählt wurde, gab es nie wirklich große Qualitätsschwankungen. Einige der um die Jahrhundertwende gekelterten Weine, speziell der 1899er und der 1900er zählen zu den größten Weinen die bisher in Bordelais produziert wurden. Das heutige Weingut wurde in zwei Etappen gegründet. 1832 verkauften die damalige Besitzer von Figeac fünfzehn Hektar Land und einige Jahre später noch einmal dieselbe Fläche mit Weingärten. Im Jahre 1854 vermählte sich Henriette Ducasse mit Jean Laussac-Fourcaud, und das Weingut wurde als Mitgift in die Ehe mitgebracht. Der Besitz wurde in Form von Aktienanteilen an der „Société Civile du Cheval Blanc" immer wieder innerhalb der Familie weitervererbt. Jacques Hébrard führte bis 1989 das Weingut, seit 1991 leitet Pierre Lurton als Directeur Général das Traditions-Château.
„Cheval Blanc folgt keinen Tren und hört auch auf keinen Guru. Das einzige Ziel ist, mit seiner Erde harmonisch zu sein und sich auf sich selbst einzustellen", so fasst Pierre Lurton die Weinbauphilosophie zusammen.
Und über die Weine: „Der Cheval Blanc ist kraftvoll, rund, samtig und unwahrscheinlich elegant. Stilistisch wird der Cabernet Franc durch den Merlot abgerundet. Mit seinen „Kaschmir"-Tanninen wirkt er frisch und weich, und er reift auch wunderbar. Im Laufe der Zeit wird dieser Wein immer komplexer. In seiner Rasse und Subtilität, die er im Alter entwickelt, spricht sich der Stil eines

großartigen Bordeaux in seiner klassischen Form aus." Der Cheval Blanc ist sehr reichhaltig, tiefgründig und fruchtbetont, vor allem in den großen Weinen der Jahrgänge 1947, 1948, 1949, 1953, 1961, 1964, 1982 und 1983.

Weingärten und Bodenstrukturen

Die 37 Hektar Weingärten, die das Château Cheval Blanc umgeben, liegen auf tiefgründigem Kiesboden mit einer Beimischung von Lehm, Sand und auch kieseligen Sandsteintrümmern. Darunter ist der harte, eisenhaltige Felsen, der Crasse de fer. Die Cabernet-Franc-Traube erreicht nirgendwo sonst im Bordelais eine solche Ausprägung. Die Originalität der dominierenden Rebsorte und der kiesige Böden verleihen dem Wein eine ganz besondere, nur ihm eigene Typizität.
Die Weingärten des Château sind in einen zusammenhängende Stück, die Bodenstruktur besteht aus tiefen Kiesschichten des Quaternaire auf einem leicht geneigten Sockel aus Lehm und Ortstein. Stellenweise finden sich auch sandige Partien und Partien mit kieseligen Sanddsteintrümmern. Schon in der Mitte des neuzehnten Jahrhundert wurden die Entwässerungsanlage in den Weingärten installiert, die auch heute noch problemlos funktioniert.
Den Hauptanteil der Assemblage „Cheval Blanc" stellt der Cabernet Franc mit 57%. Seine gerbstoffreiche Struktur harmoniert perfekt mit dem Merlot, der mit 41% in allen Weinen vertreten ist. Ein höherer Anteil der Königsrebe des Pomerol würde das Ergebnis zu einem intensiven und

früher reiferen Wein verändern, aber mit weniger Individualität. Ein kleiner Prozentsatz Malbec (1%) und Cabernet Sauvignon (1%) runden den Wein ab.
Beim Rebschnitt im Winter werden die Stöcke sehr kurz geschnitten. Insgesamt vier bis sechs Augen verbleiben auf den Streckern, die im Frühjahr austreiben. Das Maximum sind 40.000 Augen auf allen Rebstöcken eines Hektars Weingarten. Das Durchschnittsalter der Weinstöcke liegt bei 40 Jahren.
Mit den drei Bodenstrukturen und den unterschiedlichen Reifezeiten von Cabernet Franc und Merlot werden sechs verschiedene Typen Wein vinifiziert. Ende August bis Anfang September wird damit begonnen, mittels Samples von jedem Weingarten den Reifeverlauf festzustellen; der Most wird auf Zucker, ph-Wert, Gesamtsäure und Äpfelsäure analysiert. Zusätzlich werden auch die Beerenhäute von 200 Beeren separiert, damit im Labor der Universität Bordeaux mittels eines Spektrometers die Farbstruktur und Totalphenole analysiert werden können. Die Farb- und Gerbstoffe, der Gesamtsäure- und Äpfelsäuregehalt sind dabei wichtiger als der Zucker. Damit wird die Entwicklung der Trauben verfolgt. Wenn das Maximum an Reife erreicht ist, wird eine Woche später geerntet. In den Trauben soll mindestens 5 g/l Weinsäure vorhanden sein. Ungefähr eine Woche nach dem Reifehöhepunkt ist eine bessere Extraktion der Tannine möglich. Man verlässt sich aber nicht nur auf die Analysen, zusätzlich werden alle Einzellagen sensorisch kontrolliert, der Geschmack der Trauben und die Reife der Stängel werden auch bei dieser Entscheidung einbezogen. „Ein Wein, der einerseits ein Reifepotenzial und andererseits den ganzen Ausdruck der Erde, in denen die Reben gewachsen sind, beinhalten soll, verlangt eine optimale Ausreifung der Trauben. Der Erntetag ist daher immer von großer Bedeutung," erläutert Thierry Garnaud, Kellermeister von Cheval Blanc.
Letztendlich ist das Wetter ausschlaggebend, es soll zwar spät gelesen werden, aber nicht zu spät. Das Ernten der Trauben der alten und jungen Rebstöcke erfolgt getrennt. Erst nach 10 Jahren beginnt das Potenzial, das Trauben für einen großen Wein brauchen. Kleinbeerig sollen sie sein, die Konzentration soll in den Beeren stattfinden.

Stimmungsvoll ist der Blick in den Barriquekeller von Cheval Blanc

Die Traubenernte

In der ersten Oktoberwoche beginnt meist die Traubenernte. Alle Trauben werden händisch geerntet. Nachdem die Trauben aller Weingartenlagen getrennt geerntet wurden, werden sie im Keller auch getrennt vinifiziert. Die Cabernet-Franc-Trauben werden immer etwas nach dem Merlot geerntet. Von beiden Rebsorten die Erträge sind sehr gering, nur rund 40 Hektoliter Wein werden von einem Hektar geerntet. Auf einenm Sortiertisch werden nochmals nur die besten der angelieferten Trauben ausgewählt. Die Größe der Gärständer ist so gewählt, dass jede Erntemenge zwischen 50 und 100 Hektolitern unter idealen Bedingungen darin verarbeitet werden kann.

Konzentration in den Trauben

Auf die Frage, ob vor der Gärung ein Teil des Mostes vom Gärständer weggenommen wird (Roséabzug, saigné) um dadurch die verbleibende Flüssigkeit zu konzentrieren, sagt Kees van Leeuwen: „Wenn man einen schwierigen Jahrgang konzentriert, konzentriert man dadurch auch die schlechten Komponenten." Beim Merlot ist die notwendige Ausreifung der Trauben kein Problem. Der Cabernet Sauvignon erreicht im Medoc in einigen Jahren keine 13vol% Alkohol. In diesen Jahren wird der Most aufgebessert (chaptalisiert).

Die Rebsorten

Das Gärsystem

Edelstahlgärständer mit
Überbrausen der Maische

Nur mit den natürlichen Hefen
Höchste Gärtemperatur
Belüften des Jungwein

Dauer der Fermentation
Dauer der Mazeration

Das Pressen

Stempelpresse
Seihwein/Preßwein

Malolaktischer Säureabbau
Der Barriqueausbau

Verschnitt/Assemblage

Festlegung der Assemblage

Filtration/Schönung

Keine Filtrationen

Der „Petit Cheval“

Cabernet Franc, Merlot, Cabernet Sauvignon und Malbec.
Eine zarte Schwefelgabe der Trauben vor dem Rebeln, die Kämme und Stiele entfernen und ein leichtes Quetschen der Beeren sind die ersten kellertechnischen Maßnahmen.
Kleine Edelstahlgärtanks mit bis zu 100 hl Fassungsvermögen.
Wir geben die Maische bei 22°bis 23°C in die Gärtanks, wenn nötig wird erwärmt, wenn es zu warm wird, wird gekühlt.
Von Anfang an wird der Most mehrmals täglich über den Maischehut gepumpt, solange bis der ganze Zucker vergoren ist. Der sich bildende Alkohol hat viel Kraft für weitere Extraktionen. Die höchsten Gärtemperaturen, die erreicht werden, liegen zwischen 30° und 32°C, die Gärständer kühlen dann langsam aus. Wenn die alkoholische Gärung beendet ist, wird das Rundpumpen des Jungweines für eine Woche unterbrochen. Es folgen zwei Wochen Mazeration (Kontakt der Beerenhaut mit dem Jungwein).
Durchschnittlich drei Wochen dauert die gesamte Gär- und Mazerationszeit. Nach regelmäßigem Kosten werden die Weine vom Gärständer genommen und gepresst.
Zum Pressen wird eine über 100 Jahre alte hydraulische Stempelpresse mit Holzkörben verwendet. Diese Presse bringt eine sehr gute Qualität der Pressweine.
Die Malolaktik wird bei 20°C Raumtemperatur in den Barriques mit den natürlichen Bakterien durchgeführt.
100% neue Barriques werden verwendet, von verschiedene Tonnellerien, alle Fässer sind medium getoastet.
Für 3 Monate werden Seihweine und Preßweine getrennt ausgebaut, nach den ersten Verkostungen wird zwischen 5 und 15% Presswein für die 1. Linie verwendet.
Drei verschiedene Weine reifen im Keller, jede der Lagen wird extra ausgebaut.
Im Februar, vier Monate nach der Ernte, wird die erste Assemblage zusammengestellt. Diese erste Assemblage zeigt das schon das komplexe Zusammenspiel von „Terroir“ und den verschiedenen Rebsorten.
Die Weine werden verschnitten und kommen für 18 Monate in die Barriques zurück. Alle drei Monate werden die Weine umgezogen.
Eine Gerbstoffschönung wird in den Fässern mit frischem Eiweiß durchgeführt, man nimmt dabei die grünen Tannine weg, elegante und feine Tannine werden angestrebt.
Durch die Länge des Fassausbaus und der Umsicht beim Umziehen und Schönen der Weine kann am Ende der Fassreifezeit auf eine Filtration verzichtet werden.

Der Zweitwein des Hauses, der „Petit Cheval“, macht eine sehr restiktive Auswahl des „Grand Vin“ möglich. Alle Weine, die den hohen Anforderungen nicht entsprechen, werden für die zweite Weinlinie, den „Petit Cheval“ verwendet. Der Anteil des „Grand Vin“ ist von Jahrgang zu Jahrgang sehr verschieden, 1990 waren es 75% der gesamten Ernte, die dafür gut genug waren.
Der „Petit Cheval“ reift für durchschnittlich 12 Monate in 50% neuen Barriques. Die Fässer kommen von verschiedenen Tonnellerien, um den dominierenden Einfluss einer speziellen Eichenart und auch Fassbinderei zu vermeiden.

Château Canon-La-Gaffelière und La Mondotte

Château Canon-La-Gaffelière – dieser Name bürgt für besondere Weine, die gut strukturiert, mit einer natürlichen Eleganz und einem nachhaltigen Geschmack ausgestattet sind.

Die 20 Hektar Weingärten, die mit 55% Merlot, 40% Cabernet Franc und 5% Cabernet Sauvignon bestockt sind, erstrecken sich auf den auslaufenden Hängen südlich der Stadt Saint-Émilion. Das durchschnittliche Alter der Rebstöcke liegt bei rund 40 Jahren, zwischen 7.400 und 7.500 Reben gedeihen in einem Hektar Weingarten.

„Die Wahrung des natürlichen Gleichgewichtes der Rebstöcke, die das Kapital eines Weingutes bilden, ist entscheidend für die Kelterung eines einzigartigen Weines," erzählt Stephan von Neipperg, der die Leitung des Betriebes im Jahre 1985 übernommen hat.

„Ich habe mir gesagt: „Wein total". Da gibt es keine Konzessionen. Entweder mache ich es 100%ig so, wie ich es mir vorstelle, oder ich mache es gar nicht. Bei allen drei Châteaus, die ich jetzt aufgebaut habe, sage ich mir: Es muss Qualität sein. Das macht mir Spaß. Für mich muss es immer Spaß machen."

Insgesamt sind die Weingärten aller NeippergschenWeingüter, Château Canon-La-Gaffelière, Clos de l'Oratoire, Château Peyreau und Château La Mondotte über 100 Hektar groß. Die Pflege der Rebanlagen wird seit einigen Jahren auf biologisch-dynamisch umgestellt. Sechs bis sieben Jahre braucht man laut Paul Pétrou, dem Weingartenmanager, für die Rekultivierung der Weingärten.

Die ausgepflanzten Rebsorten sind Merlot, Cabernet Franc und Cabernet Sauvignon. Die Trauben für den Canon-La-Gaffelière gedeihen in den 26 Hektar großenWeingärten gleich neben dem Weingut. Der Anteil des Cabernet Franc liegt bei 40%, alle Reben kommen aus der eigenen Kollektion (Selektion).

Die 5 Hektar große Weingartenfläche hinter der Bahnlinie ist die beste Lage, von dort kommen die Weine mit der beste Struktur.

Stephan von Neipperg: „Wenn man jung vom Studium kommt hat man noch nicht das richtige Gespür, man sieht später viel mehr, wenn man durch den Weinberg geht. Man muss mit dem Weinstock auf Du kommen. Wir tendiern stark zum Weinausbau nach der althergebrachten Art."

„Das Potenzial eines Rotweines ist die Schale. Wenn wir eine richtig gute Schale haben, dann können wir große Weine machen. Die Schale zeigt einem genau, welche Qualität man hat. Wenn man einen Weingarten mit Stickstoff füttert,

bekommt man höhere Erträge. Stickstoff ist letztendlich nichts anderes als Salz. Das Salzwasser macht größere Moleküle, die Blätter und auch die Trauben und Beeren werden größer. Seitdem wir die Stöcke in einem Gleichgewicht haben, sind sie auch viel resistenter. Gleichgewicht bedeutet, dass der Rebstock wächst, dass er genug zum Leben hat, dass er sich aus dem Boden holt was er braucht, aber dass er nicht aufgebläht ist. Das merkt man dann zur Weinlese. Dann darf ein Stock nicht mehr wachsen, er darf nicht mehr nachschieben. Ein Stock muss irgendwann zum Ruhen kommen, dann arbeitet er nur für die Traube, dann bekommt man die Qualität. Wenn ein Stock noch im September anfängt, große Triebe zu machen, dann ist er nicht qualitativ hochwertig.

Gegen eine mögliche Botrytisbildung wird mit einer optimalen Durchlüftung der Stöcke gearbeitet. Kurz nach der Blüte sind die Stöcke schon sehr gut durchlüftet.

Die erste Entlaubung findet schon nach der Blüte, wenn die Beeren dicker werden, in Richtung aufgehender Sonne statt. Danach wird noch einmal durch die Weingärten gegangen, zur Angleichung der Blüteunterschiede der Trauben für eine gleichmäßigere Reife. Das Laub muss geschnitten werden, und da sind wir schon in den Mondphasen. Wir nützen für den Laubschnitt gewisse Phasen. Wir warten, bis der Mond wieder zurückgeht, bei ansteigendem Mond schneiden wir unsere Weingärten nicht."

Das teilweise Entblättern der Traubenzone in Richtung Süden erfolgt meist Ende August. Ein Sprichwort sagt: „Der August macht den Most." Dieser Monat ist für uns extrem wichtig. Wenn wir im Herbst die Trauben lesen, sind alle schwarz.

Dann sieht man keinen Unterschied, kein Leser kann ihn sehen. Wir ernten zuerst die Südtrauben. Die Trauben, welche schon leicht runzelig geworden sind, nehmen wir zuerst raus." Die Trauben junger Rebstöcke werden außerdem getrennt gelesen.
Wird auch die Reife der Kerne und der Polyphenole kontrolliert? „Ich habe alle Analysen gemacht, und habe bemerkt, dass diese sehr falsch waren. Heute richte ich mich wieder mehr nach dem Schmecken, nach dem Sehen, nach dem Fühlen. Wir probieren die Trauben, schmatzen, essen, sehen und fühlen. Wenn man die Schale kaut, spürt man auch die Qualität der Tannine, dazu braucht man gewisse Parameter. Das ist die Erfahrung des Alters. Gott sei Dank werden wir nicht dümmer; diese Parameter, diese Erfahrung haben wir uns in langen Jahren erarbeitet."

Selektion der Trauben auf zwei Auslesetischen

Sofort nach der Anlieferung der Trauben in den Gärkeller werden sie noch zweimal händisch selektioniert. Vorsichtig werden die kleinen Körbe auf das erste Ausleseband geleert. Dieser Auslesetisch ist 8 m lang, zehn Mitarbeiter stehen auf beiden Seiten des Bandes verteilt und sortieren die Trauben. Die erste Station des Auslestischs ist ein Rüttelpult, bei dem alles Feuchte abtropft. Dabei fallen auch die ganzen kleinen

Die Holzgärständer werden nach der Verwendung nur geputzt, und mit einem Innenventilator ständig belüftet. Sie werden ohne Schwefel oder Schwefelwasser konserviert. Zwei Wochen vor der Lese werden sie wieder bewässert, damit sie für die Gärung dicht sind.

trockenen Blätter ab. Dann erst wird die erste Auslese durchgeführt. Alles, was noch rosa, vertrocknet oder faul ist, wird sofort ausgeschieden. In einem Rebler werden die Stiele entfernt, die Beeren kommen auf ein zweites Ausleseband. Die vielen kleinen Stilteile, die aus dem Rebler fallen, müssen auch herausgelesen werden. „Unsere Trauben haben sehr viel Struktur, und wenn man die grünlichen Tannine der Stilteile auch noch mitbekommt, werden die Weine hart, ich will aber einen harmonisch integrierten Wein haben."
Alle Beeren, die nicht sehr gut ausgereift sind, bleiben auf dem Band kleben und werden über ein Blech abgestreift. Die ausgewählten Beeren kommen auf das lange Band und werden direkt in den Holzgärbottich geführt. Der größte Teil davon kommt als Ganzbeeren in den Gärbehälter. Diese Methode der Selektion wird bei allen Rebsorten angewandt.
Bei Stephan von Neipperg wird kein Solidmaterial gepumpt, wenn schon gepumpt werden muss, dann nur den Saft, und dann nur mit Spezialpumpen.

Die hölzernen Gärständer

Die Größe der Holzgärständer bewegt sich zwischen 80 und 110 Hektolitern. Innen sind sie mit Wärmeaustauschern ausgestattet. Ober den Gärständern läuft auf einer Schiene ein hydraulischer Stempel, der von einem Gärbehälter zum anderen geführt werden kann.

„Durch die Verwendung der Ganzbeeren erreichen wir eine sehr langsame Gärung. Wir arbeiten auch nur mit Hefen, die immer im Keller und in den Weingärten sind, und haben damit noch nie Probleme gehabt." Während der Gärung wird nicht mehr rundgepumpt, sondern mit einem pneumatischen Stempel *(pieage)* untergetaucht. Der Stempel drückt den Maischehut an verschiedenen Stellen ganz langsam hinunter. In der Hauptgärphase ein bis zweimal am Tag. Je nach Struktur, Reife der Tannine, Reife der Kerne, Reife der Stiele, wird er eben kürzer oder länger ausgelaugt, aber nie länger, als die Gärung dauert.

„Das Größte im Rotwein ist immer die Harmonie, das, was ich unter Balance verstehe und Finesse. Ein großer Wein muss immer eine gewisse Finesse haben. Wir haben am Anfang die Antocyane und auf der anderen Seite die Tannine, also Farbe und Gerbstoffe. Die beiden sind alleinstehend nicht stabil. Die werden über ein Molekül stabilisiert, das Polyphenol. Damit sich das stabilisieren kann, braucht man Sauerstoff. Das heißt: Wie bringe ich Sauerstoff in die Gärung? Beim Umpumpsystem ist das einfach. Aber hier mit den Holzgärbottichen haben wir ein anderes System. Nach der Gärung kann ich hier

Ein pneumatischer Stempel drückt während der Gärung den Maischehut ganz langsam hinunter.

Sauerstoff in den Wein einschießen, Mikrodosen von Sauerstoff, wie bei einem Aquarium. Je nach Bedarf werden für diese Makrooxidation Mikrodosen von 30 bis 60 ml/l Sauerstoff zugeführt. Dieses Jahr waren die Dosen, die verlangt wurden, sehr hoch, man muss dabei aufpassen, dass der Wein nicht oxidiert. Zuviel Sauerstoff kann gefährlich werden. Wenn wir einem Wein Sauerstoff geben, dann ist ein Teil des Sauerstoffes im Wein frei, oxidiert und ist gefährlich, ein Teil bindet sich sofort. Wir dürfen nur mit einer Dosis arbeiten, die sich einbindet. Wir dürfen keinen freien Sauerstoff im Wein haben, er greift die Antoncyane, die Farbe an, und gibt der Farbe einen Rost- oder Orangestich, das wollen wir natürlich nicht."

Die Gärung in den Holzgärständern

„Die Trauben werden nicht gekühlt; wir wollen sie, wenn wir sie hereinbekommen, so bei 16°, 18° oder 20°C haben. Wenn sie zu kühl sind, kann es sein, dass wir sie nach drei oder vier Tagen auf 18°C anwärmen. Wir arbeiten mit der Ganzbeerengärung. Die Beeren werden sehr locker in die Bottiche geschüttet, und es ist am Anfang nur wenig Saft am Boden. Bis sich die Beeren öffnen, bis die Schale reißt, vergehen meist fünf bis sechs Tage. Dann setzt die Gärung ein. Zu Beginn geben wir Deckel auf die Gärständer. Ansonsten haben wir an der

Oberfläche keinen Oxidationsschutz. Wir machen einen risikoreichen Ausbau, das heißt, dass wir von Anfang an sehr hygienisch arbeiten müssen.
Am Anfang lassen wir die Gärtemperatur nicht zu hoch steigen, so auf ca. 28°C, zum Ende der Gärung hin können wir ruhig bei 31°C sein. Zu Ende hin geht es ganz langsam. Wir haben Gärungen, die 10 bis 15 Tage dauern können. Die am langsamsten gären, das sind für mich immer die schönsten Tanks. Dieses Jahr hatten wir einen Tank, der hat fast 20 Tage gegoren, er hat ein Alkoholvolumen von nur 13,8vol% gehabt, aber eine extreme Struktur. Je strukturierter ein Tank ist, desto langsamer gärt er. Beim 2000er- Jahrgang hatten wir ein durchschnittliches Potenzial von über 14vol% Alkohol. Die gesamte Gär- und Mazerationszeit dauert, je nach Jahrgang, bis zu 26 Tagen."

Pressen

Die jungen Weine kommen nach der Mazeration sehr sauber aus den Eichengärtanks. „Unsere Säfte sind sehr sauber. Der Rest, der letzte Ablauf, bevor wir zu pressen anfangen, und auch der erste Pressdruck, werden getrennt gehalten. Diese Weine behandeln wir wie einen Presswein, wir wollen sie möglichst schnell sauber bekommen, schnell und öfter umziehen. Wenn man während der Gärung mit dem Stempel arbeitet, sieht man, das die Pressweine nicht so besonders sind. Es kommen immer weniger Pressweine zum Erstwein. Weil sie nicht ganz die Kraft haben, geht viel davon in den Zweitwein."

Im Barriquekeller

Stephan von Neipperg arbeitet mit zehn Tonnellerien zusammen: Nadalie, Saury, Taransaud, Boutes, Seguin Moreau und Sylvain sind einige davon.
Bei der Auswahl der Fässer wird auf die Finesse des Holzes, die Enge der Maserung, und auch ein bisschen auf die Herkunft des Holzes Wert gelegt. „Wir kaufen das Holz für ungefähr 100 bis 150 Fässer selbst ein. Aus zwei Gebieten, eines aus der Gegend von Tronçais, eines aus der Region von Jupy, bei Le Mans. Dadurch haben wir bei der Herkunft des Holzes eine bessere Kontrolle. Die enge Maserung, die finden sie überall, genauso in Österreich, in Deutschland, in Jugoslawien, in Zentralfrankreich. Wesentlicher ist es, wie das Fass getoastet wird. Die Toastung soll für unsere Weine nicht zu stark, aber auch nicht zu schwach sein. Wenn sie zu schwach ist, dann geht der Geschmackston zu sehr in Vanille hinein, wenn sie zu stark ist, kommen die Kaffetöne zu intensiv. Es muss dazwischen liegen. Das Holz muss erkennbar sein, aber nicht spürbar."
Die Tonnellerien, die uns Fässer liefern, kommen zweimal im Jahr zu einer Weinprobe. Bei einer Blindverkostung können sie sich selbst von der Entwicklung der Weine in ihren Fässern überzeugen. Der schwierigste Teil beim Keltern von Wein, den wir nicht in der Hand haben, ist das Barrique. Wobei jedes Fass seine Eigenart hat. Heuer verwendeten wir beim Toasting einen Mittelbrand. Im letzten Moment sagten wir: doch etwas weniger, möglichst nicht zu heiß beim Toasten, kein Brennen, kein Feuer, sondern Glut und möglichst langes Ausbrennen. In die Tiefe brennen und nicht schwarzmachen. Das ist den Tonnellerien am schwersten klarzumachen, weil sie dafür viel mehr Zeit dafür brauchen."

Aufrühren der Feinhefe

Die Weine sind immer noch auf ihren Feinhefen, die am Beginn der Barriquelagerung etwas aufgewirbelt werden (batonage sur lee), um vor allem die Reduktion zu verhindern. Die Weine machen ganz langsam den biologischen Säureabbau durch, das dauert oft bis in den Januar hinein, manchmal sogar länger. Wenn ein Fass zu stark reduziert, wird noch etwas Sauerstoff zugeführt. Ungefähr 2 bis 3 Wochen nach dem Abschluss des biologischen Säureabbaus erfolgt die erste SO_2-Dosis. „Wir arbeiten in den Barriques mit dem freien Schwefel nie über 20 mg."
Am Anfang der Barriquelagerung wir die Feinhefe jede Woche aufgerührt. „Das Problem der Reduktion ist folgendes: Das Gewicht des Weines auf der Hefe gibt die Reduktion, gibt diesen Stinkgeschmack. Wenn die Hefe aufgerührt wird, reduzieren sie auch viel weniger. Wir geben auch Sauerstoff dazu, dieses Fass hier wurde mit 15 Einheiten angereichert. Das entspricht ungefähr einem Drittel eines Abstiches. Wir schlagen die Feinhefe auf, am Anfang wird der Wein dadurch richtig trüb. Nachdem 10- bis 15-mal aufgeschlagen wurde, merkt man, dass der Wein sehr schnell wieder sauber wird. Die festen Sedimente kommen dann nicht einmal mehr richtig hoch. Daran merkt man, dass das Aufrühren gar nicht mehr nötig ist, es bringt auch nichts mehr. Wir ernähren den Wein auf den Hefen. Der moderne Kellermeister hat aufgehört, mit der Feinhefe zu arbeiten, weil er Angst hat vor ihr. Wegen der Bakterien und wegen der Hefen, weil sie reduzieren und er gegen die Reduktion nicht viele Mittel hat. Aber letztendlich haben die Feinhefen ja einen Sinn, das merkt man beim Weißwein, da wird sehr viel mit der Hefe gearbeitet, und auch genauso bei den Rotweinen."

Umziehen der Weine

In einem normalen Weinkeller wird alle drei Monate ein Abstich von Fass zu Fass durchgeführt. „In manchen Jahren ist das sicherlich nicht falsch, in manchen Jahren ist es grob und unüberlegt. Einen 1997er alle drei Monate abzustechen und dann noch Luft dazu zu geben, ist der Tod des Weines. Der Wein bekommt viel zu viel Sauerstoff rein, der braucht das gar nicht.

Jedes Jahr ist anders, es gibt Jahre, da haben wir sechs, sieben, achtmal Sauerstoff gegeben, und es gibt Jahre, da braucht er wesentlich mehr. Der 2000er ist ein Jahrgang, der eher mehr braucht als der 1999er. Komplexere Jahrgänge brauchen mehr Sauerstoff."
Im September wird vom Canon-La-Gaffelière einen Abstich durchgeführt und es gibt dann noch einen weiteren Abstich zur Assemblage. Wobei wir dann schon sehr genau wissen, welche Fässer in den Erstwein kommen."
„Wir stehen daneben, nur durch Degustation sagt uns der Wein, was wir tun müssen. Wenn der Wein nicht reduziert, dann brauch ich ihm auch keinen Sauerstoff zu geben. Wenn wir abstechen, dann stechen wir ihn ab, aber nicht, weil wir die Fässer einmal säubern müssen. Die Resthefe gibt eine rosafarbige Paste, und wenn sie gut gearbeitet haben, geht sie leicht weg. Wir versuchen auch die „soutirage" nur an Tagen mit Hochdruck durchzuführen. Im Winter, wenn Tiefdruck ist, bekommen sie nie einen sauberen Wein."
„Unser Gedanke ist einfach, dass wir dem Wein gehorchen müssen und nicht der Wein uns. Der Wein gehört uns nicht, er hört uns nicht zu."

Schönungen/Filtration

Schönungen werden bei den Erstweinen im Prinzip nicht gemacht, nur wenn es unbedingt sein muss. Da die Pressweine meistens etwas härter sind, wird eine Gerbstoffschönung durchgeführt, 3, 4 bis 5 Eiweiße pro Barrique.
Zwischen 13 und 22 Monaten reifen die Canon-La-Gaffelière-Weine in den neuen Barriques.
„Alle Zweitweine werden gefiltert, alle Pressweine, die in die erste Linie kommen, werden ganz grob filtriert. Die erste Qualität wird überhaupt nicht filtriert, wenn wir nicht müssen. Ich sag niemals nie, nur ist mir lieber – wenn ich es kann – dass nicht filtriert wird," meint Stephan von Neipperg.

Château La Mondotte

Das Weingut wurde schon 1971, gemeinsam mit den anderen Betrieben, von der Familie Neipperg übernommen. In den ersten Jahrzehnten der Arbeit galt das Hauptaugenmerk dem Aufbau von Canon und ab 1991 Clos l'Oratoire. Erst als diese beiden Weingüter Stephan von Neippergs Vorstellungen entsprachen, konnte er sich verstärkt um das 4 Hektar kleine La Mondotte kümmern. Die Größe des Weingutes versetzte Stephan in die Lage, seine Vorstellungen eines großen Weines umzusetzen, ein Optimum an Geschmackskomponenten, konzentriert, tiefgründig und vielschichtig, einfach alles, was die Trauben an ihrem Standort entwickeln können, als Wein ins Glas zu bringen. Den Charakter dieser Lage umzusetzen. Gerade die kleinen Erntemengen gaben ihm dazu die Möglichkeit. „In den ersten Jahren verstanden wir das Potenzial dieser Weingärten nicht. Langsam lernte ich, wie reif diese Trauben werden können. Vom Jahrgang 1995 machten wir eine eigene Cuvée, nur um zu sehen, was möglich ist. Dieser Wein machte uns viel Freude, sodass wir 1996 den „La Mondotte" als eigene Weinlinie auf den Markt brachten. Für uns war das ein Versuch, einige der Weingartenarbeiten haben wir dann auch bei unseren anderen Weingärten eingesetzt."
Die Weingärten von La Mondotte werden gerade auf biologisch-dynamische Pflege umgestellt. Durchschnittliches Alter der Rebstöcke 38 Jahre, 5.500 Stöcke gedeihen auf einem Hektar.
Die Cuvée besteht aus 75 % Merlot und 25 % Cabernet Franc. La Mondotte hat einen eigenen Keller und wird im Prinzip gleich wie die Canon-La-Gaffelière-Weine vergoren und vinifiziert. Die Château-La-Mondotte-Weine reifen zwischen 24 und 30 Monaten in neuen Barriques.
Der Erfolg des 1996er mit seinem ernormen Potenzial war wie die Initialzündung einer Rakete. Robert M. Parker jr. beschrieb den Wein so: „Es bringt nichts, sich darüber den Kopf zu zerbrechen, ob La Mondotte nun der Petrus oder der Le Pin von Saint-Émilion ist oder nicht, denn dieses vom talentierten Stephan von Neipperg hervorgebrachte Gewächs ist bereits ein Star, der die Köpfe verdreht und so manchen Neid hervorruft," und führt sehr emotionell weiter aus: „Wer beim Verkosten des 1996ers nicht in Begeisterung verfällt, sollte das Weintrinken aufgeben. Der Wein ist für seine Appellation wie für seinen Jahrgang erstaunlich, denn er offenbart bemerkenswerte Fülle, profunde Konzentration und gut integriertes Tannin. Die dicke Purpurfarbe deutet auf einen Wein mit außergewöhnlichem Extrakt und großer Reichhaltigkeit. Dieser superkonzentrierte Wein bietet ein spektakuläres Bukett mit Aromen von geröstetem Kaffee, Lakritze, Blaubeeren und schwarzen Johannisbeeren, vermischt mit rauchigem frischem Eichenholz."

Eine Flasche vom 1996er La Mondotte ist im Mai 2001 in einer Vinothek in Saint-Émilion schon um FF 4.200,- zu erstehen.

Vieux Château Certan – Pomerol

Das Château Vieux Certan ist eines der ältesten Weingüter des Pomerol. Die Domäne war schon in der Zeit vor der Revolution für ihren besonderen Wein bekannt. 1858 wurde der Besitz teilweise verkauft und Charles de Bousquet behielt nur einen kleinen Teil der Ländereien. Eine kleinen Parzelle behielt er: Certan de May. Schon im achtzehnten Jahrhundert, lange bevor von einer selbständigen Appellation Pomerol überhaupt gesprochen wurde, war Vieux Certan das einzige Weingut der Region, das als „Cru“ einen Namen hatte; es wurde zu den großen Gewächsen von Saint-Émilion gezählt. Die belgische Weinhändlerfamilie Thienpont erwarb 1924 die Domäne. Im Jahre 1947 kam Léon, das jüngste Kind von Georges Thienpont nach Bordeaux und übernahm die Leitung der Domäne. Durch ihn kam der Ruf des Weingutes zu neuem Glanz.

Seit dem Jahr 1985 leitet Alexandre Thienpont in der dritten Generation das Familienweingut. Die Weingärten von Vieux Château Certan liegen im Zentrum des Plateau de Pomerol, umgeben von zahlreichen wohlklingenden Namen der Weinwelt: Pétrus, Certan de May, L'Évangile, Petit Village, La Conseillante. Obwohl die Weingärten eng beieinander liegen, unterscheidet sich Vieux Château Certan sehr deutlich von seinen Nachbarn.

Die Bodenstrukturen der 13,5 ha Weingärten haben keinen Tonanteil, deshalb sind die Weine nicht ganz so kräftig, aber dafür im Gesamten eleganter als die seiner Kollegen. Der höhere Kiesanteil einiger Lagen wird für den Anbau der Cabernet-Rebsorten genutzt, die auf diesem Untergrund prächtig gedeihen. Die besondere Qualität des Weines beruht auf seiner auf die Bodenstruktur abgestimmten Bestockung: 60% Merlot, 30% Cabernet Franc und 10% Cabernet Sauvignon.

Kombiniert mit seinem „etwas anderen“ Vinifizierungsstil produziert Alexandre Thienpont elegante Pomerol-Weine, die im Stil etwas an einen Médoc erinnern. Nicht ganz so opulent, dafür aber ausdrucksstärker, hervorragend strukturiert und sehr elegant, mit viel reiner Frucht und mehr Finesse ausgestattet. Dieser, in der Jugend ein wenig strenger und tanninreicher Pomerol entfaltet erst im Laufe der Zeit seine Samtigkeit. In seiner Reife, die erst nach durchschnittlich acht Jahren beginnt, zeigt er Frische und Zartheit, seine tiefen Fruchttöne, seine Länge im Abgang und vor allem seine Harmonie.

Alexandre Thienpont

Die Cuvées gleichen nicht immer dem Prozentsatz des Traubenwachstums der Weingärten. Der 1998er enthält keinen Cabernet Franc, er besteht nur aus 90%Merlot und 10% Cabernet Sauvignon. Er ist aber der komplexeste und dichteste Wein, der seit der großartigen Serie in den 40er-Jahren (1945, 1947, 1948, 1949 und 1950) produziert wurde. Dieser hochkonzentrierte, unglaublich komplexe Wein zeigt wieder einmal das Potenzial und die Größe eines Pomerol-Merlot.

Die Traubenernte

Von Anfang September an wird regelmäßig der Reifeverlauf der Trauben beobachtet. Zucker, Säure und die Phenole werden im Labor analysiert, und die Reife wird zusätzlich sensorisch durch das Kosten der Trauben festgestellt. Alle Trauben werden von Hand geerntet, schon am Stock genau verlesen. Bei den vollreifen Trauben soll der pH-Wert bei 3,6 sein, bei einer Mostsäure von 5,2 g/l und 4,9 g/l im fertigen Wein. Durch diese strenge Selektion werden von den Trauben für den Vieux Château Certan nur geringe 34 hl/ha geerntet.

Die Rebsorten

60% Merlot, 30% Cabernet Franc und 10% Cabernet Sauvignon

Das Gärsystem

Holzbottiche mit Überbrausen des Maischehutes
Nur mit den natürlichen Hefen

Die Gärung erfolgt in offenen Holzbbottichen mit untergetauchtem Tresterhut. 15% Trauben sind mit den Kämmen im Gärbehälter. Der Tresterhut ist mit einem Lattenrost untergetaucht, häufige Remontage, vor dem Einsetzen der Gärung ohne Luft, während der Gärung zweimal täglich mit Luft, nach der Gärung einmal täglich ohne Luft.

Vinifizierung/Gärung

Höchste Gärtemperatur

Kein Zusatz von Hefen; Gärung bis zu 35°C, die manchmal bis zu drei Wochen dauert. „Diese hohen Gärtemperaturen sind Erfahrungswerte, die von Generation zu Generation in der Familie übernommen wurden," erklärt Alexandre Thienpont.

Presswein und Seihwein

Im klassischen Holzgärständerausbau wird der Tresterhut nicht sehr stark ausgelaugt, muss man Seihwein und Preßwein gemeinsam nehmen.

Malolaktischer Säureabbau

Beim biologischen Säureabbau kommt es auf den Jahrgang an, wie er durchgeführt wird: Die Höhe der Äpfelsäure im Most ist ausschlaggebend, ob er gleich in den Barriques oder in den Gärbottichen auf den Trestern und dann erst in den Barriques, durchgeführt wird. Bei wenig Äpfelsäure oder wenn der Säureabbau nicht von selbst beginnt, kann dieser auch in kleinen Stahltanks durchgeführt werden. Beim Jahrgang 1993 war die Malolaktik im Holzgärständer, 1994 in kleinen Stahltanks, 1990, 1995 und 1996 in den Barriques. Im 10-Jahresdurchschnitt wurde fünfmal in Barriques, dreimal in Stahltanks und zweimal in den Holzgärständern die Äpfelsäure in Milchsäure umgewandelt.

Das Pressen

Pneumatische Presse
Seihwein/Presswein

Der Barriqueausbau

Umziehen und Belüften der Weine

Die Weine werden sofort nach der Malolaktik in die Barriques gezogen, es erfolgt die erste kleine SO_2-Gabe. Bereits ein Monat später wird der Wein belüftet und von Fass zu Fass umgezogen. Alle 3 Monate erfolgt ein neuerlicher Abstich.

Alle Rebsorten haben einen anderen Sauerstoffbedarf, der Cabernet Franc braucht viel Luft, Merlot und Cabernet Sauvignon nur wenig, sie sind sehr oxidationsanfällig. Vor allem der Cabernet Franc gewinnt nach der Malolaktik sehr durch eine intensive Sauerstoffzugabe.

Verschnitt/Assemblage

Festlegung der Assemblage
Zeitraum Barriqueausbau

Ende März, Anfang April wird die Assemblage zusammengestellt.

Der Ausbau in einem sehr hohen Anteil neuer Fässer (75 bis 100% je nach Jahrgang) nimmt achtzehn bis zweiundzwanzig Monate in Anspruch.

Schönung/Filtration

Gerbstoffschönung

Eine Eiklarschönung zur Harmonisierung der Gerbstoffe wird vor der Flaschenfüllung durchgeführt.

Le Pin – Pomerol

Der Begriff „Garage Winery" tauchte erstmals in den späten 90er-Jahren in Kalifornien auf. Es wurde zu einer beliebten Freizeittätigkeit, sich im Herbst Trauben zu kaufen und diese selbst in der eigenen Garage zu vinifizieren. Die Produktion war gerade groß genug, um eben in dieser Garage untergebracht zu werden.

In Pomerol begann dieser Trend im Jahre 1979, als Jacques Thienpont, der die Trauben seines 2 ha großen Weingartens „Le Pin" nicht mehr weiterverkaufte, sondern damit selbst einen Wein auszubauen begann.

Und es war auch Le Pin Keller, der den französischen Weinjournalisten Michel Bettane zum Ausdruck „vins de garage" inspirierte. Dieser Weinkeller ist auch eine Garage, die unter dem Winzerhaus gelegen ist. Das Haus ist von dem 2 ha großen Weingarten umgeben. Binnen kurzer Zeit wurde der Le Pin zu einer Legende. Die Jahresproduktion ergab nur einige Tausend Flaschen, Robert Parker war vom Wein begeistert, bewertete ihn immer sehr hoch, das Medieninteresse und der Preis für eine Flasche dieses Weines stiegen ins Astronomische.

Jean-Luc Thunevin folgte 1988 dem Beispiel Jacques Thienponts und kaufte die ersten Weingärten für seinen Château de Valandraud. Der Wein bekam bei der Herstellung jede nur mögliche Aufmerksamkeit und wurde mit größem Aufwand an Holzgärständern und Fässern vinifiziert. Mit dem 1991er wiederholte sich das Erfolgsmärchen. Auch der Valandraud wurde zum Kultwein.

In den späten 90er-Jahren begannen in Saint-Émilion dann mehrere Weinproduzenten, ihre Mikrolagen als eigenen Wein auszubauen und zu vermarkten.

Die neuen Stars der Weinszene waren geboren. Der La Mondotte von Graf Stephan von Neipperg erreichte mit dem außergewöhnlichen 1996er, dem Superstar des Jahrganges, die Aufmerksamkeit der Weinwelt.

Château Teyssier produziert seit 1996 den „Le Dôme", von 1,6 Hektar Rebfläche werden 4.500 Flaschen produziert. Francis Gaboriaud ist der Besitzer des 1,7 ha großen -Château l'Hermitage, das 1997 seinen ersten Wein produziert hat. In diesem Jahr wurde auch der erste Wein von Alain und Francoise Raynaud, der „Quinault l'Enclos"vorgestellt. Michel Rolland und Denis Dubourdieu sind als Önologen tätig. Die Produktion ist schon etwas größer, heute werden von einem Jahrgang 50.000 Flaschen abgefüllt.

Der Weingarten

Der Le Pin wird zu 92% aus Merlottrauben und einem kleinen Teil Cabernet Franc gekeltert. Auf einem der über 30 Jahre alten Rebstöcke gedeihen cirka 1 kg Trauben. Diese Ertragsbeschränkung bringt eine Ernte von ungefähr 30 hl/ha. Die Böden sind sehr karg und unterschiedlich. Die Weingärten rund ums Haus bestehen bis tief in den Untergrund aus roten Kieselsteinen. Eine andere Parzelle besteht wiederum aus Kies, Ton, mit etwas Sand. Überall ist im Untergrund aber das harte, eisenreiche Gestein, der Crasse de fer von Pomerol zu finden. Die drei Parzellen werden zuerst getrennt geerntet und dann auch jede für sich ausgebaut.

Von Anfang September beginnend (manchmal auch schon im August), werden wöchentlich aus den Weingärten Beerenproben gepflückt, die dann in den Labors der Universität Bordeaux analysiert werden. Jedes Jahr werden diese Proben von den gleichen Stellen in den Weingärten gezogen, zum besseren Vergleich des Reifeverlaufes mit den Vorjahren. Dabei werden Zucker, Säuren und die Polyphenole analysiert, zusätzlich wird die Entwicklung der Traubenreife auch sensorisch, durch das Kosten der Trauben, festgestellt. Alle vier Komponenten Zucker, Säuren, Phenole und der Geschmack der Trauben, bestimmen den Erntezeitpunkt. Die Wettervorhersage bestimmt dann, wann genau mit der Ernte begonnen wird. Die Fläche ist mit 2 ha nicht so groß, dass es nicht besonders lange dauert, bis alle Trauben geerntet sind.

Alexandre Thienpont, der Cousin von Jacques Thienpont vinifiziert in seinem Vieux Château Certan-Keller den Le Pin. Der Unterschied der beiden Weine liegt in der Fermentation: der Le Pin wird in Edelstahltanks vergoren und der Vieux Château Certan in Eichenholzbottichen.

Beide Weingüter haben aber ihre eigenen Keller, nach der Gärung kommt der Le-Pin-Jungwein in den nur wenige hundert Meter entfernten Keller, in dem auch die weitere Fassreife stattfindet.

Der Wein besticht durch Frucht, Würze und Opulenz; seine Weichheit ist schon fast sinnlich, das extrem feine Tanningerüst umhüllt die Fruchtfülle, perfekte Ausgewogenheit und ein extrem langer Abgang sorgen dafür, dass einem der Wein lange in Erinnerung bleibt.

Die Rebsorten

92% Merlot, 8% Cabernet Franc

Das Gärsystem

Edelstahlgärtanks

Edelstahltank mit Rundpumpen.

Vinifizierung/Gärung

Höchste Gärtemperatur

Die Gärtemperatur kann bis 35°C ansteigen. „Die natürliche Ausreifung der Trauben mit 20°KMW (99,6°Öchsle) ergibt bei diesen Gärtemperaturen ungefähr 13vol% Alkohol."

Belüften des Jungweins

Dauer der alkoholischen Gärung

Von Beginn an wird der Most in den Edelstahltanks einmal täglich rundgepumpt. Vor dem Einsetzen der Gärung noch ohne Luft, während der Gärung dann zweimal täglich mit Belüften, in der Zeit der Mazeration einmal täglich, aber ohne Luftkontakt.

Presswein/Seihwein

Beim Merlot werden Presswein und Seihwein nicht getrennt.

Malolaktischer Säureabbau

Nach der alkoholischen Gärung und der Mazeration wird der Wein für den weiteren Säureabbau in die neue Barriques gefüllt. Das frische Eichenholz, kombiniert mit der überreifen Frucht entwickelt die weichen, geschmeidigen Tannine, die den Le Pin auszeichnen.

Der Wein in den Barriques

Umziehen und Belüften

Sofort nach der Malolaktik umziehen, eine leichte SO_2-Dosage, ein Monat später alle Fässer nochmals umziehen – immer mit Luft. Danach wird der Wein alle 3 Monate von Fass zu Fass umgezogen. Das muss sehr vorsichtig durchgeführt werden, der Merlot ist sehr oxidationsanfällig.

Zeitraum Barriqueausbau

Die Dauer des Fassausbaus ist je nach Jahrgang variabel, zwischen 18 und 24 Monate reifen die Weine in 100% neuen Barriques.

Schönung/Filtration

Gerbstoffschönung

Eine Gerbstoffschönung mit frischem Eiklar sorgt für die weichen Tannine. Der Le Pin wird nicht filtriert.

Château de Valandraud – Saint-Émilion Grand Cru

Suchen Sie das Château de Valandraud nicht unter den prächtigen Häusern, die auf dem Plateau von Saint-Émilion thronen. Der Keller befindet sich bescheiden in einer der engen Gassen von Saint-Émilion.

Jean-Luc Thunevin, der Besitzer von „Château de Valandraud“ ist Weinhändler, seine Frau Murielle Krankenschwester. Das Weingutshaus liegt in einer Seitengasse am Fuße des Hügels von Saint-Émilion. Sehr unscheinbar gelegen, ein einstöckiges Haus, rechts vor der Kellertüre eine alte Horizontalpresse im Freien, eine Schiebetüre ebenerdig mit dem Gärraum dahinter, in den hölzernen Gärständern sind Edelstahltüren eingelassen. Im inneren befinden sich kleine Kühlschlangen. Die Wände des Raumes und die Holzdecke sind weiß gestrichen. Nichts deutet darauf hin, dass hier einer der teuersten Weine der Welt produziert wird. Hier wird seit dem Jahre 1991 ein ebenso seltener wie ausdrucksvoller Wein gekeltert, der von der gesamten internationalen Presse als der neue Star von Saint-Émilion gefeiert wird.

Valandraud ist das Ergebnis einer außergewöhnlichen Herausforderung, die sich ein nonkonformistisches Ehepaar, Jean-Luc und Muriel Thunevin, 1988 selbst gestellt haben. In diesem Jahr wurde der erste Weingarten gekauft, allerdings in einer erstklassigen Lage. Es begann mit dem Ankauf einer Parzelle von 1,5 ha neben Château Pavie und Trottevieille auf dem lehm-kalkigen Plateau von Saint-Émilion, dann zwei weiteren Parzellen weiter unten auf Kies und Sandböden. Insgesamt waren es kaum mehr als 2,5 ha Weingärten, aber mit guten, 20 bis 50-jährigen Rebstöcken, 75% davon Merlot, 20% Cabernet Franc und der Rest Malbec. Die Thunevins beschlossen, egal zu welchem Preis, jeweils die besten Methoden für die Produktion ihres Weines zu wählen: also minimale Erträge (kaum 30hl/ha), kein Edelstahl bei der Vinifizierung, und größte Sorgfalt in jeder Hinsicht. Die Selektion der Trauben im Weingarten und eine nochmalige Selektion der Trauben auf Sortiertischen, dazu händisches Rebeln, sind die Konsequenz dieser Überlegungen.

Jean-Luc Thunevin wurde inmitten der Weinberge von Maschra in Algerien geboren und ist ein großer Fan der Syrahweine des Rhonetals. Er macht nur, was er für richtig hält. Statt glänzendem Edelstahl zeigt er stolz auf seine Holzbottiche aus Eichenholz. „Diese Gärständer wurden für mich von der Tonnellerie Seguin Moreau gebaut, sie waren damals die einzigen, die meine Vorstellungen akzeptiert und auch alles so umgesetzt haben, wie ich es wollte. Damit kann ich den gärenden Wein wie im Burgund umpumpen.“

Von der ersten Ernte wurden gerade 1.200 Flaschen produziert, jede Flasche einzeln nummeriert. und es wurde genau ausgewählt, wer diesen Tropfen überhaupt zum Verkosten bekam. Der Wein wurde international gut bewertet und ein amerikanischer Händler kaufte daraufhin gleich den größten Teil der 92er Ernte. Besonders viel war es ja auch nicht, 1992 wurden durchschnittlich 30 hl/ha geerntet. Der 92er war kein besonderer Jahrgang, Jean-Luc Thunevin hat aber mit seinem Wein ein gutes Ergebnis erzielt. Er wollte schon „von Anfang an den besten Wein machen“, und bei zahlreichen Weinproben wurde sein „Valandraud“ als bester Wein des Jahrgangs immer wieder hervorgehoben.

Seit der Gründung ihres Weingutes haben Jean-Luc und Muriel Thunevin das Gefühl einen Traum zu leben. Der Wein wurde ein Welterfolg. Bei Christies haben Sammler für je eine Flasche des Jahrgangs 1992 und 1993 zwischen 4000.- und 5.000.- FF bezahlt. Der 1999er„Valandraud“ kostete in der Subskription schon 335,- US$.

Mit diesem Wein werden Verkaufspreise erzielt, die vergleichsweise die aristokratischen ersten Gewächse von Bordeaux als richtige Sonderangebote dastehen lassen.

„Ein Wahnsinn“, sagt Jean-Luc Thunevin, und fügt sogar hinzu: „Man muss dabei einen kühlen Kopf bewahren. Der Wein ist eine wunderbare Welt, in der man ständig nachdenkt, beobachten und alles in Frage stellen muss.“

Heute werden rund 12 ha Weingärten in 10 verschiedenen Parzellen kultiviert. Die Parzellen verfügen über verschiedene Bodenstrukturen. Ein Weingarten hat einen Untergrund aus Sand und

Jean-Luc und Murielle Thunevin, die Eigentümer und Betreiber von Château de Valandraud

Um mit den engen Räumlichkeiten auszukommen, sind die Barriques im Keller mehrreihig übereinander gestapelt

Kieselsteinen, eine Lage besteht nur aus Kiesel und eine andere hat die normale Lehm-Kalkmischung der Region.
Der Merlot bringt in diesem Klima bei einer Ertragsbegrenzung von 40 - 50 hl/ha sehr gute Weine. 6.500 Stöcke gedeihen auf einem Hektar, 6 – 7 Trauben reifen auf einem Stock. Je mehr Stöcke auf einer Fläche ausgepflanzt sind, desto weniger Trauben braucht ein Stock zu ernähren, die Trauben werden deshalb früher reif. Die Trauben jedes Weingartens werden dreimal ausgelesen. Das erste Mal schon vor der Blüte, das 2. und 3. Mal während der Grünlese im Sommer. Jean-Luc ist ein überzeugter Ökologe, der seine Weingärten naturnah und schonend pflegt. Um das organische Leben zu schützen, werden die Böden nur händisch bearbeitet. Jede einzelne Arbeit im gesamten Produktionsablauf ist optimiert und vor allem auf die größtmögliche Schonung der in den Weingärten lebenden Kleinlebewesen ausgerichtet."

Die Traubenernte

Dann kommt im Herbst der Moment der Traubenernte. Dass die Ernte nur händisch erfolgt, ist selbstverständlich. Um zu verhindern, dass die Trauben gequetscht werden, wird das Traubenmaterial nur in ganz kleine Körbe gelegt. Die erste Selektion der Trauben findet durch die Lesemannschaft im Weingarten statt. Er hat bei der Lese dreimal so viele Leser, wie er eigentlich brauchen würde. Nur was wirklich reif und gesund ist, wird für den „Valandraud" genommen. Sobald die Körbe voll sind, werden sie umgehend zum Weinkeller gebracht.
Sofort beginnt die Arbeit, die notwendig ist, um eine wirklich außergewöhnliche Traubenqualität zu erzielen. Wahrscheinlich waren es die kleinen Erntemengen der ersten eigenen Jahrgänge, die es Jean-Luc Thunevin leichter machten, das Abbeeren der Trauben nur händisch durchzuführen. Viele Freunde der Familie sind dabei, im Hof sitzen mindestens 15 Frauen und Männer, und alle sind stundenlang damit beschäftigt, die Beeren von den Kämmen zu zupfen. Dabei wird jede Beere nochmals ganz streng ausgewählt. Die vollkommen gesunden Beeren werden mit einem kleinen Handrebler leicht gequetscht und dann in den offenen Holzgärständern aus neuer Eiche vergoren. Ohne Pumpen, nur in Kübeln transportiert, kommen die gequetschten Beeren in die Gärständer. Bis zur Gärung geschieht alles händisch. Die bedingungslose Konsequenz dieser fast spielerischen Vorgangsweise ist sicherlich nur in einem „kleinen Weingut" möglich.

Die Weine

All diese Bemühungen münden in großartige Weine, der 95er zählt zu den feinsten Weinen, die Jean-Luc Thunevin bisher produziert hat. Am Gaumen ein wahres Feuerwerk an Fruchtnuancen; schwarze Kirschen, Brombeeren, Johannisbeeren, intensiv, dunkel, dicht, etwas tanninbetont, und mit einem schier nie endenwollenden Abgang ausgestattet.
Der 1998er Valandraud ist so dicht und dunkel, dass nur am Rand des Glases seine rubin-purpurrote Farbe sichtbar wird. Ein intensives Bukett nach schwarzen Kirschen, Vanille und erdigen Tönen; ein kräftiger und gleichzeitig geschmeidiger, samtig strukturierter Körper, der an Brombeeren und Kirschen, getrocknete Kräuter und auch zart ledrig mundet, ein Wein mit dem Potenzial für die nächsten Jahrzehnte.

Die Rebsorten

75% davon sind Merlot, 20% Cabernet Franc und der Rest Malbec.
Chaptalisiert wir nur in Jahren wenn es notwendig ist. Durch die niedrigen Erträge wird normalerweise immer eine Traubenreife von 13vol% Alkohol erreicht.

Das Entfernen der Grünteile

Händisches werden von jeder Traube alle Grünteile entfernt. Für den „Valandraud" werden auch alle nicht 100% gesunden Beeren ausgeschieden.

Das Gärsystem

Holzgärständer mit Überbrausen des Maischehutes

Eichenholzgärständer mit einem integrierten Kühlsystem.
„Wir haben von Anfang an beschlossen, unsere Trauben nur in Holzbottichen zu vergären. Das ist eine in Saint-Émilion nicht übliche Methode, aber für diese kleine Produktion sehr von Vorteil."
Warum Holz? „Die Gärung verläuft schöner und natürlicher, der Vorteil der Holzgärbehälter ist die Thermik. Edelstahlbehälter reagieren auf Veränderungen von Wärme und Kälte sofort, im Holzgärständer hält die Temperatur länger an und sinkt zum Ende der Gärung auch langsamer ab. Die Farbe des Weines wird auch intensiver, wenn die Temperatur langsamer sinkt."

Vinifizierung/Gärung

Untertauchen des Tresterhutes

Die Gärung soll von selbst einsetzen, bedingt durch die späten Lese und die kühleren Außentemperaturen kann dies mehrere Tage dauern. Seit dem Jahrgang1996 wird deshalb die erste Maische mit Kulturhefen zum Gären gebracht und diese dann weiter vermehrt. Zur Befeuchtung des Tresterhutes werden zwei Techniken angewendet. Zuerst wird mit Stiefeln und Stöcken der Tresterhut mehrmals täglich untergetaucht und zusätzlich wird mit einer Pumpe der Jungwein rundgepumpt. Die Häufigkeit des Rundpumpens richtet sich nach der Notwendigkeit. Zur Belüftung wird der gärende Most zuerst aus dem Gärtank in einen Plastikbehälter gelassen, bevor er dann wieder über den Tresterhut gesprüht wird.

Höchste Gärtemperatur
Kühlen der Maische durch öffnen der Türen

Der Most wird während der Gärung auf einer relativ hohen Temperatur gehalten, um dadurch möglichst viel Farbe, Aromen und auch Gerbstoffe zu erhalten. „Bis 34, 35°C kann dabei die Temperatur schon ansteigen. Die Temperatur steigt frei an und geht auch von selbst wieder runter. Das Abkühlen der Gärständer geschieht durch das Öffnen der Türen des Weinkellers."

Belüften des Jungweins
Dauer der alkoholischen Gärung

Zwischen 7 und 10 Tagen dauert die alkoholische Gärung, daran anschließend folgt noch eine Mazeration von 8 – 14 Tagen.

Das Pressen

Seihwein/Presswein

Press- und Seihwein werden getrennt, nur der Seihwein wird für die „Valandraud- Linie" verwendet. „Je früher der Wein mit dem Holz in Kontakt kommt, desto besser ist es, die Tannine werden dadurch weicher."

Malolaktischer Säureabbau

Kontrolle der Apfelsäure

Die Malolaktik wird nach dem Vorbild Le Pin erst in den Barriques gemacht. „Dort hat es 1985 auch noch wie in einem Hühnerstall ausgesehen," schmunzelt Jean-Luc. Mit den Jahrgängen 1994 und 1995 hat Thunevin begonnen, drei Monate nach der malolaktischen Gärung die Weine aus den Fässern zu nehmen und wieder in neue Fässer zu füllen. „Die Malolaktik verschließt die Poren des Holzes", erläuterte Jean-Luc Thunevin den Grund für den Einsatz dieser kostspieligen Methode, 200% neues Eichenholz für einen Weinjahrgang zu verwenden. Die „alten" Fässer wurden dann für den 2.

Der Barriqueausbau

Wein verwendet.
Für den Zeitraum, in dem der biologische Säureabbau in den Fässern stattfindet, wird die Raumtemperatur mit Heizkörpern auf 18° – 20°C angehoben. Die Dauer der Malolaktik ist von Barrique zu Barrique verschieden und es kann schon März sein, bis das letzte Fass damit fertig ist.

Der Wein in den Barriques

Umziehen und Belüften

In der ersten Zeit der Fassreife werden die Fässer alle 1 1/2 Monate mit Luft umgezogen. Im ersten Jahr wird dieses Dekantieren der Fässer fünf- bis sechsmal durchgeführt, im zweiten Jahr der Fassreife nur noch viermal. „Ein Wein, der Jahrzehnte über trinkbar sein soll, muss schon etwas Sauerstoff aushalten, weil er sehr stark konstituiert ist.“

Verschnitt/Assemblage

Festlegung der Cuvée
Assemblage im großen Gebinde

Der Verschnitt der Weine der drei Rebsorten Merlot, Cabernet Franc und Malbec findet zu Beginn der Fassreife statt. Die Assemblage der Weine aus den verschiedenen Lagen mit den unterschiedlichen Bodenstrukturen ist für den Stil des Weines wesentlich.

Der 2.Wein

Nach mehreren sehr strengen Auswahlverfahren werden die Fässer für die zwei Weinlinien getrennt. Die Besten kommen zur Assemblage des Erstweines, dem „Valandraud“, und die restlichen Fässer zum Zweitwein, dem „Virginie de Valandraud“.

Zeitraum Barriqueausbau

Die Gesamtausbauzeit in den Barriques dauert zwischen 12 und 18 Monaten.

Schönung/Filtration

Keine Schönung
Keine Filtration

Beim 1991er wurde noch eine Gerbstoffschönung mit Eiklar durchgeführt, seit dem Jahrgang 1992 geschieht dies nicht mehr. Die Weine werden ohne Filtration abgefüllt.

Château d'Yquem – Premier Cru Classé Supérieur

Der Mythos des Château d'Yquem ist in der Weinwelt einzigartig. Eine Krone ziert das Etikett, und er ist auch der König der edelsüßen Weine.

Auf dem sanften Hügel vor dem Château gedeihen die Semillon-Trauben für den Yquem

Die Philosophie der Familie des Comte Alexandre de Lur-Saluces war immer, „einen absolut perfekten Wein zu produzieren, der besser ist als jeder andere, koste, was es wolle." Die extrem aufwändige Arbeitsweise der Produktion eines edelsüßen Weines rechtfertigt auch den höheren Preis dieser Gewächse.

Die Weine haben eine schier unendliche Langlebigkeit, die wegen ihres intensiven Buketts, ihrer Säurestruktur und wegen des hohen Alkoholgehaltes fast unbegrenzt ist. Einzelne Flaschen Yquem, die schon mehr als hundert Jahre gelagert wurden, präsentierten sich beim Öffnen mit einer unglaublichen Reife und Fülle von Düften.

Michael Broadbent beschrieb die Degustation einer Flasche Yquem vom Jahrgang 1825 im Jahre 1988 folgend: „Ein Wein voller Leben, mit einem unglaublichen Duft. Blühte noch weiter auf und entwickelte nach einer Stunde ein wunderbar ätherisches Bukett von Obstsalat mit Ananas. Noch süß, ziemlich kräftig. Ein Geschmack von frischen Feigen. Konzentriert. Säure und Abgang fabelhaft ...". Eine Flasche Wein, die sich 163 Jahre nach dem Ernten der Trauben so präsentiert, muss tiefste Bewunderung und gleichzeitig himmlisches Entzücken auslösen.

An der Art wie dieser Wein gekeltert wird hat sich in diesen Jahrhunderten nicht viel verändert. Das erste Geheimnis liegt im Mikroklima, das das Auftreten des Edelpilzes Botrytis cinerea fördert. Das zweite die Art der Selektion der Beeren bei der Ernte. Das dritte ist die Art der Vinifizierung der Trauben und der jahrelange Fassausbau.

In den 90 ha Weingärten, die auf dem sanft abfallenden Hügel rund um das Château angelegt sind, gedeihen 7.000 Reben auf einem Hektar Rebfläche.

Der Unterboden der 75 m hohen Anhöhe besteht aus mehreren Schichten, die Oberfläche besteht aus einer dünnen Schicht Kies und Sand, darunter liegt eine feuchtigkeitskonservierende Schicht aus Lehm, die mit Kalksteintrümmern vermischt ist. Darunter liegt ein massiver Kalksockel. Zwei Rebsorten prägen den Geschmack dieses großen Weines. Semillon und Sauvignon blanc. Das durchschnittliche Alter der Stöcke ist 50 Jahre.

Die Rebsorte und der Boden sind die Partner im Zusammenspiel der Harmonien. Bei normalem Wetter wird daraus immer ein ausgezeichneter trockener Weißwein. Mit viel Sonne und einer Überreife der Trauben sogar ein Süßwein. Für einen hochkonzentrierten, edelsüßen Wein ist noch ein weiterer Faktor ausschlaggebend, die Mitwirkung des Edelpilzes Botrytis cinerea. Im Herbst steigen in den frühen Morgenstunden von den nahen Gewässern Garonne und Ciron Nebel auf. Das Wechselspiel von Nebel am Vormittag und Sonnenschein am Nachmittag ist die ideale Lebensbedingung für diesen Edelschimmelpilz. Der Botrytispilz durchlöchert die Beerenhaut, die Flüssigkeit in der Beere verdunstet und die Inhaltsstoffe konzentrieren sich. Die Wandlung von einer goldgelben zu einer edelfaulen Beere geschieht ohne menschliche Hilfe. Der Mensch hat jetzt die Möglichkeit, mittels einer genauen Selektion nur die mit dem Botrytisrasen überzogenen Beeren zu ernten, und dadurch das Ausgangsmaterial für diese wertvollen edelsüßen Weine zu erhalten.

Die Reife der Botrytistrauben

Die Reben werden im Winter schon sehr stark zurückgeschnitten, damit die wenigen Trauben am Stock im Herbst eine möglichst hohe Zuckerkonzentration erreichen. Es sind aber der Himmel und das Wetter, die letztendlich über das „Sein oder Nichtsein" eines Jahrganges entscheiden. Mindestens 14% potenzielle Alkoholgrade (21,5°KMW/107,2° Öchsle) sollen die Trauben schon erreicht haben, wenn der Botrytispilz seine Arbeit aufnimmt.

Seit vielen Jahrzehnten wird mit den Korbpressen das flüssige Gold aus den Botrytistrauben gepresst

Mehr als drei Jahre reift der Yquem in den Barriques

Wenn die Trauben so reif sind und die Botrytis einsetzt, schätzt man, dass die Ernte 30 bis 35 hl/ha erbringen kann. Es gibt wärmere Jahre wie 1990, 1995, 1996, da hatten die Trauben beim Einsetzen der Botrytis schon eine Reife von 16vol% (25,5°KMW/124,4°Öchsle) erreicht. Wenn der Botrytispilz sich zu entwickeln beginnt, werden die Flecken auf den Beerenhäuten größer und sie färben sich rosa. Die Sporen des Botrytispilzes beginnen sich zu vermehren und durchlöchern die Beerenhaut. Die Beeren schrumpfen ein und werden „rosinenartig". Bei der Lese werden nur die mit Botrytis befallenen Beeren herausgesucht. Das Ziel ist, die ganze Ernte mit potenziellen 20vol% Alkohol zu lesen.

Die Traubenernte

Wie werden diese Botrytistrauben geerntet? Es ist eigentlich kein Abschneiden der Trauben, sondern vielmehr ein Pflücken der Beeren. Ein sorgfältiges Auslesen, bei dem jede Traube einzeln überprüft wird. Je nachdem, wie weit das Werk des Pilzes auf jeder Traube oder vielmehr jeder einzelnen Beere gediehen ist. Mehrere Lesedurchgänge, durchschnittlich fünf bis sechs, werden für das Einsammeln der einzelnen Beeren gerechnet. Die Ernte zieht sich oft bis zum November hin. Die Produktion von edelsüßen Weinen ist eine lange und mühevolle Arbeit. Das Ernten geht sehr langsam vor sich, es werden immer nur die mit Botrytis überzogenen Teile aus den Trauben herausgeschnitten.

Die Trauben werden in einigen Durchgängen in kleine Körbe gelesen und kommen darin in den Keller. Bis zu 140 Personen sind für 2 Monate mit der Lese beschäftigt. Man kann nicht jeden Tag ernten, manchmal dauert es einige Tage, bis wieder ein Teil der Traube vom Botrytispilz befallen ist. Jeder Leser liest immer ein 100-Meter-Stück des Weingartens, dabei kann er viel oder ganz wenig ernten. Aber nur in Ausnahmefällen ist der Korb voll. An Ort und Stelle werden die Traubenteile, die auch mit der Grau- und Grünfäule befallen sein können, aussortiert.

Wenn alles optimal verläuft, ernten 140 Leser an einem Tag die Trauben für 3 bis 10 Barriques. Wenn es sehr gut geht, können es auch 20 Fässer sein. Das letzte Mal geschah dies bei der Ernte 1990, da war das Wetter für die Ausbreitung des Edelpilzes Botrytis cinerea besonders günstig, da wurden an einem Tag die Trauben für 50 Barriques gepflückt.

Die Semillion- und Sauvignontrauben haben bei der Lese eine Gesamtsäure zwischen 8,5 und 9,2 g/l.

Im Weinkeller

Im Keller angekommen, werden die Beeren gequetscht. Durch das selektive Pflücken gibt es sehr wenig Stängel, und beim Pressen mit den altehrwürdigen Korbpressen werden diese verbleibenden Stängel nicht entfernt. Drei dieser Stempelpressen mit den Holzkörben sind noch im Einsatz. 70% der Lese wird damit gepresst, der Rest mit den pneumatischen Horizontalpressen. Diese Stempelpressen arbeiten sehr langsam und schonend, es werden damit sehr reine Moste gewonnen und man braucht sie vor der Gärung nicht zu seihen oder absitzen zu lassen.

Die Trauben werden ohne eine Maischestandzeit weiterverarbeitet. Das Pressen ist das wichtige Stadium für die weitere

Qualität, nicht alle Trauben verfügen über dieselbe Zuckerkonzentration. Beim ersten Druck wird nur ein Durchschnittswert des Zuckergehaltes erreicht. Je stärker der Druck, desto höher die Zuckerkonzentration. Damit auch die eingeschrumpften Beeren das Saftkonzentrat abgeben, braucht es einen höheren Pressdruck.
Nach dieser ersten Pressung erhält man ein Testresultat. Wenn der Most nicht konzentriert genug ist, werden die Leser angewiesen, die Beeren noch konsequenter auszulesen. Wenn der Most sehr intensiv ist, können auch einige frischere Beeren zugegeben werden.
Jeder Presskorb wird dreimal gepresst, nach jedem Durchgang muss wieder aufgelockert werden. Der Pressdruck ist immer 200 kg/cm2. Mit dem ersten Pressdurchgang werden 70% des Saftes gewonnen. In einem speziellen Zylinder wird der Presskorb aufgescheitert, zerkleinert und gelockert. Die Stängel werden dabei aussortiert. Beim ersten Pressdruck besteht noch keine Gefahr, dass man die Stängel beschädigt. Die zweite Pressung ist stärker, und dadurch würde man den Stängelgeschmack in den Most bekommen. Jetzt kommen 30% des Saftes, beim ersten Teil der zweiten Pressung ist die Zuckerkonzentration auch schon höher. Vor der dritten Pressung wird der Presskuchen noch einmal aufgelockert. Bei der dritten Pressung verfügt der Most über eine Konzentration von 500g/l Zucker. Fünf Stunden dauert ein Durchgang, bis der ganze Saft herausgepresst ist. Die Moste aller drei Pressungen kommen zusammen und sollen dann gemeinsam eine Gradation von über 20vol% potenziellem Alkohol haben, um als Wein den Namen Château d'Yquem zu verdienen.
Es gibt Tage, an denen nur Semillion und Sauvignon blanc geerntet werden. Die Rebsorten werden zuerst getrennt vergoren und ausgebaut.
Es sind immer 80% Semillion und 20% Sauvignon blanc, die für den Yquem verwendet werden. Der Sauvignon bringt vielfältige Aromen in die Cuvée.
An einem normalen Lesetag wird nur mit den Korbpressen gearbeitet. An starken Tagen, wenn Traubengut für bis zu 50 Barriques geerntet wird, werden auch die pneumatischen Pressen eingesetzt. Bei diesem Presssystem weiß man die Mostkonzentration erst, wenn alles fertig gepresst ist. Die Moste von den pneumatischen Pressen sind um eine Spur trüber.
Die Moste fließen in einen unterirdischen Tank. Am Abend, wenn alle

Pressen fertig sind, kommt der gesamte Most des Tages in die Barriques zur Gärung. Aus Gründen der Vorsicht wird an den ersten beiden Erntetagen dem Most ein wenig Schwefel zugesetzt, 3 g/hl – nachher nicht mehr.

Die Gärung

Direkt neben dem Pressraum liegen die Räume, in denen die Gärung in den Barriques stattfindet. Für die Gärung werden nur neue Barriques eingesetzt. Die Gärung soll durch die natürlichen Hefen einsetzen. Der Raum wird beheizt, damit die Mosttemperatur bei 20°, 21°C bleibt. Drei bis sechs Wochen dauert dann die Gärung. Sie endet spontan: Bei ungefähr 14vol% Alkohol hört die Gärung von selbst auf. Der Zuckerrest liegt dann zwischen 120 und 130g/l. Die einzelnen Fässer verfügen fast immer über 13,5 bis 14vol% Alkohol.
Nach dem Gärende werden die Fässer umgezogen und in einen kühleren Raum zur weiteren Reifung transportiert. Das Umziehen der Weine wird nur von Barrique zu Barrique mit Druckluft durchgeführt.

Der Barriqueausbau

Die Barriques von vier verschiedenen Fassbindereien kommen zum Einsatz: Seguin Moreau, Demptos, Taransaud und ein eine kleine Tonnellerie aus der Region. Diese Tonnellerien liefern seit Jahrzehnten ihre Fässer an das Château d'Yquem, sie wissen, welchem Anspruch sie gerecht werden müssen und passen sehr auf, nur das Beste zu liefern.
Der Wein bleibt dreieinhalb Jahre in den Barriques, die meisten Tannine werden aus dem Holz schon bei der Gärung ausgelaugt. Das Toasting soll deshalb nicht zu stark sein.
Die Fässer mit den Weinen der letzten Ernte liegen im Lagerkeller bei einer Raumtemperatur von 12°C. Glasstoppel sind auf den Spunden nur ganz leicht aufgelegt. Die Glasstoppel werden immer während der 3 1/2 Jahre der Fassreifung verwendet. Wegen der Sauberkeit. Eine kleine Menge Wein verdunstet ständig. Damit die Fässer immer spundvoll sind, wird zweimal in der Woche aufgefüllt. Bei Tiefdruck, wenn der Wein sich ausdehnt, werden die Glasstoppel nass. Wenn der Wein sich stärker ausdehnt, wird ein kleiner Teil aus den Fässern gezogen, damit das Fass nicht übergeht.
Während der Sommermonate wird die Kellertemperatur konstant auf 17°C

gehalten. Dadurch können sich die Sedimente in den Fässern besser absetzten.
10 Monate bleiben die Einheiten getrennt in den Barriques. Jeder Lesetag als einzelne Einheit, so wie die Trauben gelesen wurden. Alle drei Monate werden die Weine vorsichtig umgezogen. Um gleich einen Oxidationsschutz zu haben, wird beim ersten Umziehen nach der Gärung die erste Schwefelung vorgenommen. Zu Beginn der Fassreife wird der Wein mit 150 mg/l aufgeschwefelt. Bei jedem Umziehen wird jedes Fass analysiert und neu justiert, um immer einen Polster von 35 mg/l freie SO_2 zu haben. Das für Süßweine zugelassene EU-Maximum liegt bei 400 mg/l. Berücksichtigt werden auch die regionalen gesetzlichen Bestimmungen für edelsüße Weine in wichtigen Absatzmärkten wie Japan. Dort liegt die Höchstgrenze für Stabilisierungsmaßnahmen bei 350 mg/l Schwefel. Dadurch liegt der Yquem am Ende seiner mehr als dreijährigen Fassreife mit dem Gesamtschwefelwert immer unter 350 mg/l.
Im Mai, nach 8 Monaten der Fassreife, hat sich der Wein schon abgesetzt, das ist der Zeitpunkt, wo die Verkostungen der einzelnen Fässer beginnt. Die Proben der einzelnen Lesetage werden nummeriert, damit die Koster nicht wissen, ob von diesem Tag viele oder nur wenige Barriques vorhanden sind.
Nach 14 Tagen findet dieselbe Verkostung mit den gleichen Weinen statt, drei bis vier dieser Degustationen werden durchgeführt, dann kennt man genau das Qualitätsniveau der Weine der einzelnen Erntetage.
Nach dem zweiten Jahr der Reife werden die Fässer in den tiefer gelegen Hauptkeller umgelagert. Auch dort werden die Fässer nur mit den Glasstoppeln verschlossen.
Insgesamt dreieinhalb Jahre dauert die Fassreife, erst dann wird der Wein in Flaschen gefüllt. Während dieser Zeit wird der Yquem alle 3 Monate umgezogen, insgesamt 15-mal.
Notwendige Schönungen mit Albumin und Bentonit finden nur während der oftmaligen Assemblagen statt. Damit wird bis zum zweiten Winter der Fassreife gewartet, bis dahin ist der größte Teil des natürlich vorkommenden Eiweißes des Weines schon in den Fässern ausgefallen.
Vor der Flaschenfüllung wird noch eine grobe Filtation durchgeführt, wie mit einem groben Sieb. Nach der Flaschenfüllung ist der Wein stark tanninbetont, diese momentan vorherrschenden Aromen binden sich im Lauf der Zeit wieder ein.

Tief im Inneren des Châteaus lagern aneinandergereiht die Fässer mit dem Yquem im zweiten Jahr seiner Reife

Wie groß ist eigentlich der Schwund während der Fassreife? Ungefähr 10% der Weinmenge von 225 l, dem Volumen eines Barriques, teilen sich Verdunstung und Aufsaugen des Holzes. Weitere 10% des Weines setzen sich im Laufe der 3 1/2 Jahre der Fasslagerung als Sedimente in den Fässern ab.

„Der Wein ist ein Konzentrat, er entwickelt sich sehr langsam und er altert sehr langsam. Wenn man ihn zu schnell von der Luft abschneidet, stoppt man dadurch den Reifeprozess. Manchmal dauert es sehr lange bis sich die Sedimente absetzen. Je länger er in den Barriques bleibt, desto besser kann man auf natürliche Art diese Absonderungen geschehen lassen. Der Wein nimmt auch über das Barrique Sauerstoff auf, und das garantiert ein viel längeres Alterungspotenzial,“ schwärmt Guy Latrille, langjähriger Kellermeister von Château d'Yquem.

In den letzten 10 Jahren lag die jährliche Produktion des Château d'Yquem zwischen 95.000 und 120.000 Flaschen.

Das Burgund

Das Weinbaugebiet Burgund erstreckt sich über weite Teile Ostfrankreichs – von Chablis im Norden über die Côte d'Or, die Côte Chalonnaise, das Mâconnais bis zum Beaujolais im Süden. Gerade in der Côte d'Or, dem 50 km langen Landstrich zwischen Dijon und Santenay, finden sich viele der weltberühmten Weinorte und Weinlagen, die den feinen Weinen dieser Region auch den Namen gaben. Hier wollen wir Ihnen einige kleine, aber qualitativ hochwertige Weinbaubetriebe vorstellen. Chassagne-Montrachet, Puligny-Montrachet, Meursalt, Beaune, Vosne-Romanée, Veugeot, Gevrey-Chambertin, Chambolle-Musigny, Nuits-St-Georges alles wohlbekannte Ortsnamen, deren Weine auch Weingeschichte geschrieben haben.

In der Côte d'Or eignet sich nur ein kleiner Teil des gesamten Départements für Weinbau von hohem Niveau. Es kommt immer auf die Beschaffenheit des Bodens an, der zusammen mit dem Kleinklima große Weine hervorbringen kann. Im Burgund enthalten die guten Böden meist viel Kalk, die stellenweise mit Mergel, Kies und Ton durchsetzt sind. Meist ist es ein karger Boden, auf dem nur der Weinstock gedeihen kann. Seine Wurzeln reichen tief in den Untergrund, sodass sie aus allen Schichten die notwendigen Nährstoffe aufnehmen können. Weil die Wurzeln tief in den Boden eindringen müssen, bekommt die Pflanze – und dadurch auch die Traube – die umfassende Nahrung für das nächste Produkt der Transformation, dem Wein.

Einige kleine Domänen wurden ausgewählt, um anhand ihrer Arbeitsweise einen Einblick in die traditionelle burgundische Weinbereitungstechnik zu bekommen. Das Burgund ist auch die Urheimat der Rebsorten Pinot Noir und Chardonnay, die heute in allen Weinregionen der Welt angebaut werden. Doch wie wird heute in der Heimat der Burgunderrebsorten aus diesen Trauben Wein produziert, wie wird damit umgegangen?

Bild links:
Das Hospices de Beaune wurde von Nicolas Rolin, Kanzler Herzog Philipps des Guten im Jahre 1451 den Armen gestiftet. Der Betrieb des Krankenhauses wurde über den Verkauf des eigenen Weines finanziert. Noch heute ist es am dritten Sonntag in jeden November Mittelpunkt der Weinwelt. An diesen Tag werden nach alter Traditon 600 pièces zu 228 l versteigert.

Domäne Marc Colin – Saint-Aubin

Marc Colin

Die Domäne Marc Colin hat den Ruhm des Ortes mitbegründet und Patron Marc Colin zählt zu den kompetentesten Winzerpersönlichkeiten dieser Region. Seine beiden Söhne Pierre-Yves und Joseph führen heute die Domäne. In diesem Klima, in dem Jung und Alt mit Begeisterung am Werk sind, ist es eine logische Konsequenz, dass man sich wegen der Qualität der Weine nicht allzu viele Gedanken machen muss. Während Joseph sich konsequent um die Weingärten kümmert, liegt die Verantwortung seines älteren Bruders im Keller. Die Arbeit von Pierre-Yves Colin, der in seinen Jugendjahren wertvolle Erfahrungen im renommierten kalifornischen Weingütern sammelte, wird dabei von qualitativen Höchstleistungen begleitet. Er sucht ständig nach Schwachstellen und Möglichkeiten, um die hohe Qualität seiner Gewächse weiter zu optimieren.
Saint-Aubin ist ein kleines Dorf in der Nähe der Ortschaft Gamay, hinter Puligny-Montrachet und Chassagne-Montrachet gelegen. Die Domäne Marc Colin bewirtschaftet insgesamt 16 ha Rebflächen; 60% davon sind mit Chardonnay bestockt, der Rest mit Pinot Noir.
Die Weingärten der Côte d'Or sind auf viele Besitzer aufgeteilt, die Größe der einzelnen Anteile ist sehr unterschiedlich. Die Entstehung dieser teilweise winzigen Flecken Weingärten sind auf das französische Erbrecht zurückzuführen. Die Weingärten der Familie Colin befinden sich in vielen kleinen Einzellagen in Saint-Aubin, Chassagne-Montrachet und Puligny-Montrachet. Einige der besten Weingartenlagen der Region sind dabei: in der Grand-Cru-Lage Bâtard-Montrachet kultiviert die Familie Weingärten, ebenso wie in der Grand-Cru-Lage Montrachet, wo auf 0,12 ha ein Teil des Chardonnays wächst. Die Lage Montrachet zählt zu den teuersten Weingärten der Welt, zurzeit liegt der Werte dieser 1.200 m2 großen Parzelle zwischen 6.000.000,- und 7.000.000 ,- FF. Auch in einigen Premier-Cru-Lagen, wie in Chassagne-Montrachet „Les Caillerets" und in Puligny besitzt die Familie Weingärten. Der größte Teil der Rebstöcke ist über 35 Jahre alt.
Der Besitz von Weingärten in einigen der berühmtesten Weinlagen bringt für Marc Colin eine große Herausforderung mit sich. Alle Weine dieser Lagen sind für ihren typischen Terroir-Geschmack bekannt. Doch erst die Sachkenntnis des Winzers bringt bei der „élevage" – dem „Ausbau" des Weines im Keller – diese Feinheiten zu Tage.
Der Chassagne-Montrachet verbindet Eleganz und Kraft mit großem aromatischen Reichtum. Sein volles Bukett mit dem edlen, komplexen Geschmack hat ihm bei den trockenen Weißweinen schon immer zu einer führenden Position verholfen. Durch seinen subtilen Geschmack, mit honigduftenden Aromen nach Pfirsich und Aprikosen und durch eine rassige und saftige Säure zeichnet sich der in Puligny gewachsene Burgunder aus.

Im Weingarten

Im Weingarten und auch im Weinkeller arbeitet die Familie Colin traditionell und behutsam. Alle Lagen, und ist die Fläche auch noch so klein, werden getrennt vinifiziert. So werden jährlich aus der Montrachet-Grand-Cru-Lage gerade genug Trauben geerntet, um damit zwei Barriques voll zu bekommen.

Doch zuvor ist sehr viel Handarbeit bei der Pflege der Weingärten notwendig. Für Joseph Colin ist das Ziel seiner Weinbergpflege einfach definiert: Den Rebstock im Gleichgewicht halten, sodass er einen mäßigen Ertrag an Trauben hervorbringt. Der volle Geschmacksgehalt, die organoleptische Reife, mit großem aromatischen Reichtum wird bei einem Reifegrad der Trauben von 12,5° – 13°Baumé (19,2° – 20°KMW, 95,3° – 99,6°Öchsle) erreichen.
Die starke Aufsplitterung der Weingärten macht eine generelles Handlesen der Trauben notwendig. Das sorgfältige Lesen der Trauben in Lesebutten, die geringen Entfernungen zwischen Weinbergen und Keller, und die kühlen Herbsttemperaturen tragen dazu bei, dass die Trauben in hervorragendem Zustand eingebracht werden.
Der Chardonnay erreicht eine durchschnittliche Reife von 12,5 – 13vol% Alkohol, mit einem Säuregehalt zwischen 7,6 und 8,4 g/l. Ein Anteil von 15% mit dem Edelpilz Botrytis cinerea befallenen Trauben wird als ideal angesehen wird. Solange der Säurespiegel in den Chardonnay-Trauben hoch ist, werden die Trauben nicht vom Edelpilz Botrytis cinerea befallen. Das Zunehmen der Reife bewirkt gleichzeitig eine Reduktion der Säuren, dann besteht die Gefahr einer Infektion. Die Weingärten an den Abhängen sind von der Ausbreitung des Botrytispilzes nicht so sehr betroffen, die Weingärten in den Ebenen bieten dafür gute Voraussetzungen. Erreichen die Trauben eines Jahrganges nicht den gewünschten potenziellen Alkoholwert von 12,5 bis 13,5vol%, wird der Most chaptalisiert, d.h. mit Zucker auf das gewünschte Alkoholvolumen aufgebessert.

Die Burgundertrauben kommen in den Weinkeller

Die Trauben werden zur Gänze entrappt und gequetscht, damit Fruchtfleisch und Saft austreten können und das Pressen in der pneumatischen Presse erleichtert wird. Ohne Maischestandzeit wird sofort abgepresst. Die Moste von der ersten leichten und der zweiten, etwas stärkeren Pressung kommen in einen großen Tank. Als Oxidationsschutz wird dem Most ein wenig Schwefel zugegeben. Der Most wird vor der Gärung mit einer Wärmepumpe auf 15° bis 16°C gekühlt. Zur natürlichen Klärung von den gröbsten Trubstoffen bleibt der Most über Nacht stehen, dabei sinken die schweren Trubteilchen zu Boden (débourbage). Anschließend wird der vorgeklärte Most in die Barriques gefüllt und die Gärung eingeleitet.
Klassische Burgunder werden immer in den kleinen Fässern vergoren, die sich an die kühlen Kellertemperaturen leichter anpassen.
Die burgundischen Winzer nützen für die Gärung ihre Moste meist die natürlichen, in den Weingärten vorkommenden wilden Hefen. Nur wenn die Gärung nicht beginnen will, werden Kulturhefen eingesetzt. Hat die Gärung einmal eingesetzt, steigt die Wärme von selbst auf 22° bis 25°C an. Die alten Keller sind von Natur aus sehr kalt; wenn dann ein paar Fässer zu gären begonnen haben, steigt die Lufttemperatur beträchlich an und treibt dadurch die Gärtemperaturen höher.

Wird ein teilweise geklärter Most im Barrique bei mäßigen Temperaturen vergoren, so führt das zur Unterdrückung der primären Frucht in Aroma und Geschmack. Diese stellen sich erst im Laufe einer mehrjährigen Lagerzeit des Weines wieder ein. Durch das Vergären des trüben Mostes in den Kleinfässern, mit der anschließenden malolaktischen Gärung wird mehr Komplextität angestrebt. Die Konsistenz und das Gefüge des Weines sind durch die Barriquegärung komplexer, am Anfang ist er aber hart und unharmonisch. Marc Colin: „Für einen Weinausbau in Barriques müssen zwei Voraussetzungen gegeben sein: Der Geschmack der Trauben muss große Tiefe und Intensität aufweisen und der fertige Wein braucht eine Flaschenreife von mindestens drei Jahren, manchmal auch viel länger. Nur dann können sich die Bestandteile verbinden, er wird milder und kann sich langsam entfalten."

„Das faszinierende Wesen eines Burgunders liegt in der Vereinigung des Chardonnays mit dem frischen Eichenholz. Für einen Winzer dauert es Jahre, zu lernen, wieviel davon richtig war, und eigentlich ist dieser Lernprozess nie abgeschlossen," philosphiert Marc Colin über den Barriqueausbau.

So werden bei der Vinifizierung Barriques von verschiedenen Tonnellerien (Seguin Moreau, François Frères, u.a.) eingesetzt, um zu verhindern, dass die Stilistik der Weine von einem einzigen „Tonnelier" geprägt wird. Jeder der vielen Lagenweine wird auch mit unterschiedlichen Anteilen an neuen Eichenfässern ausgebaut. Während der Bâtard und der Grand-Cru-Montrachet 50% neue Barriques erhalten, verwendet Pierre-Yves für den Puligny-Montrachet La Garenne 40%, für die Chassagnes und den Puligny-Montrachet Le Trézin und 30%, für den St-Aubin 25% neues Holz.
Traditionell wird mit burgundischen 228-l-Pièce gearbeitet, die bevorzugt „medium+" getoastet sind. Im Durchschnitt dauert die alkoholische Gärung 14 Tage. Die Gärdauer sollte lang dauern, damit möglichst viele Geschmacks- und Geruchsstoffe in den Wein gelangen. Übermäßige Erwärmung kommt bei der Gärung in den Pièce nicht vor, die Gärtemperaturen liegen meist zwischen 18°und 22°C. In manchem Jahr wird bis auf einen Zuckerrest von 0,2 Gramm vergoren, manchmal nur bis 1,8 Gramm.
Das Aufrühren des Hefesatzes wird in den ersten Monaten wöchentlich und danach in größeren Abständen durchgeführt. Bei Trauben mit wenig Botrytis wird die Hefe einmal in der Woche aufgerührt. Bei starker Botrytis nur einmal im Monat. Botrytis bringt sehr viel Glyzerin in den Wein und durch starkes Aufrühren wird der Wein schwer und buttrig. Die Feinhefe ist auch gleichzeitig Oxidationsschutz. Die Lagerung des Weißweines auf der Hefe wird in Burgund viel praktiziert. Bei der richtigen Traubenreife und der Kellertemperatur stellt sich zwei Monate nach der ersten Gärung eine zweite – die malolaktische – ein. Das Aufrühren der Hefe wird bis zum Ende der Malolaktik, meist bis nach Weihnachten, durchgeführt.Wenn im Winter die Weintemperatur in den Fässern auf 5° bis 15°C absinkt, kann es schon vorkommen, dass die Malolaktik noch nicht beendet ist, und die beteiligten Bakterien in einen Winterschlaf verfallen und ihre nützliche Tätigkeit erst im kommenden Frühjahr bei steigender Kellertemperatur wieder aufnehmen.
Nach der Malolaktik liegt die Gesamtsäure bei 6,2 – 7,0 g/l. Zu diesem Zeitpunkt wird auch jedes Fass mit 10 mg/l Schwefel stabilisiert. Die Feinhefe bleibt im Fass, wird aber nicht mehr aufgerührt. Zur besseren Klärung des Weines werden die Fässer im Laufe der insgesamt 10 Monate Reifezeit einmal umgezogen.
Ende Juni wird der Wein abgezogen, die einzelnen Fässer, neue und gebrauchte, werden zur Collage in einen großen Tank gepumpt. Wenn notwendig findet auch eine Kaseinschönung statt. Vor der Flaschenfüllung wird der Wein mit einem Schichtenfilter grob filtriert.
Beim einem Chassagne-Premier-Cru-Chardonnay beginnt die optimale Trinkreife 5 bis 10 Jahre nach der Ernte, beim Grand-Cru-Montrache 7 bis 10 Jahre danach.

Der Pinot Noir

Die Familie Colin besitzt und bewirtschaftet auch Weingärten in erstklassigen Lagen, die für die Kultivierung des Pinot Noir geeignet sind: in Saint-Aubin Premier Cru 1,2 Hektar, in Chassagne Montrachet Village 2,3 Hektar und in Santenay 1,3 Hektar.
„Der Pinot Noir ist dann ideal, wenn nur gesunde und ausgereifte Trauben ohne Botrytis gelesen werden. Wenn wirklich einige Botrytisbeeren vorhanden sind, werden diese Trauben schon vor dem Rebeln aussortiert."
Damit genügend Farbe und Geschmacksstoffe aus der Schale extrahiert werden können, soll der Pinot Noir langsam und kühler gären. „Pigeage" nennen die Franzosen das Verfahren des Untertauchens des auf dem gärenden Most schwimmenden Hutes, dem „Chapeau", der aus den Schalen besteht. Was früher schwere Handarbeit war, wird heute in vielen Kellereien mit Hilfe eines hydraulischen Stempels durchgeführt. Die Maische wird dabei untergetaucht, auch wird der gärende Jungwein vom Boden des Gärständers über den Chapeau gepumpt (Remontage). Man kann auch einen Rost verwenden, mit dem der „Hut" daran gehindert wird, wieder oben auf dem Most zu schwimmen (Chapeau immergé). Marc Colin ist davon überzeugt, dass durch das kräftige physische Untertauchen der Beerenhäute, beim Unterstoßen Elemente freigesetzt werden, wie es bei anderen Vinifizierungsverfahren überhaupt nicht möglich ist.

Die Rebsorten	Pinot Noir Alle Trauben werden gerebelt. Die Beeren nur leicht gequetscht, keine ganzen Beeren.
Das Gärsystem Edelstahlgärständer mit Unterstoßen des Maischehutes	Der Pinot Noir wird in Edelstahltanks vergoren. Diese erleichtert durch die Temperaturregelung die Hefeaktivität. Um die Maische zum Gären zu bringen ist es bei den kühleren Temperaturen manchmal nötig, eine gewisse Menge bereits in kräftiger Gärung befindlichen Weines aus einem anderen Bottich hinzuzufügen – dieser Vorgang wird „Pied de cuve“ genannt.
Vinifizierung/Gärung Kurze Kaltmazeration	Eine lange Gärzeit bei kühlen Temperaturen bewahrt die Frucht und gewährleistet die vollständige Umwandlung des Zuckers in Alkohol. Nur bei schwierigen Jahrgängen werden pektolytische Enzyme zugesetzt.
Kulturhefen zu Gärbeginn	Zuerst eine Kaltauslaugung von 2 bis 4 Tagen, dann wird Hefe zugesetzt und die Gärung eingeleitet. Die alkoholische Gärung dauert 10 bis 12 Tage.
Unterstoßen des Maischehutes Dauer der alkoholischen Gärung	Zum Abmischen der Trester mit dem jungen Wein wird der Tresterhut zweimal am Tag untergestoßen. Unterstoßen mit Muskelkraft.
Malolaktischer Säureabbau	Der „Vorlauf“-Wein wird vom Gärständer abgezogen und die Trester abgepresst. Der Wein des ersten Pressdruckes wird dem Jungwein zugefügt und alles zusammen in die Barriques gefüllt. Der durchschnittliche Anteil von Fässern aus neuem Holz beträgt 20%. Die Malolaktik setzt erst in den Barriques ein. Die erste SO_2-Zugabe erfolgt, wenn die Malolaktik in den Fässern abgeschlossen ist.
Der Barriqueausbau Umziehen und leichtes Belüften der Weine	Nach der Malolaktik werden die Barriques noch zweimal umgezogen. Beim 1. Mal wird der Wein leicht belüftet, beim 2. Mal ohne Luftkontakt. Damit der Pinot Noir nicht zu viel mit der Luft in Berührung kommt, wird er auch so selten wie möglich von einem Fass ins andere umgezogen. Die Fässer werden nur regelmäßig aufgefüllt und der Wein so lange in Ruhe gelassen, bis die Zeit der Flaschenfüllung kommt.
Zeitraum Barriqueausbau	Die Fassreife dauert 12 bis 18 Monate.
Verschnitt/Assemblage Assemblage im großen Gebinde	Zwei Monate vor dem Abfüllen werden notwendige Schönungen durchgeführt. Für die Collage werden die einzelnen Fässer wieder in einem großen Tank zusammengefüllt. Die Eiweißschönung wird seit 25 Jahren nicht mehr mit echten Eiern durchgeführt.
Schönung/Filtration Leichte Filtrationen	Eine leichte Filtration vor der Flaschenfüllung mit einem Schichtenfilter.

Jean-Marc Morey – Chassagne-Montrachet

Seit vielen Jahrzehnten machen sich Weinliebhaber Gedanken über die außerordentliche Konzentration und Geschmacksfülle des Montrachet. Mit jedem neuen Jahrgang wird zu ergründen versucht, wieviel davon dem Terroir und wieviel den überaus kleinen Erträgen zuzuschreiben ist. Es lässt sich viel darüber philosophieren. Die einmalige Kombination von Terroir, Klima und der seit Jahrhunderten andauernden Selektion der besten Klone, gemeinsam mit dem Handwerk der Winzer bringen diese erstaunlichen Weine zustande. Claude Arnoux brachte es schon in seiner im Jahre 1700 verfassten Lobeshymne auf den Montrachet auf den Punkt: „Komplexität ist das Schlüsselwort."

Die Gemeinde Chassagne ist für manche Weinliebhaber mit einem Faible für das Burgund das Filetstück der Côte-d'Or. Vor allem die in dieser Region produzierten Montrachet-Weißweine erobern scheinbar spielend die Welt, viele Jahrgänge wachsen hier zur Legende. Sie bilden damit jene Fundamente, auf denen auch das Weingut von Jean-Marc Morey stabil ruht, obwohl in Chassagne mehr Rot- als Weißwein angebaut wird. Qualitative Höchstleistungen werden von beiden Weintypen erreicht.

Die Weißweine sind weltberühmt, doch auch die Rotweine sind sehr empfehlenswert, nur gehen sie neben den anderen großen Namen des Burgund allzuoft unter. Die Grands Crus sind alle Weißweine, die feinsten Premiers Crus aber Rotweine. Der ummauerte Clos St.-Jean hat einen stark kieshaltigen Boden, Jean-Marc Morey hat hier einen Teil seines Pinot Noir ausgepflanzt. Les Vergers, Les Marcherelles und die 1er Cru Les Chenevottes, dagegen bestehen hauptsächlich aus roter Lehmerde mit nur wenigen Steinen darin, 30 ar groß ist die Chardonnay-anlage in dieser Lage. Morgeot, der untere Teil von La Boudriotte, Les Petits Clos und Les Champs Gains verfügen im oberen Bereich über eine Schichte aus weißem Mergel, weiter unten ist eine rote kieshaltige Erde vorherrschend. In der 1er-Cru-Lage Les Champs Gains sind von Jean-Marc Morey 34 ar mit Chardonnay und Pinot Noir bepflanzt.

Jean-Marc Morey

Es gibt die geschmackliche Unterschiede zwischen den Weinen aus dem zu Puligny gehörenden Teil von Montrachet, der nach Südosten geneigt ist, und den Weinen der nach Süden, in Richtung Chassagne, ausgerichteten Weingärten. Den Puligny-Weinen wird nachgesagt, sie seien vornehmer und verfügten über mehr Finesse. Wie zu jeder Zeit und an jedem Ort wird es wohl die Kunstfertigkeit des Menschen sein, die den Unterschied zwischen fein und göttlich ausmacht.

Die Maxime von Jean-Marc Morey lautet, sowohl in den Weinbergen als auch im Keller peinlichst genau zu arbeiten, da der Name Morey in der Côte-d'Or nur mit Spitzengewächsen verbunden wird. Denn auch Jean-Marcs Bruder Bernard Morey setzt die große Tradition des Weinmachens mit einem eigenen Weingut fort und ist ebenfalls in der Lage, ganz große Weine zu produzieren. Dennoch kann man die beiden Brüder nicht vergleichen. Jean-Marc Morey vinifiziert von den 9,5 Hektar Weingärten nicht weniger als 18 verschiedene Weine. Dem Winzer geht es in seiner

Links von der Strasse, die nach Chassagne-Montrachet führt, verfügen die Weingärten auf dem Gebiet von Puligny-Montrachet über keine Hanglage mehr.

Betriebsphilosophie einerseits darum, möglichst keine Neuerung zu übersehen und andererseits den Betriebsaufwand stets unter Kontrolle zu halten. Die gezügelte und zielfixierte Innovation, die keine Grenzen kennt, ist für Jean-Marc Morey scheinbar kein Widerspruch. Ein grundsätzliches Paradoxon, das sich bei Jean-Marc in der Praxis bewährt.

Der Chardonnay in den Weingärten

Vom Chardonnay sind 10.000 Stöcke auf einem Hektar ausgepflanzt. Beim Winterschnitt werden die Stöcke auf einen Strecker mit 8 Augen zurückgeschnitten. Das ergibt dann im Herbst eine Ernte von 8 bis 12 Trauben mit je durchschnittlich 600 bis 700 Gramm von einen Weinstock.

In normalen Jahren beginnt die Rebblüte bei den Burgundersorten um den 15. Juni. Dann wissen die Winzer schon, wann die Trauben reif sein werden. 100 Tage dauert ein Wachstumszyklus von der Blüte bis zur Ernte. Vor der Lese wird über einen Zeitraum von 3 Wochen regelmäßig die Reife der Trauben mit analytischen Messungen verfolgt. Die Chardonnaytrauben erreichen in den kleinen Lagen eine Reife zwischen 12 und 12,5vol% Alkohol. Die Trauben in den großen Lagen reifen bis zu 12,5 und 13vol% Alkohol. Bei diesem Reifegrad liegt der der pH-Wert zwischen 3,2 und 3,5 bei und einer Gesamtsäure von 10,5 g/l.

Zwischen dem 15. und dem 25. September beginnt jedes Jahr die Traubenernte. Dadurch, dass alle Rebsorten fast gleichzeitig physiologisch reif sind, werden 20 Leser zum Ernten eingesetzt. Alle Trauben werden händisch geerntet. In Körben und Holzkisten werden die Trauben zum Presshaus gebracht. Die gesamte Lese dauert 8 bis 9 Tage. In 3 von 10 Jahren gibt es ein Auftreten des Edelpilzes Botrytis cinerea in den Weingärten. 1975 und 1983 waren sehr starke Botrytisjahre, diese Weine hatten dann 15,5vol% Alkohol.

Jede Parzelle wird extra gelesen und verarbeitet. Die Trauben werden schon bei der Lese in den Weingärten selektioniert. Beim Chardonnay ist ein Anteil von 20% mit Trauben mit leichter Botrytis kein Problem, sondern erwünscht. Der Wein wird dadurch nur runder und fetter. Wegen der Botrytisgefahr wird zuerst der Pinot Noir gelesen.

Aus den 30 ar Weingärten der besten Lagen werden gerade 5 bis 6 Barriques ausgebaut (1.700 Flaschen), vom Jahrgang 1995 nur 5 Barriques.

Pinot Noir

Die Pinot Noir-Stöcke werden wie der Chardonnay zurückgeschnitten. Acht Augen pro Strecker bringen ca. 10 Trauben pro Rebstock, es sind kleine Trauben mit einem Gesamtgewicht von ca. 550 g. Die Stöcke sind bis zu 50 Jahre im Ertrag. Beim Pinot Noir werden im Sommer immer Trauben ausgedünnt.

Im Weingarten werden dieselben Messungen wie beim Chardonnay durchgeführt. Beim Pinot Noir wird eine Reife von 12 bis 12,5vol% Alkohol angestrebt. Die Trauben von den älteren und jüngeren Stöcken werden nicht getrennt ausgebaut. Mindestens 15 Jahre müssen die Chardonnay- und Pinot-Noir- Stöcke alt sein, damit die Trauben für die erste Qualität verwendet werden. Die Wurzeln haben sich dann gut verteilt, der Stock trägt nicht mehr so viele Früchte.

Die Rebsorten

Chardonnay

Das Gärsystem

Barriquegärung
Seihwein

Nur mit den natürlichen Hefen

Die Trauben werden nur gequetscht. Die Presse angefüllt: Nur 10 Minuten braucht Jean-Marc Morey zum Befüllen und 2 Stunden zum Pressen. Beim Chardonnay werden keine Enzyme verwendet. Die Moste werden auch nicht entschleimt, der Seihmost kommt gleich in die Barriques. Um einer Oxidation vorzubeugen wird leicht geschwefelt (2,5 g/hl). Die Kellertemperatur liegt zwischen 14 und 15°C.
Es werden keine Hefen zugesetzt, die Moste sollen nur mit den natürlichen Hefen, die von den Weingärten mitkommen, zu gären beginnen.

Vinifizierung/Gärung

Höchste Gärtemperatur
Dauer der alkoholischen Gärung
Herkunft der Barriques
Toasting

90 Barriques werden für einen Jahrgang Weißwein benötigt. 15% davon sind aus neuem Holz, mit mittlerem Toasting. Für den Chardonnay werden Barriques von verschiedenen Fassbindereien und das Holz aus den Vogesen und Allier bevorzugt eingesetzt.
Zwischen dem Ernten der Trauben und dem Beginn der Gärung liegt meist eine Woche. Gärtemperatur und Dichte (Alkohol) der einzelnen Barriques werden regelmäßig kontrolliert. Die Gärung geht sehr langsam vor sich, bis Weihnachten ist auch das letzte Barrique damit fertig. Die Raumtemperatur im Keller steigt während der Gärung bis zu 22°C an.

Malolaktischer Säureabbau

Aufrühren der Feinhefe

Nach der Gärung wird in den Barriques die Feinhefe 2-mal in der Woche aufgerührt, später nur noch einmal pro Woche. Der Wein hat einen starken Oxidationsschutz durch die Feinhefe. Die Malolaktik beginnt von selbst und dauert zwischen 8 und 14 Tagen. Jedes Barrique beginnt zu einem anderen Zeitpunkt zu gären. Nach der malolaktischen Gärung wird zweimal geschwefelt. Die Kellertemperatur beträgt um diese Jahreszeit nur 15° bis 16°C.

Zeitraum Barriqueausbau

Wenn der neue Wein fertig ist, muss er bis zur Abfüllung sorgfältig gepflegt werden. Wichtig für die weitere Entwicklung des Weines ist es, für eine ausgedehnte Berührung des Weines mit dem Geläger, dem Trub- und Hefesatz zu sorgen. Das regelmäßige Aufrühren dieser Feinhefen verleiht dem Wein mehr Komplexität, er wird „fetter" und aromatischer. Das Aufrühren des Gelägers spielt auch eine wesentliche Rolle bei der frischen Farbe des Weißweines. Die Hefen absorbieren einen Teil der Farbstoffe und sorgen so dafür, dass der Wein hell und klar bleibt.

Verschnitt/Assemblage

Abzug von der Hefe
Assemblage im großen Gebinde
Keine Auswahl der Barriques

Anfang April erfolgt der erste Abzug von der Hefe mit einem Belüften der Weine und einer zusätzlichen Schwefelgabe von 4 g/hl. Zu diesem Zeitpunkt erfolgt die erste Assemblage, alle Fässer einer Lage werden zusammengezogen und dann in dieselben Barriques zurückgefüllt. Es ist nicht notwendig, Fässer wegen möglicher Qualitätsunterschiede zu selektionieren.
Im Juli erfolgt ein weitere Umziehen, diesmal ohne Luft, und eine weitere Schwefelgabe (1 bis 2 g/hl).

Schönung/Filtration

Gerbstoffschönung
Eiweißschönung

Schönungen mit Kasein und Bentonit nur, wenn notwendig.
Insgesamt habt der Chardonnay eine Fassreife von einem Jahr.

Flaschenfüllung

Grobe Filtrationen
SO_2-Gehalt der Weine

Vor der Flaschenfüllung Anfang September erfolgt eine leichte Filtration mit mittelfeinen Schichten. Beim Chardonnay ist die Gesamt-SO_2 bei 120 mg, davon zum Zeitpunkt der Flaschenfüllung 25 mg/l freie.
Die Fässer werden 7 bis 8 Jahre verwendet.

Entwicklung des Chardonnay

Mindestens 3 Jahre nach der Ernte kommt es zur ersten Trinkreife, ideal trinkt man ihn 5 Jahre nach der Ernte.

Chassagne-Montrachet Pinot Noir

Die Rebsorten

Pinot Noir
Es werden nur gesunde Trauben verarbeitet. Die Trauben werden gerebelt und nur leicht gequetscht. Die Beeren sollen möglichst ganz bleiben.

Das Gärsystem

Edelstahlgärständer und Betonzisternen

Fermentation in Edelstahlgärtanks und Betonzisternen. Die Größe der Gärständer ist durchschnittlich 50 hl, es gibt aber auch kleine mit 25 und 35 hl Fassungsvermögen.

Kaltmazeration

Nur mit den natürlichen Hefen
Zugabe von Enzymen

Mit einer leichten SO_2-Zugabe (6 g/hl) werden die Edelstahlgärtanks und Betonzisternen befüllt. Zugabe von pektolytischen Enzymen vor der Gärung.

Vinifizierung/Gärung

Dauer der alkoholischen Gärung
Höchste Gärtemperatur
Kühlen der Maische

12 bis 14 Tage dauert die Fermentation, Remontage mit einer Pumpe 4- bis 5-mal am Tag. Wenn die Gärung eingesetzt hat, wird der Tresterhut täglich 3- bis 4-mal untergetaucht. Zu Beginn liegt die Gärtemperatur bei 18° bis 20°C, dann wird zur Mazeration der Farbstoffe auf 32°C angehoben. Es wird mit einem Wärmeaustauscher gekühlt.

Das Pressen

Seihwein/Presswein

Abgepresst und mit dem Seihwein zusammen in die Fässer gefüllt.

Der Barriqueausbau

Herkunft der Barriques

Für die 1er-Cru-Weine werden 15 bis 20% neue Fässer verwendet, für die Village-Weine ist der Anteil an neuem Holz nur 10 bis maximal 15%. Es werden die Fässer von mehreren Tonnellerien eingesetzt, hauptsächlich von Seguin Moreau.

Malolaktischer Säureabbau

Kontrolle der Äpfelsäure
Umziehen und Belüften

Die Malolaktik beginnt in den Fässern von selbst und dauert 8 bis 14 Tage. Nach der Malolaktik, zwischen November bis Dezember, erfolgen zur Klärung der Weine zwei Abstiche ohne Belüftung, zusätzlich erfolgt eine Schwefelgabe von 20 mg/l.
Im Juni und Juli erfolgt die erste Soutirage mit einer Belüftung der Weine. Alle Fässer werden in einem großen Tank zusammengezogen und dann wieder auf die Barriques aufgeteilt.

Verschnitt/Assemblage

Assemblage im großen Gebinde

Schönung/Filtration

Gerbstoffschönung
SO_2-Gehalt der Weine

Eine Gerbstoffschönung der Weine erfolgt durch die Zugabe von Eiweiß, 4 Stück Eier für ein Barrique, ergibt einen Bedarf von insgesamt 400 Eiern im Keller.
Gesamt-SO_2 beim Pinot Noir ist maximal 120 mg/l, die freie SO_2 bei der Flaschenfüllung 20 mg/l.

Flaschenfüllung

Leichte Filtrationen

Im darauffolgenden Jänner, nach durchschnittlich 15 Monaten Fassreife, wird der Pinot Noir mit einer leichten Filtration abgefüllt.
Für die Rotweinlagerung werden die Barriques 6 bis 7 Jahre eingesetzt.

Entwicklung des Pinot Noir

Trinkreife des Pinot Noir beginnt ab dem 5. Jahr nach der Ernte, ideal ist es aber, wenn man 7 bis 10 Jahre damit wartet.

Domäne Denis Mortet – Gevrey-Chambertin

In keinem Weinort des Burgund findet man mehr Grands Crus als in Gevrey. Die Weinberge steigen bis zu einer Höhe von 350 m an, die Grenzlinie der Grands Crus liegt auf sanfter Neigung bei ungefähr 300 m. Der Untergrund ist aus Bajocien-Kalkstein, der mit einer lockeren dünnen Schicht aus brauner kreidehaltiger Erde mit Lehmpartikeln bedeckt ist. Vor allem im oberen Teil von Chambertin ist Geröll aus kleinen Kieseln reichlich vorhanden. Die Grands Crus befinden sich im Schutz des Waldes auf der Montagne de la Combe Grisard, der den Nordwind und manchmal auch den Hagel fernhält.

Ein Gevrey kann eine große Vielfalt an Geschmack und Aroma bereithalten. In seiner Jugend findet man Erdbeeren und Himbeeren, Veilchen und allerlei Urwüchsigkeit darin. Dann, mit zunehmender Reife, gewinnt eine Lakritznote an Intensität. Der Chambertin vereint in sich noch zusätzlich Finesse und Wucht, und der Wein braucht Jahre zur Entfaltung. Die allerbesten Chambertins sind in jungen Jahren nie verschwenderisch und auffällig.

Denis Mortet

Als Denis Mortet im Jahre 1991 die Verantwortung über das Weingut von seinem Vater übertragen bekam, ist er sofort zu neuen Ufern aufgebrochen und hat sich innerhalb kurzer Zeit einen herausragenden Namen geschaffen. Zuerst investierte er viel Arbeit in die Weingärten, was der Qualität des Weines offensichtlich bis heute gut tut. Auf herkömmliche, chemische Düngemittel verzichtet er gänzlich, weiters werden die Weingärten nur dann mit organischem Dünger, mit Kompost, bearbeitet, wenn es notwendig ist. „Ansonsten muss der Rebstock für sich allein aufkommen." Parallel dazu wird der Boden so behandelt, dass die Wurzeln der Stöcke tiefer als üblich in den Boden dringen müssen und so mehr gefordert werden. „Der Charakter des Terroirs kommt im Wein dadurch besser zur Geltung." Die zwei herausragenden Lagen der Domäne Denis Mortet, beide Grand-Cru-Lagen, sind Chambertin und Clos Vougeot. Boden und Mikroklima lassen in diesen Appellationen Weine von höchster Kraft und Finesse entstehen. Ein außergewöhnlicher Jahrgang, der weltweit für Aufsehen sorgt, ist der 1996er Chambertin. Er zeigt sich in der Farbe mit einem extrem dunklen Rubingranat, angenehmen intensiven Aromen nach dunklen Waldfrüchten, am Gaumen steigern die intensiven und süßen Fruchtnoten nach Brombeeren und dunklen schwarzen Kirschen das Trinkvergnügen. Das Holz ist ständig präsent, aber fulminant integriert, im Abgang ist er sehr rund, lang und fleischig. Ein ganz großer Wein mit überzeugender Qualität.

Weingärten und Rebsorten

Knapp elf Hektar Anbaufläche werden von der Familie Mortet bewirtschaftet. Sie haben Parzellen in den Grand-Cru-Lagen Chambertin und Clos Vougeot, genauso wie in den Premier-Cru Gevrey-Chambertin, Les Champeaux, Chambolle-Musigny und Aux Beaux Bruns. Ein Hektar der Weingärten ist mit durchschnittlich 11.000 Pinot-Noir-Rebstöcken bepflanzt, die in normalen Jahren einen Ertrag von 32 bis 35 hl Wein bringen. Die Reben der Lage Chambertin sind schon sehr alt, sodass nur 25 bis 27 hl von einem Hektar geerntet werden können. Es sind aber immer die Weine aus den kleinen Ernten, die den Ruhm eines Weingutes begründen.

Beim Pinot Noir werden beim Winterschnitt 5 bis 6 Augen pro Stock angeschnitten, bei den sehr alten Stöcken verbleiben für den Austrieb sieben Augen auf den Streckern. Gleich nach der Blüte, wenn 10 bis 12 Trauben auf einem Stock reifen, erfolgt das erste

schied zwischen den Höhenlagen macht auch das Ernten und das weitere Verarbeiten der Trauben für Denis Mortet einfacher. Geerntet wird nur in kleinen Holzkisten. „Schon vom Stock weg erfolgt eine penible Auswahl der erstklassigen Trauben, das ist für mich entscheidend." Das alleine ist für den Qulitätsfanatiker noch zu wenig. Im Weinkeller erfolgt auf einem Leseband noch eine zweite Selektion der Trauben, bevor sie entrappt werden.

Die Trauben bei einem nicht ganz hochreifen Jahrgang erreichen eine natürliche Reife von 12vol% Alkohol, bei einer Gesamtsäure zwischen 10,4 und 11 g/l und 3,12 bis 3,20 pH.

Ausdünnen. Denis Mortet: „Wenn es während der Blüte sehr warm ist, werden die Trauben sehr groß, bei Kälte und Regen während der Blüte bleiben die Trauben kleiner."

Bis zum Herbst sind dann nur mehr 6 bis 7 Trauben auf einem Stock, die zu ernten sind. Vor der Hauptemte werden in mehreren Durchgängen alle Geiztriebe, faule und nicht gleichmäßig ausgereifte Trauben weggeschnitten. Auch alle zu großen Trauben verbleiben nicht auf den Stöcken. „Die Trauben sollen gleichmäßig gereift sein, das ist das Wichtigste, sonst kann ich damit keinen charaktervollen Wein machen." Durch diese konsequente Arbeit erreichen die Trauben zeitig ihren besten Reifegrad und werden immer mit einem hohen potenziellen Alkoholgehalt gelesen. Dadurch kann Denis Mortet auch auf das sonst übliche Chaptalisieren (Aufbessern der Maische mit Zucker) verzichten. Das dürfte auch einer der Gründe für die besondere Feinheit der Aromen und des Geschmackes der Weine sein.

Die Traubenreife und die Ernte

Der Pinot Noir ist eine sehr schwer zu kultivierende Rebsorte, die extrem botrytisanfällig ist. In einigen der tiefer gelegenen Weingärten kommt es immer wieder zu Botrytisinfektionen. Ohne einen entsprechenden Pflanzenschutz wäre dort keine normale Ernte möglich.

Der Reifeverlauf der einzelnen Parzellen wird ständig kontrolliert, Zucker und pH-Wert sind dabei die Hauptparameter.

Für einen Gevrey-Chambertin-Pinot Noir ist eine höhere Säure charakteristisch. Es passt nicht zum Stil der Weine, wenn sie sehr mild und weich sind. Der leichte Reifeunter-

Der Weinausbau in den Barriques

Bedingt durch die vielen Einzellagen werden jedes Jahr zwölf verschiedene Pinot Noir produziert. Das macht das Management der Fässer schon etwas kompliziert. Jeder der Weine hat bedingt durch seiner Herkunft seine eigene Persönlichkeit. Es ist überaus interessant, wie Denis Mortet die Nuancen des Terroir im Wein zum Ausdruck bringt.

Für die lange Ausbauzeit seines Pinot Noirs in den Fässern verwendet Denis Mortet Barriques aus unterschiedlichen Hölzern. Für die Grands Crus und Premiers Crus bevorzugt er das Eichenholz aus den Vogesen. Central France-, Allier- und Tronçais-Eiche wird ebenfalls eingesetzt. Alle Fässer werden nur leicht getoastet. Je nach der Qualität eines Jahrganges liegt der Anteil an neuen Fässern zwischen 70 bis 100%. Durchschnittlich werden 110 neue Fässer für einen Jahrgang benötigt.

Der geschmackliche Mix der Fässer von drei Tonnellerien ist für Denis Mortet entscheidend: die Weine in Fässern von François Frères werden sehr samtig und verfügen über eine gute Dichte. Seguin Moreau bringt Fülle und Kraft, und die Barriques von Sirugue zusätzliche Finessen in die Assemblage.

Die Rebsorten

Pinot Noir
100%iges Entrappen der Trauben.

Das Gärsystem
Betonbecken mit
Untertauchen des Maischehutes

Kurze Kaltmazeration
Nur mit den natürlichen Hefen

Offene Vergärung in Betonbecken, die traditionelle Rotweinbereitung im Burgund. Im Herbst ist die Temperatur im Gärkeller schon recht kühl. Die leicht gequetschten Trauben werden für 4 bis 7 Tage eingemaischt. Während dieses Kaltauslaugens wird der Maischehut sehr wenig untergetaucht.
Vor der Gärung Schutz der Maische mit CO2.
Langsam setzt dann die Gärung nur mit den natürlichen Hefen ein.

Vinifizierung/Gärung
Untertauchen des Maischehutes
Belüften des Jungweins
Dauer der alkoholischen Gärung

Zu Beginn wird der Maischehut nur zweimal am Tag mit einem Stock untergestoßen. Während der Hauptgärphase häufigeres Untertauchen des Maischehutes, drei- bis viermal am Tag (pigeages). „Die Qualität eines Weines liegt zum großen Teil in der Haut der Beeren."
14 bis 18 Tage dauert die Gärung. Am Ende der alkoholischen Gärung verfügen die Weine der einzelnen Gärbottiche zwischen 12,8 und 13,2vol% Alkohol.

Das Pressen
Vorlaufwein/Presswein

Keine Trennung von Vorlaufwein und Presswein.
Beide Weine kommen für 48 Stunden zusammen in einen großen Behälter und werden erst dann auf die Barriques aufgeteilt.

Malolaktischer Säureabbau
Kontrolle der Äpfelsäure

Die Malolaktik findet in den Barriques statt, in jedem Fass geschieht dies zu verschiedenen Zeiten. Der Keller hat zu dieser Zeit eine Raumtemperatur von 15°C. Im November oder im Dezember beginnt die Malolaktik. Regelmäßige analytische Kontrolle aller Fässer, um den Verlauf der Malolaktik zu kontrollieren.
Erste Schwefelgabe von 8 - 10 mg/l freier SO_2 nach der Malolaktik.

Der Wein in den Barriques
Kein Umziehen
Zeitraum Barriqueausbau

„Ideal wäre es, wenn die Malolaktik erst ein Jahr nach der Ernte begänne. Es bliebe dem Wein mehr Frucht erhalten." Denis Mortet möchte alle notwendigen Schritte der Vinifizierung seiner Weine so einfach und natürlich wie nur möglich machen.
Kein Abzug der Weine von den Fässern während der 18 bis 19 Monate dauernden Barriquereifung.
Wenn wirklich ein Fass umgezogen werden soll, dann nur direkt von Fass zu Fass, ohne Luftzutritt.
Durch das ständige Kosten im Laufe des Jahres kennt er die Entwicklung jedes einzelnen Fasses sehr genau. Die besten Fässer haben um die 11,6vol% Alkohol und 7,2 g/l Säure.

Verschnitt/Assemblage
Assemblage im großen Gebinde

Kurz vor der Flaschenfüllung werden alle Fässer einer Lage in einem großen Behälter assembliert. Dabei werden die Weine das einzige Mal belüftet. „Das Maximum an Frische und Frucht soll im Wein sein. Bei einer stärkeren Luftzufuhr altert der Pinot Noir vorzeitig."

Schönung/Filtration
Keine Filtration
Keine Schönung

Keine Filtration, keine Schönung.
Seit 1988 werden die Weine ohne einer Filtration in die Flaschen gefüllt.

Entwicklung des Pinot Noir

Trinkreife: sowohl jung als auch gereift.

Domäne François Raveneau – Chablis

Jean-Marie Raveneau

Aus der Fülle jener Voraussetzungen, die – neben eigenem Geschick, Arbeitsgeist und auch Glück – über den Erfolg eines Weingutes mitentscheiden, ragt eine weit hervor: die konsequente Verfolgung eines Zieles. Und manch einer kann sein Leben lang davon zehren, dass er zur rechten Zeit auf dem richtigen Acker säte. Die Brüder Jean-Marie und Bernard sind ein Paradebeispiel dafür, dass sie noch heute jene Trauben ernten, deren Rebstöcke bereits ihr Großvater in die Grands-Crus-Weingärten setzte.

In Chablis ist der Status der Grands Crus, der seit der Entstehung der Appellation Contrôlée im Jahr 1938 in Kraft ist, noch nie angezweifelt worden. Die sieben Grands Crus befinden sich alle auf den Hängen des großen Hügels, der dem Ort Chablis gegenüberliegt. Die sieben Grands-Crus-Lagen sind:

Blanchots 11,65 ha, Bougros 15,85 ha, Les Clos 25,81 ha, Grenouilles 9,68 ha, Preuses 11,10 ha, Valmur 13,20 ha und Vaudésir mit 16,19 ha.

Klima und Weingärten

Auf halbem Weg zwischen Dijon und Paris, 130 km nordwestlich von Dijon, liegt die Region Chablis. 70 km nördlich von Chablis ist Aube, der südlichste Teil des klassischen Gebiets der Champagne. Das Klima in Chablis ist anders als an der Côte d'Or, die Einflüsse des Kontinentalklimas sind härter. Die Natur ist zeitweise recht hart zu den Winzern, vor allem von Ende März bis Mitte Mai besteht in den Weingärten die Gefahr von Spätfrösten. Die Winzer haben gelernt mit dieser Bedrohung umzugehen, sie setzen zwei Methoden zum Schutz ihrer Reben ein: Das Beregnen bzw. Einsprühen der ausgetriebenen Pflanzen mit Wasser zur Schaffung eines schützenden Eisüberzuges und das Heizen mit Öfen. Das Einsprühen muss zum richtigen Moment beginnen, dann, wenn die Temperatur gerade null Grad erreicht hat. Das Wassersprühen muss so lange weitergehen, bis die Temperatur wieder über null Grad ansteigt. Ein verstopfter Regner kann sich dabei katastrophal auswirken. Die Installierung dieser Systeme ist sehr teuer. Die Rebstöcke sind wertvoll, deshalb sieht man auch sehr viele dieser Beregnungsanlagen in den Grands-Crus-Weinbergen.

Die Ölöfen sollen über die Rauchentwicklung das Absinken der Temperatur über die kritische Schwelle verhindern, sie haben zwar eine automatische Brennstoffversorgung, aber angezündet werden sie immer noch von Hand, und die Frostgefahr besteht meistens in den frühen Morgenstunden. Beide Frostbekämpfungseinrichtungen werden nebeneinander eingesetzt.

Zur Domäne der Familie Raveneau gehören smarte 7,5 Hektar Weingärten, davon sind drei Rebflächen in den Grands-Crus-Lagen Les Clos, Valmur und Blanchots, weitere sechs Besitzungen befinden sich in den Premiers Crus Butteaux, Chapelot, Montée de Tonnerre und Vaillons. Das Alter der Rebstöcke beträgt durchschnittlich 30 Jahre. Die Weine der Brüder Raveneau pochen auf die Eigenständigkeit der Region, produziert werden ausnahmslos Chablis-Weine. Mit der geradezu unverkennbaren Stilistik ihrer Spitzenweine haben Jean-Marie und Bernard Raveneau ungemein großen Erfolg. Bei einer Gesamtproduktion von nur rund 45.000 Flaschen ist es für Weinliebhaber immer sehr schwierig, einen Raveneau-Chablis zu erwerben. Die Mühe lohnt sich auf jeden Fall wie beim 1996er

Chablis Les Clos, der die große Klasse der Winzer bestätigt. Dieser Wein vereint Frucht und Nervigkeit, mit einem Duft, der einer Liebkosung gleichkommt. Er hat einfach alle Komponenten, die man von einem Chablis erwartet. Die von Jean-Marie und Bernard Raveneau gekelterten Weine zeichnen sich durch ihre Reintönigkeit und intensive Fruchtigkeit sowie den Charakteristiken des Terroirs aus. Der junge Le Forest verfügt über eine frische, elegante und blumige Note, der Butteaux ist körperreich und mineralisch, mit den stahligen Noten nach Feuerstein; der Blanchots ist zu Beginn verhaltener, aber immer männlich und ausgezeichnet strukturiert. Die Les-Clos-Chardonnays verfügen über viel Eleganz und Raffinesse. Der Grand Cru Valmur beeindruckt durch seine Kraft und Tiefe, den wunderbar mineralisch unterlegten Fruchtaromen folgt ein reifes, erdig-vegetabiles Bukett mit einem sehr intensiven Abgang.

Die Raveneau-Chablis präsentieren sich bereits in ihrer Jugend phantastisch und reifen erst im Laufe der Jahre zu ihrer Höchstform.

Im Weinkeller

Die meisten Winzer in Chablis verwenden für die Gärung heute entweder Edelstahltanks oder ausgekleidete Betonbehälter. Über die am besten geeignete Methode für den Ausbau des Chablis gehen die Meinungen der Winzer auseinander. Einerseits gibt es Befürworter der neuen Fässer, wie auch einige die nur gebrauchte Eichenfässer verwenden. Andere wiederum verwenden überhaupt kein Holz. Dass die Grands Crus und Premiers Crus von besonders reifen Jahrgängen sehr viel von einer gewissen Lagerzeit in Barriques profitieren, wissen die Winzer genau. Wobei nach Ansicht einiger Kellermeister das Alter der Fässer nicht unbedingt von Bedeutung ist, wesentlich ist die absolute Sauberkeit der Fässer. Ein einfacher Chablis dagegen mundet sicherlich am besten, wenn er früh, direkt aus dem Tank, in Flaschen gefüllt wird.

Ein Chablis verträgt weniger Eichenholzgeschmack als andere Weine, ein Chablis Grand Cru soll im Hintergrund immer „nervig" oder „stahlig" sein.

Ausgezeichnete, gut gebaute Chablis verfügen immer über ein ausgeprägtes, tiefes Aroma und den typischen Feuersteingeschmack der Appellation. Erst nach 6 bis 8 Jahren beginnen sie sich zu öffnen, um dann sehr langsam ihrem Höhepunkt entgegen zu reifen. Niemals sind sie fruchtig-spritzig, sie stehen für den ursprünglichen, mineralisch-erdigen Charakter des Chablis.

Reifegrade und Traubenernte

Eine durchschnittliche Erntemenge beim Chablis ist 52 hl/ha. Wenn der Sommer sehr heiß ist, kann Anfang Oktober mit der Traubenernte begonnen werden. Wenn die Trauben ihren normalen Reifegrad erreicht haben, beginnt Jean-Marie Raveneau mit der Traubenernte. Für den Zeitpunkt der Lese ist die Ausgewogenheit des Alkoholgehaltes und der Säure maßgebend. In einem normalen Jahr erreichen die Trauben eine Reife von 12vol% Alkohol, mit einer sehr hohen Säure von 12 g/l. Bei diesen Reifegraden werden die Moste auf auf 12,5vol% Alkohol aufgebessert. Manchmal gibt es auch Botrytis cinerea in den Weingärten, wie in den Jahren 1974, 1992, 1993. Damals hatten die Trauben bei der Lese bis zu 13,5vol% Alkohol.

Bedingt durch den starken Regen Anfang September 1994 gab es große Botrytisprobleme, die Trauben sind mit bis zu 14,2 vol% Alkohol in den Keller geliefert worden.

Die Rebsorten Pneumatische Presse Seihwein/Presswein	Chardonnay Traubenreife: 12vol% Alkohol bei der Lese, wird auf 12,5vol% Alkohol aufgebessert. Alle Trauben werden händisch gelesen. Es wird nicht gerebelt, nur gequetscht und dann sehr schnell gepresst. Die pneumatische Presse gehen sehr schonend mit den Beeren um.
Die Gärsysteme Emailtanks und Barriquegärung	Es werden alle Einzellagen getrennt ausgebaut, die Moste der einzelnen Lagen können sowohl in Tanks, als auch in den Barriques vergoren werden. Gewisse Lagen kommen in die Barriques; manchmal diese, manchmal eine andere. Jean-Marie Raveneau kann aber nicht erklären, warum er bestimmte Lagen in den Barriques vergärt. Die Grands Crus und 1ers Crus Vaulorent, Montée de Tonnerre und Fourchaume werden nur in Eichenfässern ausgebaut, davon sind 25% der Barriques neu.
Entschleimen der Moste	Die Moste werden ungefähr 18 Stunden bei 16°C entschleimt.
Vinifizierung/Gärung Herkunft der Barriques Toasting	Zur weiteren Gärung werden die vorgeklärten Moste in Emailtanks mit Größen von 6 bis 50 hl gepumpt. Ein Drittel der Ernte wird in Barriques vergoren, 2/3 kommen in die Emailzisternen. Bei der Barriquegärung schwankt der Anteil an neuen Fässern je nach der Qualität des Jahrganges zwischen 5% und 20%. Es werden nur Seguin-Moreau-Fässer eingesetzt. Das Ziel ist klar vorgegeben: mehr Dichte, mehr Größe soll durch den Barriqueanteil in die Assemblage kommen. Für den Raveneau-Chablis bekommen die Fässer ein eigenes Toasting, das leicht, mit kleiner Hitze, dafür aber sehr lange ausgeführt wird. Dadurch wird das Holz tief erwärmt und angenehme, weiche Gerbstoffe können ausgelaugt werden.
Nur mit den natürlichen Hefen Höchste Gärtemperatur Dauer der alkoholischen Gärung	Gärung mit natürlichen Hefen. Die Gärtemperatur wird genau kontrolliert, sie darf nicht über 22°C ansteigen. Manche Tanks gären 10 Tage, andere brauchen 2 bis 3 Monate, bis der ganze Zucker in Alkohol umgewandelt ist.
Malolaktischer Säureabbau Kontrolle der Äpfelsäure	Für die malolaktische Gärung bleiben die Jungweine in den gleichen Gärbehältern. Die Tanks werden nur aufgefüllt. Nach 3 Monaten fängt diese von selbst an. Bei 5% der Barriques bleibt der Wein ohne Aufrühren der Hefe bis zum Ende der Malolaktik in den neuen Fässern.
Der Wein in den Barriques Erster Abzug Kein Aufrühren der Feinhefe	Der erste Abzug erfolgt gleich nach der Beendigung der Malolaktik, meist im Jänner oder Februar. Nach der ersten Schwefelgabe von 50g/hl kommen die Weine für einen weiteren Monat in die Tanks zurück. Im März werden die Weine zur weiteren Reife in die Barriques gefüllt.
Zeitraum Barriqueausbau Umziehen und Belüften	Während der Fassreife werden die Weine 2-mal umgezogen. Das Umziehen der Fässer erfolgt nur mit der natürlichen Schwerkraft (Gravitation) und mit einer Belüftung der Weine. „Der Wein muss erst langsam an die Luft gewöhnt werden. Wenn man ständig in einem Sauerstoffzelt lebt, und man geht hinaus, kippt man um."
Verschnitt/Assemblage Assemblage im großen Gebinde	Nach 18 Monaten wird abgefüllt. Die Weine aus den Tanks und den Barriques werden erst kurz vor der Flaschenfüllung verschnitten. Jean-Marie Raveneaus Philosophie lautet: „Es wird nicht automatisch filtriert, nur, wenn es notwendig ist."
Schönung/Filtration Eiweißschönung	Nach Vorversuchen wird, wenn notwendig, mit Bentonit geschönt, Filtrationen nur mit Kieselgurfilter.
Flaschenfüllung Kieselgurfiltration	Trinkreife: 5 bis 10 Jahre nach der Abfüllung.

Domäne Guigal – La Turque

Marcel Guigal

Ampuis ist ein kleiner Ort im Rhône-Tal. Die herausragenden Appellationen in dieser Region sind zum einen Côte Rôtie, unterteilt in Côte Brune und Côte Blonde, zum anderen Condrieu. Ganze 150 Hektar klein ist dieses Weinbaugebiet. Ein aufregendes Signal vergangener, glorreicher Zeiten ist die Appellation Côte Rôtie, sie zählt nachweislich zu den ältesten Anbaugebieten in Frankreich. Schon die Römer haben im nördlichen Rhône-Tal Weinbau betrieben, dabei waren sie aber nicht die ersten. Auf den steilen Hängen der Côte Rôtie wachsen schon seit mehr als zweieinhalb Jahrtausenden Reben. Wenn man die nach Südosten ausgerichteten, überaus steilen Hänge der Berge bei Ampuis und seinen Nachbarorten gesehen hat, versteht man, weshalb hier schon so lange Trauben angebaut werden. Diese Lagen sind wahre Sonnensammler, die den Namen „geröstete Hänge“ nicht umsonst tragen. Die Hangneigung beträgt an manchen Stellen um die 65 Grad, deshalb können die Reben auch nur auf den schmalen, von Menschenhand gefertigten Terrassen gedeihen.

Auf diesem Fleck Erde liegt einer der traditionsreichsten Lagen – La Turque im Besitz der Domäne von Marcel Guigal. Die bewegte Geschichte dieser großartigen Parzelle liest sich wie ein Roman. Als Ende der zwanziger Jahre der damalige Besitzer von La Turque, Monsieur Dervieux-Cachet, den Weg alles Irdischen geht und verstirbt, übernimmt Dervieux-Cachet Junior die Verantwortung über das kleine Gut und damit über La Turque. Zu dieser Zeit beginnen die Mühlen der Behörden zu mahlen, die Finanz beginnt sich für die Lage und die Weingärten zu interessieren und stellt Forderungen an Dervieux-Cachet junior. In seiner ihm eigenen Art ignoriert der neue Besitzer von La Turque alle Auflagen und Wünsche des Fiskus. Dieser lässt aber nicht locker und drängt mit solch einer Vehemenz, dass Dervieux-Cachet junior den Verstand verliert und die restlichen vierzig Jahre seines Lebens in einer geschlossenen Anstalt verbringen muss. Während dieser Zeit, von 1929 bis 1970, liegt La Turque brach ehe der Staat die Parzelle an das Haus Vidal-Fleury verkauft. Etienne Guigal, der Vater von Marcel Guigal, tritt in die Dienste dieses Gutes ein, bestockt Anfang der 80er-Jahre La Turque mit 93% Syrah und 7% Viognier und schafft innerhalb weniger Jahre selbst scheinbar Unmögliches: er keltert nach mehr als einem halben Jahrhundert wieder einen La Turque und gestaltet damit aus einer glorreichen Vergangenheit wieder eine lebendige Zukunft. Die Ernte von La Turque erfolgt meist bei sehr hohen Außentemperaturen. Bei der 1985er Ernte, Ende September, wurden +35°C gemessen.

Marcel Guigal hat auch das einzige Château in Ampuis erworben, das Château d'Ampuis, das direkt an der Rhône gelegen ist. Zurzeit wird dabei das sehr große Gebäude renoviert. Seit dem Jahrgang 1995 keltert Marcel Guigal eine Cuvée mit dem Namen Côte Rôtie Château d'Ampuis, die ein Verschnitt von Trauben aus den Lagen La Garde, Le Clos, La Grande Plantée, La Pommière, Le Pavillon Pouge und La Mouline ist. Dieser ausgezeichnete Wein, den es nur in einer beschränkten Menge von 28.000 Flaschen gibt, wird sicherlich etwas vom benötigten Kapital für die Renovierung hereinbringen.

La Turque ist eine extreme Steillage, die Weingärten sind in Terrassen angelegt. Bei der Ernte müssen die Trauben in Körben heruntergetragen werden.

Die Rebsorten

In den Weingärten wachsen neben den Syrah-Trauben auch die weißen Viognier-Trauben. Der Anteil ist je nach Lage verschieden: La Turque 7%, La Mouline 11%, La Landonne - keine, und der Côte Rôtie hat einen Anteil von ungefähr 4% Viognier-Trauben im Wein.

Die Weingärten

12 ha sind die eigenen Weingärten groß, zusätzlich erfolgt noch der Zukauf von Trauben von über 180 Winzern aus der Region.
Die berühmten eigenen Lagen sind La Turque, La Landonne, La Mouline, Condrieu La Doriane, die alle zu reinen Lagenweinen ausgebaut werden. Die normalen Rotweine sind unter den Begriff „Côte-Rôtie" zusammen gefasst. Die Trauben der einzelnen Parzellen, La Turque, La Landonne, La Mouline, Condrieu La Doriane und jede Rebsorte werden getrennt vinifiziert.
Auf den engen Terrassen sind die Reben sehr dicht ausgepflanzt. Bis zu 10.000 Stöcke gedeihen auf einem Hektar Rebfläche. Wegen der rigorosen Ertragsbeschränkung verbleiben bis zur Ernte nur 4 bis 5 Trauben auf einem Stock, von den kleinbeerigen Syrahtrauben sind das rund 520 Gramm, ungefähr 40 hl/ha. Eine Konzentration der Traubeninhaltsstoffe soll auf natürliche Weise am Stock im Weingarten stattfinden.

Die Reifegrade der Trauben und die Ernte

Ab dem 1. September ist Marcel Guigal täglich in den Weingärten, er beobachtet die fortschreitende Reife, misst die Säure und die Zuckerentwicklung. Er beobachtet, wie die Stängel ausreifen und kümmert sich um die Wettervoraussage. Durch die Satellitenvorhersage kann er die Wetterentwicklung der nächsten 5 Tage abschätzen und sich danach mit der Traubenernte richten. Eine optimale Reife für die Côte-Rôtie-Syrah-Trauben ist ein potenzieller Alkohol von 12,5 bis13vol Prozent, bei einer Gesamtsäure, die zwischen 6,9 und 7,6 g/l liegt. Der pH-Wert liegt bei der Lese zwischen 3,7 und 3,8; nach der Malolaktik haben die Rotweine noch zwischen 4,6 und 5,2 g/l Gesamtsäure.
Die roten Spitzentrauben erreichen natürliche 13,5 bis 14vol% Alkohol. Der La Turque hat auch immer eine etwas kräftigere Säure, die zwischen 5,4 und 5,5g/l Säure liegt.
Diese Terrassenlagen können nur händisch gelesen werden, die Trauben werden in Bottiche gelegt und diese auf den Schultern aus den extrem steilen Weingärten getragen.
Alle Trauben, die nicht ganz einwandfrei sind, werden von der Lesemannschaft schon im Weingarten unnachsichtig ausgeschieden. Die Trauben aus den sieben Einzellagen werden im Keller auf ein Förderband geleert und nochmals von fünf Personen händisch selektioniert, bevor sie weiterverarbeitet werden. Bei der Traubenanlieferung wird das erste Mal der tatsächliche potenzielle Alkoholgehalt der angelieferten Trauben überprüft. Die Syrah-Trauben werden nur teilweise gerebelt, es hängt von der Ausreifung der Stängel ab, wie hoch der Anteil an Stielen ist, der mit der Maische in die Edelstahlgärständer kommt.
Der 1993 gebaute Keller wurde mit allen Feinheiten einer zeitgemäßen Kellertechnologie ausgestattet. Die Weine von 3 Jahrgängen lagern immer im Guigal-Keller, es sind dies über 2.000 Barriques, die gepflegt werden müssen. Im Hause Guigal wird schon seit über 60 Jahren bei jeder Ernte mit neuen Barriques gearbeitet. Sie waren auch die ersten in dieser Region, die so gearbeitet haben.
Die jährliche Produktion aus allen drei Lagen beträgt gerade 20.000 Flaschen.

Die Rebsorten

Syrah

In den Weingärten wachsen neben den Syrah-Trauben und auch die weißen Viognier Trauben. Der Anteil ist je nach Lage verschieden: La Turque 7%, La Mouline 11%, La Landonne - keine, und der Côte Rôtie hat 4% Viognier-Trauben im Wein.

Teilweises Rebeln
Vergären mit den reifen Stängeln

Rebeln nach der Reife des Jahrganges, je reifer die Stängel, desto weniger wird gerebelt. Wenn das Holz nicht ausgereift ist, entsteht ein zu starker vegetabiler Geschmack, es wird dann maximal 15% der Trauben nicht gerebelt.

Durch Zerbeißen des Holzes wird die Reife erschmeckt, wenn die Stängel ausgereift sind, schmecken sie süßlich. Der Jahrgang 1995 war so hochreif, das überhaupt nicht gerebelt wurde.

Die Trauben werden leicht gequetscht, nur soviel, dass der Saft leicht herausrinnt.

Das Gärsystem

Edelstahlgärständer mit Überbrausen des Maischehutes
Nur mit den natürlichen Hefen
Keine Enzyme

Im 9.600-l-Edelstahlgärständer wird der Tresterhut hydraulisch untergetaucht, mit Umpumpsystem.

Die Gärung beginnt nur mit den natürlichen Hefen, die aus den Weingärten mitkommen, keine Verwendung von Enzymen.

Vinifizierung/Gärung

Belüften des Jungweins
Rundpumpen

Zu Beginn der stürmischen Gärung wird rundgepumpt (Remontage), aber nur, wenn der Tresterhut untergetaucht ist.

Die Maischegärung dauert 12 Tage, zu Beginn steigt die Temperatur bis auf 28° - 30°C an, zum Ende der alkoholischen Gärung sogar bis zu 33°C. Dann wird die Temperatur langsam auf 18°C abgesenkt. Während der gesamten Gärphase wird der Wein zweimal am Tag rundgepumpt.

Mit der Mazerationszeit insgesamt 20 Tage Kontakt des Weines mit den Beerenhäuten. Anschließend Abziehen der Jungweine von den Gärständern ohne Luftkontakt.

Das Pressen

Seihwein/Presswein

Pressen der Maische. Seihwein und Presswein werden gemeinsam ausgebaut.

Malolaktischer Säureabbau

Bei den Rotweinen wird der biologische Säureabbau in den Barriques durchgeführt. „Es dauert immer sehr lange bis die Malolaktik einsetzt, wir warten, bis ein Fass damit beginnt und teilen diesen Wein dann auf die weiteren Fässer auf."

Der Barriqueausbau
Umziehen und Belüften der Weine
Zeitraum Barriqueausbau

Die Weine werde sehr traditionell, nur mit viel Zeit, ausgebaut.
Das erste Umziehen der Weine von Fass zu Fass findet bei guten Jahrgängen im Februar statt, diesmal mit Luftkontakt. Zwei- bis dreimal werden die Weine im ersten Jahr umgezogen. Im 2. Jahr der Fassreife dann noch zweimal, und maximal einmal im 3. Jahr.
„Unsere Weine haben 3 bis 3 1/2 Jahre Reifezeit in den Barriques, manche sogar 4 Jahre. Je länger ein Wein im Fass reifen kann, desto besser ist es für die Qualität."
Die erste Schwefelgabe erfolgt, wenn die Jungweine in die Fässer gefüllt werden, der Schwefelstatus wird auf 10 mg/l freier SO_2 in den Barriques gehalten.
Die Kellertemperatur liegt bei konstanten 12°C bei einer Luftfeuchtigkeit von 86 bis 90%. Die Verdunstung (Schwund) während der gesamten Fassreife bei seitlich gedrehtem Spund liegt bei 4 bis 5% des Volumens.

Herkunft der Barriques
Toasting

Für die drei großen Lagen, La Turque, La Mouline und La Landonne werden nur neue Barriques verwendet, die Côte-Rôtie-Weine reifen zu 50% in neuen Fässern. 250 bis 300 Fässer von drei Tonnellerien werden für einen Jahrgang verwendet: François Frères, Seguin Moreau und Demptos. Die Burgunderfässer sind hauptsächlich aus Allier- und Centre-France-Eichenholz gebaut, mit unterschiedlichem Toasting: leicht, medium und medium+.

Verschnitt/Assemblage/

Die Fässer für die Assemblage werden ausgesucht.

Schönung/Filtration

Keine Filtrationen, keine Schönungen.

Trinkreife

Nach dem Verkauf noch ca. 3 Jahre warten, dann beginnt die Trinkreife des Jahrganges. In den nächsten 15 bis 30 Jahren feinster Trinkgenuss.
„Die letzte Flasche, die von einem Jahrgang getrunken wird, ist immer die beste."

Weinbau in Kalifornien

Das Weinbaugebiet Kalifornien erstreckt sich im Süden von der Grenze zu Mexiko über 1.500 Kilometer hoch bis zur Grenze nach Oregon. In mehreren Klimazonen gedeihen die Trauben, die für die Weinproduktion verwendet werden.

In den 70er-Jahren begannen die kalifornischen Winzer, sich bei ihren europäischen Kollegen genauer umzusehen. In den Weingärten wurden verstärkt europäische Reben ausgepflanzt, zuerst Chardonnay, Cabernet Sauvignon und Merlot, später dann auch der Pinot Noir. Die damals einzige „heimische" Rotweinsorte war der Zinfandel. Eines zeichnet die kalifornische Weinindustrie besonders aus: Die Winzer reagieren und lernen viel schneller als ihre Kollegen in der alten Welt, die teilweise durch Traditionen behindert sind. Die Rebsorten, die Anbaumethoden und der Weinausbaustil wurden studiert, den eigenen Gegebenheiten angepasst und wenn möglich noch verbessert. Internationale Weinkonzerne fassten in Kalifornien Fuß, und brachten ihre eigenen Önologen mit. Die ersten Weine, die in italienischer, burgundischer und Bordelaiser Manier vinifiziert wurden, kamen auf den Markt. Und es begann auch der Import von Barriques aus französischer Eiche. In den 90er-Jahren war der Bedarf an Barriques schon so groß, dass einige französische Tonnellerien in Kalifornien eigene Betriebe eröffneten, um ihre Fässer schneller und vor allem kostengünstiger liefern zu können.

Auf Grund der klimatischen Gegebenheiten Kaliforniens wird auch mit einer anderen Form der Vinifizierung gearbeitet. Sehr viel Sonne, wenig Regen, dafür Bewässerungsanlagen; die Trauben erreichen Zuckergrade, von denen nur die Süditaliener wissen dass dies möglich ist, aber die Säurewerte sind halt recht niedrig. Ein nach den Bedürfnissen der Produktion anderes Weingesetz, und dieser Nachteil kann sofort behoben werden. Der Zusatz von Säuren, vor, während und nach der Gärung gleicht diesen Mangel der Natur aus. Diese Methode kann eingesetzt werden, muss aber nicht. Die wirklich großen kalifornischen Weine kommen mit ihren natürlichen Anlagen aus.

Bild links:
Kalifornischer Lifestyle im Napa Valley. Palmen, Swimmingpool und daneben die Weingärten von Spottswoode Vineyards in St. Helena, Napa Valley.

Sanford Winery – Chardonnay und Pinot Noir

Die Sanford Winery in der Nähe von Santa Barbara, Kalifornien, produziert seit ihrer Gründung im Jahre 1981 nur Weine aus den Burgunderrebsorten Chardonnay und Pinot Noir. Eigentümer sind Richard und Thekla Sanford. Bruno d'Alphonso ist seit 18 Jahren dort „Winemaker“, die Gesamtproduktion liegt bei 450.000 Flaschen. Zwei Drittel der Trauben die verarbeitet werden stammen aus den eigenen Weingärten.

Bruno d'Alphonso, Winemaker bei Sanford

Die Weingärten

Das Kleinklima im Santa Ynez Valley hat einen starken maritimen Einfluss. Der Pazifische Ozean ist nur rund 18 Meilen von den Sanford-Weingärten entfernt. Die Ausrichtung des Tales geht von Osten nach Westen, sodass abends immer eine kühlende Meeresbrise durch die Weingärten streicht. Dieser Wechsel von Tageserwärmung und kühler Nachtluft bringt ideale Wachstumsvoraussetzungen für die Rebsorten Chardonnay und Pinot Noir.

„Das Land ist die Basis bei der Pyramide des Weinbaus“: Deshalb stellte Richard Sanford seine Weingärten schon vor einigen Jahren auf eine biologisch-organische Bewirtschaftung um. Mit dem Grundgedanken, alle Pflanzen und Lebewesen in seinen Weingärten mehr und besser „atmen“ zu lassen, verzichtete er auf den Einsatz von Herbiziden und verwendet nun zum Düngen und dem Pflanzenschutz nur mehr organische Produkte. „Was für mich besonders interessant ist, ist der Umstand, dass seitdem wir diesen Weg eingeschlagen haben, die ursprünglichen Bewohner der Weingärten wieder zurückgekehrt sind. Die Pflanzen- und Tierwelt hat sich regeneriert. Wo früher nur mehr Stille war, ist jetzt überall Leben drinnen, alles ist belebt und ständiges Vogelgezwitscher ist zu hören. Wenn früher unsere Weingärten wie gemalte Stillleben ausgesehen haben, so sind sie jetzt wieder von vielen Insekten, Vögeln und kleinen Tieren belebt."

Für eine optimale Ausreifung brauchen Chardonnay und Pinot Noir eine lange und zeitweise kühle Vegetationsperiode. „Budbreaking“, der Austrieb der Reben, beginnt in dieser Region schon Ende Februar, Anfang März, die Rebblüte setzt zwischen Juni und Juli ein, wobei der Pinot Noir noch bis zu zwei Wochen vor dem Chardonnay zu blühen beginnt. Ab Juli wird die Traubenzone freigestellt, die Trauben brauchen das direkte Sonnenlicht, die Tannine entwickeln sich dadurch weicher. Bei einem normalen Sommer beginnt die Traubenernte in den ersten zwei Septemberwochen.

„Ab Anfang August gehe ich regelmäßig durch die Weingärten und sehe mir die Trauben an, ich koste sie, schaue, wie weit die Reife vorangeschritten ist, betrachte das Laub, und bei 22° Brix (18,6°KMW, 92,1°Öchsle) beginnen wir von allen Lagen Trauben-Samples zu ziehen und diese im Labor zu analysieren. Dann beobachten wir natürlich genau das Wetter – bleibt das schöne Wetter oder ist Regen zu erwarten. Wir versuchen bei beiden Rebsorten, dem Chardonnay und auch beim Pinot Noir, die gleiche Ausreifung zu erreichen,“ meint Bruno d'Alphonso, der seit über18 Jahren „Winemaker“ bei Sanford ist.

Für eine harmonische Entwicklung der Trauben ist der Behang eines Weinstockes ausschlaggebend. Es dürfen nicht zu viele, aber auch nicht zu wenige sein. Sind zu viele Trauben am Stock gibt es mit der Ausreifung Probleme, die Säuren geht hinunter und der pH-Wert steigt an. Beim richtigen Mengenverhältnis zwischen Stock und Trauben hat der Chardonnay zum Zeitpunkt der Ernte eine Zuckergradation zwischen 23,5° und 24,5°Brix (20° und 21°KMW, 99,6° und 105°Öchsle). Die Gesamtsäure liegt zwischen 9 und 10 g/l, der pH-Wert zwischen 3,10 und 3,25. Bei dieser Ausreifung der Trauben gibt es auch mit der malolaktischen Gärung keine Probleme – sie funktioniert wie von selbst.

Der Chardonnay in den Weingärten

Beim Chardonnay ist eine Erntemenge von 3 tons/acre (6.700 kg/ha) ideal für den gewünschten Reifegrad. Beim Pinot Noir muss die Traubenproduktion auf 2 bis 2,5 tons/acre (4.500 bis 5.600 kg/ha) reduziert sein, um die kleinbeerigen und konzentrierten Trauben zu erhalten. Das ergibt rund 3,5 kg Trauben, die auf einem Stock reifen. In den Weingärten sind auf einem Acre (4.047 m^2) rund 1.200 Stöcke ausgepflanzt. Alle Trauben werden händisch geerntet.

„Im Herbst haben wir in allen Weingärten regelmäßig Morgennebel, die vom nahen Pazifik kommen. Deshalb tritt auch immer wieder der Edelpilz Botrytis cinerea auf. Wenn wir auch noch ein wenig Regen während der Reifeperiode haben, beginnt sich der Botrytispilz von selbst zu entwickeln. Beim Chardonnay wollen wir auch einen kleinen Anteil Botrytistrauben bei der Ernte haben. Dieser Edelpilz sorgt für mehr Komplexität im Wein, die Pfirsich- und Aprikosentöne und die Butterscotcharomen kommen durch sein Einwirken in den Wein."

Vom Chardonnay werden 2 Qualitätsstufen, der „Sanford Chardonnay" und die „Chardonnay Reserve", gekeltert. Die erste Selektion der Trauben beginnt schon während der Vegetationsphase in den Weingärten. Je nach dem Reifeverlauf der Trauben eines Weingartens, dem optischen Zustand der Trauben, den Zuckergraden, dem Zucker-Säureverhältnis wird die Auswahl getroffen. Wenn sich ein Weingarten schon im Laufe des Jahres durch eine bessere Traubenqualität hervorhebt, dann wird dieser Weingarten für die „Reserve" herangezogen. Im Jahresdurchschnitt werden ca. 24.000 Flaschen von der „Chardonnay Reserve" produziert.

Der Pinot Noir in den Weingärten

„Die Trauben, die für die Pinot-Noir-Reserve verwendet werden, stammen alle von einem speziellen Klon. Wir nennen ihn den Mount Eden-Klon, es ist eine burgundische Selektion, die von Paul Mason nach Kalifornien gebracht wurde. Die Beeren sind sehr konzentriert und haben einen intensiven Fruchtgeschmack. Nach unseren Erfahrungen ist dies der beste Pinot-Noir-Klon." Der Pinot Noir wird schon in den ersten zwei Septemberwochen gelesen. In diesen Weingärten gibt es nur sehr wenig Botrytis, wenn sie sichtbar ist, werden die Trauben ausgelesen.

Es wird auch sehr viel mit Grünveredelung gearbeitet. In einem Weingarten, in dem Merlottrauben gewachsen sind, wurden die Rebstöcke mit den alten Wurzeln auf Pinot Noir umveredelt. Das hat zwei Vorteile: Erstens bleibt der tiefgehende Wurzelstock erhalten und zweitens kann schon im 2. Jahr nach dem Veredeln die neue Rebsorte gelesen werden.

Bruno d'Alphonso weist auf eine besondere Erziehungsart der

Pinot-Noir-Reben hin: Im Winter werden am Stock zwei Strecker angeschnitten, die normal ihr Wachstum beginnen, austreiben, blühen und Trauben ansetzen. Bis zum Sommer wächst alles ganz normal. Dann wird der ganze 2. Strecker weggeschnitten, dadurch erreicht man, dass die Trauben auf dem ersten Strecker kleinbeeriger bleiben. Die Intensität der Trauben wird dadurch erhöht.

Damit wird dem starken Wachstum in diesem Klima Rechnung getragen und die Kleinbeerigkeit (mehr Schale und weniger Flüssigkeit) gefördert.

Zurzeit wird gerade ein neues Kellereigebäude gebaut. Viele neue Entwicklungen sind bei der Planung einbezogen worden. Bruno d'Alphonso: „Im neuen Kellereigebäude wurde ein außergewöhnliches System zum Umziehen der Weine von Tank zu Tank eingebaut. Wir nennen diesen Teil des Gebäudes den „Missile Silo". Eine hydraulische Plattform kann vier Edelstahltanks über drei Etagen emporheben. Ohne dass eine Pumpe benötigt wird, nur durch die Schwerkraft, rinnen die Weine von einem Tank in den anderen. Das notwendige Umziehen kann dadurch so schonend wie nur möglich durchgeführt werden. Bei dieser sehr sanften Methode kommen die Weine nur mit wenig Sauerstoff in Berührung. Gerade mit so viel, wie sie zu diesem Zeitpunkt für ihre Entwicklung auch benötigen."

Sanford Chardonnay

Die Rebsorten

Ganztraubenpressung
Keine Mostschwefelung

100% Chardonnay
Sofort nach der Ankunft im Keller werden die Chardonnaytrauben mittels Ganztraubenpressung verarbeitet. Keine Mostschwefelung.

Gekühltes Entschleimen des Mostes

Danach wird der Most zum Absitzen einige Tage lang in Edelstahltanks gekühlt gelagert. Dann werden die Barriques mit dem noch kühlen, vorgeklärten Most befüllt.

Vinifizierung

Gärung in Barriques
Gärbeginn mit Kulturhefen

Die Gärung wird mit Kulturhefen eingeleitet. Zu Beginn beträgt die Mosttemperatur 10°C (50°F), die dann bei einsetzender Gärung bis auf 21°C (70°F) ansteigt.

Die Barriquegärung

Herkunft der Barriques
Toasting

Rund 1.200 Fässer werden für eine Jahresproduktion der beiden Chardonnaylinien befüllt. Für die Reserve-Linie werden nur neue französische Barriques verwendet, für die Normalproduktion werden ca. 25% neue Fässer verwendet. Es werden nur Fässer von französischen Tonnellerien wie François Frères, Demptos, Saury verwendet, dabei wird das Eichenholz aus den Allierwäldern bevorzugt eingesetzt.

Die Barriquegärung

Dauer der alkoholischen Gärung

Grundsätzlich wird die ganze Chardonnayernte in Barriques vergoren. Gegen Ende der alkoholischen Gärung, nach fünf bis sieben Tagen, wird mit Bakterien der biologische Säureabbau eingeleitet. Die ausklingende Wärme des Jungweines hat die ideale Temperatur, dass der Säureabbau einsetzen kann.

Die Weine in den Barriques

Aufrühren der Feinhefe
Erste Schwefelgabe

In den Barriques wird die Feinhefe regelmäßig aufgerührt. Anfangs einmal pro Woche, dann einmal alle 14 Tage. Während der Zeit des Aufrührens der Feinhefe liegt der Wein ohne Schwefelstabilisierung. Diese burgundische „Sur lee"-Methode bringt zusätzliche Konzentration und Tiefe in den Wein. In dieser Zeit wird auch kein Fass umgezogen.
Erst kurz vor der Flaschenfüllung, wenn die einzelnen Fässer selektioniert und zur Jahrgangscuvée vereinigt werden, wird die erste Schwefelung zur weiteren Stabilisierung durchgeführt.

Verschnitt/Assemblage/ Blending

Auswahl der Barriques
Assemblage im großen Gebinde

Zeitraum Barriqueausbau

Der „normale" Chardonnay reift für 10 Monate in den Barriques, bevor er in Flaschen gefüllt wird. Die Reserve Chardonnay bleibt bis zu 16 Monaten in den Fässern, sie haben durchschnittlich 14,5vol% Alkohol.

Schönung/Filtration

Bentonit- und Gerbstoffschönung

Vor der Flaschenfüllung wird noch eine Bentonitschönung vorgenommen. Sollten einige Fässer zu bitter oder adstringierend schmecken, wird nur bei diesen eine Kaseinschönung durchgeführt. Der Wein wird zur weiteren Stabilisierung stark abgekühlt, es kommt dadurch zu einem Weinsteinausfall.
Bei der Flaschenfüllung liegt der analytische Säuregehalt zwischen 6,5 und 7,0 g/l.

Flaschenfüllung

Grobe Filtrationen

Falls bei einem Jahrgang doch etwas Säure zugesetzt werden muss, geschieht dies nach der malolaktischen Gärung. Danach wird ein bis zwei Monate gewartet, um die Entwicklung zu beobachten. Es wird dazu Weinsäure (tartaric acid) verwendet. In den weiteren 5 bis 6 Monaten der Fassreife wird die Auswirkung auf den Wein genau kontrolliert und überprüft.
Kurze Zeit nach der Flaschenfüllung werden die Weine ausgeliefert.

Die Rebsorten

Kaltmazeration

Beim Pinot Noir wird eine Reife zwischen 23,5° und 24,5°Brix (20° und 21°KMW, 99,6° und105°Öchsle) angestrebt. Die Trauben werden entrappt, gequetscht und kommen zur Fermentation in 3.000-Liter-Edelstahlgärtanks. Um eine Kaltauslaugung zu ermöglichen, wird die Maische für drei bis vier Tage sehr stark gekühlt. Während der Kaltauslaugung bei ungefähr 15°C (50°F) werden Farbe, Frucht und auch die weichen Tannine aus den Beerenhäuten extrahiert. Am vierten Tag wird mit einem Schlauch ein kleines Loch in die Oberfläche des „Tresterhutes“ gepumpt, an dieser Stelle wird Reinzuchthefe (Rotweinhefe) zugesetzt. Enzyme werden nicht verwendet. Trotz der kühlen Temperatur setzt sofort eine Gärung ein. Das aufsteigende Kohlendioxid (CO^2) bildet einen natürlichen Oxidationsschutz.

Fermentation/Vinifizierung

Reinzuchthefe

Keine Enzyme

Temperaturkontrollierte Tankgärung

Dauer der alkoholischen Gärung

Höchste Gärtemperatur

Nach 4 Tagen, wenn die Tanktemperatur angehoben wird, beginnt die Hauptgärung. Das entweichende CO^2 schützt vor einer Oberflächenoxydation. Während der Hauptgärungsphase kann die Temperatur bis 32°C (89°F) ansteigen, danach kühlt die Maische von selbst ab. Das Hauptaugenmerk während der Mazeration wird auf die Vergärung des Zuckers gelegt. Wenn der noch nicht vergorene Zucker um die 5°Brix (6°KMW) erreicht hat, wird sofort gepresst.

Pressen

Seihwein/Presswein

Es wird nur ganz sanft gepresst, Seihwein und der erste Presswein werden nicht getrennt. Der Wein, der durch einen stärkeren Pressdruck gewonnen wird, kommt nicht zur eigenen Produktion.

Absetztank

Nach dem Pressen werden die Weine für einige Tage in Absetztanks gepumpt, worin sie fertig gären. Dabei wird ein zu starker Luftkontakt der Weine vermieden.

Malolaktik

Die Malolaktik beginnt schon im Gärtank und wird dann in den Barriques fortgesetzt.

Barriqueausbau

Welche Tonnellerien

Holzart

Für einen Pinot-Noir-Jahrgang werden ungefähr 700 Barriques verwendet. Es werden nur französische Allier-Eichenfässer von burgundischen Tonnellerien eingesetzt. Für den Pinot Noir werden 30% neues Holz und für die Reservequalität 100% neue Eichenfässer verwendet. Die Fässer sind „medium“ getoastet.

Bei Sanford werden die Fässer bis zu 10 Jahre verwendet. In den ersten 2 Jahren wegen der stärkeren Holzauslaugung für die Topqualitäten, dann als normale Gebinde zur Lagerung der Weine. „Mit den gebrauchten Fässern kann ich die Tannine besser kontrollieren, diese Fässer geben nicht mehr so viele Gerbstoffe ab.“

Umziehen und ein erstes Belüften der Weine

Erste Schwefelgabe

Nach 2 Monaten wird der Pinot Noir das erste Mal umgezogen, dabei bekommt der Wein die erste Schwefelzugabe von 30 mg/l. Die Weine werden mit Sauerstoff von Fass zu Fass umgezogen. „Der Pinot Noir braucht für seine Entwicklung nicht so viel Luft wie ein Cabernet Sauvignon, Zinfandel oder Merlot. Er braucht keine Luft zur Reifung, er muss sogar davor geschützt werden. Man kann am Anfang einmal belüften, wenn er vom Gärständer zur Presse geht, in den Fässern aber nicht mehr“, meint Bruno d'Alphonso.

Um den Reifeverlauf zu kontrollieren werden alle Barriques ständig gekostet. Dabei wird auch die Auswahl für die Reserve und die normale Linie getroffen.

Zeitraum Barriqueausbau

Der Pinot Noir reift 14 Monate in den Barriques, die Reserve ungefähr 16 Monate.

Schönung/Filtration

Keine Schönungen

Keine Filtrationen

Zu Schönungen und Filtrationen bemerkt Bruno lakonisch: „The more you do to a wine, the more you take away from it. If you don´t have to filtrate, don´t. If you don´t have to fine it, don´t.“

Flaschenfüllung

Nach der Flaschenfüllung verbleiben die Weine noch einen Monat im Lagerhaus bevor sie auf den Markt kommen.

Ridge Vineyards – Cabernet Sauvignon vom Monte Bello

Um unsere Vinifizierungsmethode zu beschreiben, ist es das Einfachste, wenn wir als Beispiel den Monte Bello nehmen", beginnt Paul Draper die sehr ausführliche Anwort auf meine Frage. „Der Monte Bello ist ein Weltklassewein, wir produzieren ihn nun seit über 33 Jahren, er besteht hauptsächlich aus europäischen Rebsorten wie Cabernet Sauvignon. Die Vinifizierung der einzelnen Rebsorten ist unterschiedlich - je nachdem, wie sie ausgebaut werden. Beginnen wir mit den Rebsorten, die hier am Monte Bello wachsen. Cabernet Sauvignon ist für uns die wichtigste Sorte, danach kommt der Merlot, und Petit Verdot ist die drittwichtigste Rebsorte. Der Anteil von Cabernet Franc ist verschwindend klein. Das ist der Mix der Rebsorten, wenn ich vom Monte Bello spreche."

Seit der Gründung des Weingutes wurde teilweise mit Kleinfässern gearbeitet. Als Paul Draper 1969 zu Ridge kam, begann er, die Experimente mit den Barriques weiter auszubauen. Vor 1969 wurden für die Weinlagerung keine neuen Fässer verwendet. Ab der Ernte 1970 begann er, jedes Jahr zunehmend mehr französische Eichenfässer zu bestellen.

Die Weingärten am Monte Bello

Die Santa Cruz-Mountains liegen zwischen San Francisco und dem Pazifik. Von oben, von den Weingärten des Monte Bello aus, kann man direkt ins Silicon Valley runterblicken. In der Ebene stehen jene alten Garagen heute unter Denkmalschutz, in denen in den 70er-Jahren einige der heute erfolgreichsten Computerfirmen begannen, ihre Blechkästen zusammenzuschrauben. Aber auch oben am Berg, auf 750 m Seehöhe, wurde Geschichte gemacht: amerikanische Weingeschichte. Schon im vorigen Jahrhundert hat der in San Francisco lebende Italiener Osea Perrone am Berg mit dem Weinbau begonnen. Mühsam wurden in der Wildnis Weingärten angelegt. Weil die Hänge so steil sind, wurden die Reben in Terrassen kultiviert. Kaum war die mühevolle Arbeit beendet, kamen die Jahre der Prohibitation. Statt Wein wurden nur mehr Speisetrauben produziert. Es passierte immer wieder, dass jemand besonders unachtsam war, und dass unerlaubterweise zu den Trauben auch einige Bröckerl Hefe fielen. Der Schaden und der weitere Genuss waren groß, war diese Art des Traubensaftes doch strengstens verboten. Auch diese Zeit verging, die Steinterrassen und das Kellergebäude überlebten alles. Im Jahre 1959 kauften Dave Bennion und einige Kollegen vom Stanford Research Institute das Gut. 1969 kam dann Paul Draper zu Ridge Vineyards. Damit begann die Entwicklung des kalifornischen Weinbaus der Neuzeit.

Paul Draper

Die 12 Parzellen der Monte-Bello-Weingärten sind insgesamt 20 ha groß. Die Reben gedeihen in sehr kargen, rotfärbigen Böden, die eine Kalkstein-Grundschicht aufweisen. Die Weingärten sind sehr locker bestockt, zwischen 1.800 und 3.400 Stöcke wachsen auf einem Hektar. Die Hauptsorte ist dabei der Cabernet Sauvignon, der einen Anteil von 90% ausmacht. Der Merlot ist mit 7% vertreten, als Abrundung sind noch Cabernet Franc und Petit Verdot ausgepflanzt. Es sind sehr wenige Stöcke, die in den Bergweingärten gedeihen, dementsprechend niedrig fällt auch die Ernte aus. Zwischen 25 und 40 hl/ha.

Traubenernte/Reifegrade

Wenn die Trauben reif werden, beginnen wir ab Mitte August, einmal die Woche den Zuckergrad und den pH-Wert aller Rebsorten in den einzelnen Weingärten zu kontrollieren. Im September dann alle drei Tage und je näher der Termin der Ernte rückt, alle Tage. Bedeutender als die Analysedaten ist aber, wie die Trauben schmecken. Es gibt einen bestimmten Zeitpunkt der Reife, wann die Trauben am besten sind. Und der hängt auch mit dem Wetter zusammen. Wenn die Trauben richtig ausgereift sind, ist der Geschmack der Trauben überzeugend, sind die Tannine der Kerne nicht bitter und die Beerenhäute weich und farbintensiv. Hauptsächlich sind es die Fruchtaromen, die voll und reif schmecken. Wenn man zu diesem Zeitpunkt die Trauben ernten kann, bekommt man auch einen mehr oder weniger feinen Wein. Hier in Kalifornien ist es mit dem Wetter nicht so schlimm, aber in Europa kann immer der Regen dazwischenkommen. Mehr als die Zuckergrade bedeutet uns der Geschmack der Traube.

wollen, dass die natürliche Vergärung so schnell wie nur möglich beginnt. Nur der Zinfandel gärt früher, schon im September, da sind die Trauben wärmer, da brauchen wir nichts dazutun.

Wir verwenden für unsere Gärungen nur die natürlichen Hefen und für die Malolaktik auch nur die eigenen Bakterien, die dann in den Weinen vorhanden sind. Es sind die natürlichen Mikroorganismen, die schon in den Weingärten auf den Trauben leben, die für uns diese Arbeiten machen.

Die zwölf Monte-Bello-Weingärten werden alle getrennt vinifiziert. Der Tresterhut wird ständig untergestoßen, nur zu Beginn der Gärung wird rundgepumpt. Die Maischegärung wird betont langsam durchgeführt, 18 bis 24 Tage kann der eine oder andere Tank schon brauchen, bis der ganze Zucker vergoren ist. Die Extraktion muss sehr vorsichtig und langsam geschehen. Paul Draper möchte die Traubenkerne nicht zu sehr auslaugen.

Nach der alkoholischen Gärung kommen die Seihweine in eigene Tanks. Von den mit der pneumatischen Presse gewonnene Weinen werden zwei bis drei Chargen separat gehalten, die auch getrennt gelagert werden. Mit einer eigenen Untersuchungsmethode werden die Polyphenole der Pressweine analysiert. Die so ausgewählten, dem hohen Qualitätsniveau entsprechenden Weine werden dann wieder mit den Seihweinen verschnitten.

Die Weintemperatur in den Edelstahltanks wird auf 20°C gehalten und dann wird gewartet, bis der Säureabbau von selbst einsetzt.

Der Zeitpunkt wann die Malolaktik in den Tanks beginnt, ist von Jahr zu Jahr verschieden. Der Zinfandel wurde im September gepresst und die Malolaktik startete 10 Tage bis 14 Tagen später. Dier Monte-Bello-Cabernet beginnt oft erst 18 Tage nach dem Pressen zu gären. Normalerweise wollen wir die alkoholische und die malolaktische Gärung nicht im gleichen Tank haben. Wir wollen sie separat geführt wissen. Wenn die Fermentation stehen bleibt, kann es wegen des unvergorenen Zuckers zu Problemen kommen.

Beim Cabernet Sauvignon vom Monte Bello fanden wir im Lauf der Jahre heraus, dass wir keinen Wein von Trauben, die weniger als 23°Brix (19,5°KMW/ 97°Öchsle) hatten, für die Assemblage verwenden. Die Reife ist ausschlaggebend, am besten sind die Weine, wenn die Trauben 23.5° bis 24° Brix (20° bis 20,4°KMW/99,6° bis 101,8°Öchsle) erreicht haben.

Wie hoch ist bei dieser Reife der pH-Wert des Cabernet?

Das hängt vom Jahrgang und vom Weingarten ab, in den letzten zwei Jahren war der durchschnittliche pH-Wert am Monte Bello zwischen 3,1 und 3,3. Das ist sehr wenig. Aber nicht vergessen, wir ernten unsere Trauben nicht nach Zucker, Säure oder sonstwas, wir lesen nach dem Geschmack.

Bei einem pH-Wert von 3,1, wegen der hohen Säure, haben wir Probleme mit der Malolaktik. Zuerst muss die Säure korrigiert werden. Wir überprüfen die Gesamtsäure und wie hoch die Äpfelsäure ist. Eine kleine Säurekorrektur wird vorgenommen, um den pH-Wert auf 3,2 anzuheben. Wir arbeiten mit der Doppelsalzentsäuerung, aber sehr vorsichtig.

Die Fermentation

Für die Gärung der Monte-Bello-Trauben verwenden wir Edelstahlgärtanks, die maximal 5.000 kg fassen. Es sind sehr kleine Tanks, und die durchschnittliche Befüllung liegt bei 3.000 bis 5.000 kg. Die Doppelmanteltanks können mit einem Wärmetauscher sowohl gewärmt als auch gekühlt werden.

Hier am Monte Bello fangen wir meist mit der Lese am 1. Oktober an und sind so um den 23. Oktober damit fertig. Einige Weingärten lesen wir erst im November, wir schauen erst auf die Temperatur, wenn wir mit dem Rebeln beginnen. Wenn kühles Wetter ist, hat das Wasser im Außenmantel der Tanks 23°C. Wir halten konstant diese Temperatur. Wenn die Trauben kälter sind, erwärmen sie sich sehr schnell. Wir

Der Barriqueausbau

Nach dem Säureabbau kommen die ausgewählten Weine ohne Filtration in die Barriques. „Bei unserer ersten Linie, dem Monte Bello, verwenden wir für den Ausbau nur 100% neue Fässer. In diesen Fässern bleibt der Wein bis zur Flaschenfüllung, cirka 18 bis 24 Monate, es hängt immer von der Komplexität des Jahrganges ab."

Wesentlich dabei ist die Herkunft der Eiche, aus der die Fässer gemacht sind. Wir verwenden heute 85% luftgetrocknete amerikanische Eiche und 15% französische Eiche.
Welches Toasting wird dabei bevorzugt?
„Das Toasting ist immer ein großes Problem, die Fassbindereien haben unterschiedliche Standards.. Bei der einen bevorzugen wir „medium", bei einer anderen „light", „medium" oder „heavy". Die Fässer von François Frères aus dem Burgund sind sehr gut, aber für uns zu schwer getoastet (heavy). Und François Frères toastet stärker als andere. Wenn du dort „medium" bestellst, ist es bei anderen schon „very heavy". Wenn du leichtes Toasting bestellst, ist es gerade „medium". Wir Winemaker haben sehr schnell und teuer gelernt, was das Toast-Level einer jeden Tonnellerie bedeutet. Hier in Napa Valley ist es nicht ungewöhnlich, wenn man bei der Tonnellerie vorbeischaut, wenn die Fässer gebaut werden, und wenn der Kunde auch noch konkret sagt, „ok, ich will das hier, und das hier, und das soll so sein."
Ist es beim Ausbau der Weine ein Unterschied, ob die Fassdauben 22 oder 27 mm stark sind?
„Die alten Exportfässer haben mit 27 mm die stärkere Wand. Bei den stärkeren Dauben vollzieht sich die Reifung langsamer. Die dünnen Dauben mit 22 mm haben mehr Luftzugang, und dadurch kommt es zu einer schnelleren Reifung und Oxidation. Bei den dünneren Wänden bekommt man auch schneller mehr Eiche in den Wein. Die Château-Fässer sind für den kürzeren Einsatz gebaut. Die französischen Châteaus verwenden sie nach dem ersten Einsatz in der ersten Weinlinie vielleicht noch für die zweite, wenn sie eine haben, ansonsten werden die Fässer nachher verkauft." Die Weine in den Barriques werden ständig sensorisch und analytisch kontrolliert. „Zum Schluss der Fassreife schauen wir, wie sich die einzelnen Fässer mit den französischen Hölzern in die Cuvée mit den in amerikanischer Eiche ausgebauten Weinen einbinden. In den letzten Jahren bestand der Monte-Bello-Cabernet meist aus Weinen, die zu 85% in amerikanischen und zu 15% in französischen Fässern ausgebaut wurden."
Zu Beginn der Fassreife erfolgt alle drei Monate ein klassischer Abzug mit einer leichten Belüftung der Weine. Die Assemblage mit den Rebsorten wird erst nach dem ersten Jahr der Fassreife durchgeführt. Bis dahin können sich die einzelnen Rebsorten besser entwickeln. Der Anteil der Rebsorten in der Cuvée Monte Bello schwankt nach der Reife eines Jahrganges. Die Mengen entsprechen meist dem Rebsortenverhältnis in den Weingärten.
Nach eineinhalb Jahren, kurz vor dem Ende der Fassreife, erfolgt eine Gerbstoffschönung mit frischem Hühnereiklar, drei bis fünf Stück für ein Barrique. Und wenn notwendig, wird vor der Flaschenfüllung auch auch eine Filtration durchgeführt.

Der Zinfandel

Die beste Qualität ergibt der Zinfandel, wenn er zwischen einem halben und einem ganzen Grad mehr Alkohol hat als der Cabernet. Um das intensive Fruchtbukett im Zinfandel zu erreichen, muss er wirklich vollreif sein. Der Zinfandel wächst bei uns auch in einem wärmeren Klima, wie in Napa und Sonoma, wo er reifer wird.
In den ersten Jahren verwendeten wir auch für den Zinfandel Fässer aus neuer Eiche. Wir fanden aber bald heraus, dass, wenn der Neuanteil 25% übersteigt, die feine, vornehme Frucht, die eigentlich das Markenzeichen ist, vom Holzton überlagert wird. 1991 sind wir beim Geyserville auf 33% gegangen, wir haben ihn aber bald in ältere Fässer umgezogen, da er sonst zu hart geworden wäre. Unsere Erfahrung sagt uns heute, dass die Cabernet-Sorten sehr gut mit neuem Holz zurechtkommen, Zinfandel und auch die Rhône-Rebsorten aber nur einen sehr kleinen Anteil an neuen Holz vertragen. Mit dieser Art des Fassausbaus war Paul Draper bis vor einigen Jahren der einzige, der mit einem so hohen Anteil an amerikanischer Eiche in seinem Cabernet Sauvignon Monte Bello gearbeitet hat. Auf Grund seiner Erfahrungen und Erfolge haben viele kalifornische Önologen ihre Weine in Barriques aus amerikanischer Eiche gelagert. Der Geschmackston der amerikanischen Hölzer im Wein (wenn die Fassreifezeit nicht zu lange war) unterstreicht die Frucht des Cabernet Sauvignon, verleiht würzige Aromen und auch Komplexität. Im Laufe der Jahrzehnte wurde auf diese Weise von Paul Draper eine authentische kalifornische Weinidentität geschaffen. Er ist seiner Vorstellung gerecht geworden, nicht Frankreich kopieren zu wollen, sondern den Geschmack der eigenen Monte-Bello-Erde in das Aroma seines Weines zu transferieren.

Kistler Vineyards – Chardonnay und Pinot Noir

Kein anderer Weinbaubetrieb Kaliforniens produziert so viele und gleichzeitig geschmacklich unterschiedliche Chardonnays wie Kistler Vineyard. Eines haben alle gemeinsam: sie besitzen eine extrem saubere, komplexe und weiche Burgunderaromatik, die nur die besten Premier- und Grand-Cru-Weine des Burgund aufweisen. Jeder einzelne der neun Chardonnays, die produziert werden, verfügt über dieselben Charaktereigenschaften: eine außergewöhnliche Frucht, eine intensive Struktur, ist voll und intensiv am Gaumen und hat einen sehr langen Abgang. Die Unterschiede des Terroirs, auf dem die Trauben gewachsen sind, finden sich in jedem der Weine wieder.

Kistler Vineyard – im Sonoma Valley der Mayacamas Mountains gelegen, wird als Familienbetrieb geführt. Zwei zentrale Persönlichkeiten prägen das Unternehmen: Steve Kistler und Mark Bixler. Kistler studierte an der Stanford Universität, an der U.C. Davis und an der Fresno State Universität bevor er für zwei Jahre bei Ridge Vineyards arbeitete. Mark Bixler studierte in U.C. Berkeley und an der Fresno State Universität, bevor er für zwei Jahre bei Fetzer Vineyards beschäftigt war. 1978 wurde Kistler Vineyard gegründet. Steve Kistler ist in einer Person Winemaker und Weingartenmanager. Mark Bixler trägt die Verantwortung für Labor und Marketing. Sie haben sich auf die Produktion von Pinot Noir und Chardonnay spezialisiert.

Steve Kistler hat schon immer eine eigene Vorstellung davon gehabt, wie seine Weine schmecken sollen. Jedes Jahr hat er seine Ansprüche höher gestellt und sie so zum heutigen Geschmacksbild entwickelt. Er verwendet seine ganze Energie, um dieses Ziel zu erreichen. „Unsere Trauben wachsen in den besten Lagen von Sonoma. Wir haben die Plätze, an denen wir unsere Weingärten angelegt haben sehr lange beobachtet und dann die richtige Rebsorte auf dem jeweiligen Boden ausgepflanzt. Das Klima spielt mit, und deshalb können wir die besten Trauben Kaliforniens ernten. Unser ältester Weingarten wurde 1979 angelegt, dort, wo wir ursprünglich unsere Kellerei hatten. Dann haben wir mehr Platz benötigt und wir sind hierher übersiedelt, in diese Ecke von Sonoma, wo die besten Pinot-Noir-Trauben wachsen," erläutert Steve Kistler.

Der kalifornische Weinstil der 70er-Jahre

„In den frühen 70er-Jahren wurden alle kalifornischen Chardonnays in Tanks vergoren und es wurde auch noch kein malolaktischer Säureabbau durchgeführt. Im Vergleich zu den burgundischen Chardonnays war es auffällig, dass unsere Weine nicht so viel Frucht hatten," sagt Steve Kistler.

Mitte der 70er-Jahre inspirierte ihn seine erste Reise nach Bordeaux und Burgund. Dort lernte er den Weinausbau und die Reifung der Weine in den Barriques kennen. In den folgenden Jahren wurden diese klassische Vinifizierungsmethoden zu den in Kalifornien verwendeten großen Holzfässern und den Edelstahltanks hinzugefügt, dadurch entstande eine eigene Kistler-Weinlinie.

Ebenso die „Sur lee"-Fermentation, bei der die Feinhefe im Fass belassen und immer wieder aufgerührt wird. Ein weiterer Schlüssel zum heutigen Qualitätsniveau war die burgundische Methode der malolaktischen Fermentation, der biologische Säureabbau. Bei dieser zweiten Fermentation wird die im Wein vorhandene Äpfelsäure umgewandelt. Wenn diese Methode sofort nach der alkoholischen Gärung in den Fässern durchgeführt wird, werden die Weine weicher, geschmeidiger und das Bukett intensiver. Diese Säureumwandlung wird bei den Chardonnays erst seit dem Jahrgang 1987 bewusst durchgeführt. Bei den Rotweinen wurde schon vorher mit dem biologischen Säureabbau gearbeitet, doch war die Methode eine andere. Traditionell wurden die Rotweine in großen Eichenholzfässern gelagert. Im Sommer erwärmte sich der Keller und dadurch stieg auch die Weintemperatur in den Fässern an, sodass im ersten Sommer nach der Ernte die Weine von selbst die Umwandlung der vorhandenen Äpfelsäure durchführten. Dies funktionierte sehr gut; heute führt man den Äpfelsäureabbau gezielter und kontrollierter durch.

Kistlers Weinbau-Philosophie: Die Handschrift des Winzers in den Weingärten

Steve Kistlers Philosophie bei der Auswahl seiner Traubenlieferanten und auch der Grundstücke für seine eigenen Weingärten ist einfach und zielstrebig. „Koste die Weine, finde den Platz, an dem die Trauben gewachsen sind und den Traubenproduzenten." Das war auch der Impuls für die Zusammenarbeit mit der Dutton Ranch in Russian River Valley. Kistler und sein Partner Mark Bixler verkosteten einen Dutton Ranch Chardonnay, der vom legendären kalifornischen Winemaker Martin Ray gekeltert wurde, und waren vom Fruchtvolumen des Weines begeistert. Die Dutton Ranch ist reiner Produzent von hochwertigen Trauben, der aber selbst keinen Wein macht. Kistler und Bixler sicherten sich die nächste Traubenernte. Das war die Geburtsstunde eines der schönsten kalifornischen Chardonnays und einer bis heute anhaltenden Zusammenarbeit und Freundschaft mit dem Traubenproduzenten. „Was er auch beginnt, er macht alles sehr zielstrebig", sagt Warren Dutton über Steve Kistler, der im Jahre 1967 die ersten Chardonnay-Trauben im westlichen Teil von Sonoma gepflanzt hat. Im Laufe der nächsten Jahre wurde in den Weingärten auch einiges von ihren Vorstellungen bei der Traubenproduktion umgesetzt. Ihrer Meinung nach soll ein Weinstock nur wenige Trauben tragen, so, wie es auch in den besten französischen Weingärten üblich ist.

Auf dem 14 Hektar großen Kistler Weingarten im Sonoma Valley wurden 1979 Chardonnay und Cabernet Sauvignon ausgepflanzt. Der Chardonnay wurde mit Edelreisern, die von Mount Eden Vineyards in den Santa Cruz Mountains stammen, bepflanzt. Diese Chardonnay-Selektion stammt noch von den Edelreisern, die Paul Mason aus dem Weinberg Corton-Charlemagne im Burgund im Koffer nach Kalifornien geschmuggelt hatte. Bedingt durch die geringe Erntemenge, bei Kistler werden vom Chardonnay cirka 5.000 kg/ha geerntet, verfügen die Trauben über intensive Fruchtaromen. Seit dem ersten Jahrgang 1986 werden die Trauben nach ihrer Herkunft verarbeitet, vinifiziert und abgefüllt. Der Kistler Vineyard Chardonnay ist jedes Jahr einer der bestbeurteilten Weißweine Kaliforniens. Die Dutton Ranch im Russian River Valley – dieser Weingarten mit dem Chardonnay wurde schon 1976 ausgepflanzt. Er liegt nur 20 Kilometer von der Küste des Pazifischen Ozeans entfernt. Für die Kultivierung von Weintrauben ist dies eine der kühlsten Regionen im Sonoma und Napa Valley. Die Trauben erreichen eine hohe Reife, Zucker und Säure sind gut ausbalanciert, die Weine von subtiler Eleganz.

Die Weingärten des Vine Hill Road Estate im Russian River Valley sind ebenfalls mit selektionierten alten Chardonnay- und Pinot-Noir-Reben ausgepflanzt. An diesem Platz war schon Ende des 19. Jahrhunderts ein Weingarten, der aber während der Prohibitionszeit ausgehackt wurde. Der Chardonnay aus den Trauben dieser Lage ist enorm konzentriert, und mit einer Aromenvielfalt ausgestattet. Der Pinot Noir ist sehr fein, überaus sortentypisch, und mit viel Tiefe und Komplexität ausgestattet.

Der geößte Teil des McCrea-Vineyard in den Sonoma Mountain wurde im Jahre 1970 angelegt und ist mit einem alten, lockerbeerigen Chardonnay-Klon bestockt. Durch die optimale Kombination von Bodenstruktur, Klima, erstklassiger Weingartenarbeit und kleiner Erntemenge können hier Jahr für Jahr die besten Chardonnay-Trauben des Sonoma County geerntet werden.

Der Durell Vineyard wurde 1979 mit Chardonnay ausgepflanzt. Er liegt im Südwesten des Sonoma Valleys, schon fast in der Carneros Appellation, nur 20 Kilometer von der San Pablo Bay entfernt. Die kühleren Nachttemperaturen sorgen für eine frische Säure in den Trauben. Der Weingarten liegt in einem ehemaligen Flussbeet, wenig Erde bedeckt den steinigen Untergrund, die Wurzeln müssen sehr tief wachsen, um den Stock ernähren zu können. Dafür sind die Weine besonders würzig und intensiv.

Camp Meeting Ridge Vineyard an der Sonoma Küste liegt sechs Kilometer vom Pazifischen Ozean entfernt. In 400 Meter Höhe gelegen, ist dies der jüngste der Kistler-Weingärten. In burgundischer Art der Reberziehung wurden die Chardonnay- und Pinot-Noir-Reben im Meter x Meter Abstand ausgepflanzt. Schon die ersten Traubenernten zeigten das große Potenzial, das in diesem Weingarten steckt. Steve Kistler und Mark Bixler kennen alle ihre Weingärten sehr genau. Viel Zeit verbringen sie damit, das Wachstum der Trauben zu beobachten und im Herbst immer den besten Erntezeitpunkt zu finden. Genauso wie sie die Qualität ihrer Weingärten angehoben haben, wurde auch die Kellertechnik perfektioniert.

Das Ergebnis dieser jahrzehntelangen Bemühungen sind perfekte Chardonnays und großartige Pinot Noirs, die sich jederzeit mit ihren burgundischen Vorbildern messen können.

Der Chardonnay

Kistler verarbeitet die Trauben aus neun verschiedenen Chardonnay-Weingärten. „Vier Wochen vor der Lese beginnen wir in jedem Weingarten mit Samplepicking, dabei werden 100 Trauben von den Weinstöcken gepflückt, Zucker, Säure und pH-Wert analysiert und damit der Reifeverlauf kontrolliert. Wir kosten aber auch die Trauben. Wenn sie geerntet werden, haben die Chardonnays meist zwischen 23,5° und 24,0°Brix (20° bis 20,5°KMW/99,6 bis 101,8°Öchsle). Die Gesamtsäure liegt dann zwischen 6,0 bis 8,0 g/l. Der pH-Wert liegt um die 3,3 bis 3,4." Für Steve Kistler ist beim Chardonnay eine Säure um die 6,0 g/l nicht zu niedrig, „sehr viele der großen burgundischen Weißweine haben diesen Säurewert."

„Beim Chardonnay verarbeiten wir die Trauben von fast 70 Hektar Weingärten, normalerweise verwenden wir um die 1.000 Barriques für einen Jahrgang. Wir verwenden dabei 55% neues Holz, und die Fässer werden nur zweimal eingesetzt." Die Weine selbst haben sehr unterschiedlichen Charakter. Jede Lage wird einzeln verarbeitet, jedes Terroir wird herausgearbeitet.

Die Traubenernte

Die Chardonnay-Trauben werden schon früh am Morgen gelesen, zwischen 10.30 und 11.00 Uhr kommen sie in die Winery. Um diese Jahreszeit ist es schon recht kühl, und die Trauben können sehr kalt sein.

In den sieben kleinen Kellern der Winery, die nur für den Chardonnay da sind, trifft Kistler die notwendigen Vorkehrungen, um optimale Voraussetzungen für die Hauptgärung und die weitere malolaktische Fermentation zu schaffen. Ein wesentliches Element dabei ist die Ausgangstemperatur des Mostes, bei der die Hefen ihre Arbeit, die Umwandlung des Zuckers in Alkohol, beginnen. Seine Überlegung, kleine Räume zu bauen, die unterschiedliche Raumtemperaturen haben, ist ein Versuch, dieselbe Raumsituation herzustellen, in der sehr viele der burgundischen Domänen ihre Weine produzieren. In einem kleinen Raum kann die Temperatur und die Luftfeuchtigkeit viel leichter kontrolliert werden. „Wir ernten unseren Chardonnay in zehn verschiedenen Weingärten, dadurch haben wir auch viele unterschiedliche Erntemengen. Die Idee hinter dem Raumteilungskonzept ist auch, dass immer eine Gruppe von Fässern zum selben Zeitpunkt mit der Gärung beginnt, und diese auch ungefähr zur selben Zeit beendet. Dadurch vermeiden wir auch, dass einige Fässer die Gärung zu früh beenden, wenn noch zu viel unvergorener Zucker vorhanden ist. Wenn wir nur ein oder zwei Kellerräume hätten, wäre es immer wieder zu kalt, um die Hefen dazu zu überreden, ihre Arbeit fortzuführen und auch das letzte Gramm Zucker zu vergären.

Ungerebelt kommen die Trauben in die Presse; sie werden als Ganztrauben verarbeitet. Der Most wird für kurze Zeit in Stahltanks gepumpt, nicht zur Fermetation oder zum Entschleimen, sondern nur zur Stabilisierung der Mosttemperatur bleibt er für einige Stunden dort.

Die Gärung der Chardonnays

Alle Chardonnays werden in Barriques vergoren. In sieben Räumen werden dafür die Fässer gelagert. Alle Räume können gekühlt oder erwärmt werden. Für die Gärung wird die Raumtemperatur auf 20°C angehoben.

Für die Barriquegärung des Chardonnay wird ein Anteil von 50% neuen Fässer aus französischen Eichen eingesetzt. Dafür werden burgundische Tonnellerien bevorzugt.

Wenn der Most in den Fässern ist, wird gewartet, er bis die einheimischen, wilden Hefen ihre Arbeit beginnen. Kistler ist sehr zurückhaltend was den Einsatz von Hefekulturen und Malolaktikbakterien betrifft. „Die Franzosen sagen immer, man soll den Dingen ihren natürlichen Lauf lassen. Alles soll seinen natürlichen Lauf nehmen, man muss dem Wein seinen Willen lassen. Mit dieser Philosophie haben sie Recht." Natürlich setzt dann die Gärung in den Fässern ein.

„Wir rühren die Hefe während der ganzen Fermentationszeit auf, schauen, dass der ganze Zucker vergoren wird, bevor die Malolaktik einsetzt." Kistler glaubt, dass das Aufrühren der Feinhefe zusätzliche Komplexität und feine Fruchtnuancen in den Wein bringt. Nach der bis zu zwei Wochen dauernden alkoholischen Gärung werden die Fässer nur aufgefüllt. Die malolaktische Gärung beginnt von selbst in den Barriques. Während der ersten Wochen der „sur lee"-Lagerung wird die Feinhefe zweimal aufgerührt, ab Mitte Jänner nur mehr einmal. Ab März wird auch damit aufgehört. Eine kleine SO_2-Dosage (20 mg/l) sorgt für den weiteren Oxidationsschutz des Weines. Zwischen 11 bis 18 Monaten verbleibt der Chardonnay gemeinsam mit der Feinhefe in den Barriques. In dieser Zeit werden die Weine nie umgezogen. Nur die natürliche Klärung ist erwünscht. Das Ziel ist, auf dem natürlichen Weg „des Dekantierens der Fässer" die schonendste Trennung des Weines von der Hefe zu erreichen.

Anfang August des nächsten Jahres werden die Fässer, die immer noch nach Lagen getrennt sind, in einem Blendtank assembliert, damit sie in den nächsten sechs Monaten zu einem Ganzen finden. Die Weine werden dann direkt von den Tanks, ohne eine Filtration, direkt in die Flaschen gefüllt.

Neun bis 12 Monate lagern die Flaschen noch im Keller, bevor sie an die Kunden in aller Welt ausgeliefert werden.

Wenn einer der Chardonnays eine Schönung notwendig haben sollte, wird diese schon vor der Fermentation durchgeführt.

Der Pinot Noir

Nachdem sich Kistler mit dem Chardonnay so ausführlich beschäftigt hatte, dass seine Chardonnays jedes Jahr immer unter den besten Kaliforniens zu finden waren, hat er sich dem Pinot Noir gewidmet. Mit seiner konsequenten Vorgangsweise, Sorgfalt und Umsicht war ihm auch dabei sehr schnell großer Erfolg beschert. Vier verschiedene Pinot Noirs, drei davon aus einer jeweils eigenen Lage und eine Cuvée werden produziert: Hirsch Vineyard, Camp Meeting Ridge Vineyard, Kistler, und die Cuvée Catherine. Und alle vier zählen heute zu den besten Pinot Noirs Kaliforniens.
Die 16 ha Pinot-Noir-Weingärten sind noch jung und in einer kühleren Klimazonen gelegen, wo der Pazifik nur 15 Kilometer entfernt ist. In normalen Jahren beginnt beim Pinot Noir die Rebblüte schon Ende Mai. Sehr früh, Ende August, sind die Trauben ausgereift und die Ernte beginnt, die dann bis Mitte September dauert. Alle Trauben werden händisch geerntet. Damit die Pinot-Noir-Trauben die hohe Reife von 24,5° Brix (20,8°KMW,104°Öchsle) erreichen, wird während des Jahres der Ertrag so reduziert, dass nur zwischen 4.000 und 4.500 kg/ha geerntet werden. Wobei immer mehr auf die Zuckergrade als auf die Säure geachtet wird. „Sometimes we must add acidity – tartaric acid (Weinsäure)."
Die Pinot Noir-Reben vom Vine Hill Estate sind eine Auswahl aus französischen und amerikanischen Rebanlagen.

Die Fermentation

Die Pinot Noir-Trauben werden nicht gequetscht, nur gerebelt, nur die Stängel werden entfernt. Für die Fermentation werden offene Edelstahltanks verwendet, mit einem Fassungsvermögen von 500 hl. Insgesamt fünf Tage dauert die Kaltauslaugungsphase der Beeren, während der Tank auf ca. 8°C gekühlt wird. Gleich zu Beginn der Kaltmazeration erfolgt eine kleine Schwefelgabe, und die Oberfläche der Maische wird zusätzlich mit CO_2 geschützt. Während der Kaltmazeration wird der größte Teil der Geschmackskomponenten und auch der Farbe ausgelaugt, es kommen dabei aber keine Tannine in den Saft. Anschließend wird die Temperatur auf 24°C angehoben und die alkoholische Gärung beginnt. Sowohl während der Kaltauslaugung als auch während der alkoholischen Gärung wird der Tresterhut händisch untergetaucht.
In den vier bis fünf Tagen der Hauptgärung wird der Tresterhut so oft wie nur möglich untergetaucht, „punch it down all the time." Es wird nur untergestoßen, Rundpumpen ist für Steve Kistler zu hart. „Beim Untertauchen kommt Sauerstoff in den jungen Wein, der Wein mischt sich auch besser durch, er kommt mit den Beerenhäuten stärker in Berührung." Bis zu 20 Tagen dauert die gesamte Fermentation. Die Malolaktik setzt von selbst ein, es werden weder Kulturhefen noch Bakterien verwendet. Es wird nur mit den natürlichen Hefen, die aus den Weingärten mitkommen, gearbeitet.
Nach dem Pressen werden Seihwein und Presswein wieder zusammengeführt. Dabei wird der junge Wein ganz vorsichtig belüftet.

Die Reifung – der Barriqueausbau

Gleich nach dem Pressen werden die Barriques befüllt. Für den Pinot Noir werden 100% neue Fässer verwendet, alle Fässer stammen von François Frères aus dem Burgund. Starkes Toasting wird bevorzugt, auch die Fassböden sind getoastet. „Unsere Trauben sind von sehr hoher Qualität – die Weine haben intensive Fruchtaromen und weiche Tannine, dadurch tritt die Eiche nicht so stark hervor."
Von jedem Jahrgang gibt es bis zu fünf verschiedene Pinot Noirs, die alle nach ihrer Herkunft getrennt vergoren und ausgebaut werden. „We have differet lots, even from one vineyard we have two or three pickings, and from the fermenter", sagt Kistler. Für die Fassreifung des Pinot Noirs werden durchschnittlich 110 Barriques eingesetzt.
Die Weine bleiben 14 Monate in denselben Fässern. Während dieser Zeit werden die Weine auch nicht umgezogen. Die Fässer werden wöchentlich aufgefüllt, damit keine Luftblase entsteht. Erst zum Ende der Fassreife wird der Blend aus den Fässern des Jahrganges zusammengestellt. Der freie Schwefel in den Barriques wird auf 25 mg/l gehalten.
Alle Pinot Noirs werden ungeschönt und unfiltriert in Flaschen gefüllt.

Welche Stabilitätskriterien haben Sie für den Wein, der ohne Filtration in Flaschen gefüllt wird?
„Die Weine sollen ungefähr 14,5vol% Alkohol haben. Alle unsere Weine sind trocken ausgebaut, die malolaktische Gärung wurde ganz durchgeführt, es gibt keine Äpfelsäure mehr. Die Wein ist durch die sehr lange Barriquereifung klar und mikrobiologisch stabil. Da kann nichts passieren."
Unter den vielen ausgezeichneten Pinot Noirs sind zwei, die alle anderen großen Kistler-Weine nochmals überragen: der 1997 Cuvée Catherine und der 97er Kistler Pinot Noir. Diese körperreichen Weine sind einander in ihrer Komplexität sehr ähnlich. Beide besitzen eine unheimliche Konzentration und Reintönigkeit. Ihr süßes Bukett duftet nach Kräutern und schwarzen Kirschen, Himbeeren, Trüffeln, unterlegt von würzigem Eichenholz. Nur der Abgang des Kistler Pinot Noir macht den großen Unterschied. Mehr als 30 Sekunden bleiben die gewaltigen Fruchtaromen am Gaumen hängen und machen dadurch den Wein zu einem unvergesslichen Erlebnis macht.

Dunn Vineyards – Cabernet Sauvignon vom Feinsten

Randy Dunn produziert nur zwei Weine: den Cabernet Sauvignon Howell Mountain und den Cabernet Sauvignon Napa Valley.
Im Februar 2000 veröffentlichte James Laube im Wine Spectator die „Napa Valley Cabernet Hall of Fame“, darin ist als bester Cabernet Sauvignon des Jahrganges 1984 der Dunn Howell Mountain mit einer Bewertung von 97 Punkte vertreten. „Massive but elegant, is a catch phrase for this truly consistent and distinctive wine. A great vintage early on, it has since been less impressive.“
Im Jahre 1982 begann Dunn mit zugekauften Trauben aus dem Napa Valley seinen ersten eigenen Wein zu keltern. Einige Jahre später begann er von einem Weingarten, der in der Nähe seines Hauses am Howell Mountain gelegen ist, die Trauben zu kaufen. Der Wein aus den Howell-Mountain-Trauben wurde auch in kleinen Mengen mit dem Napa Valley Cabernet verschnitten. Beim Cabernet Sauvignon Napa Valley Jahrgang 1994 sind nur mehr 10% der Trauben aus dem Valley dabei.
„Es ist ein großer Unterschied zwischen den in den Bergen gewachsenen Trauben und denen aus dem Napa Valley. Das Klima hier oben ist etwas strenger. Die Beeren sind kleiner und konzentrierter, sie haben einen anderen differenzierteren Fruchtcharakter, Howell-Mountain-Trauben sind sehr bukettintensiv, sind würziger und haben kräftige Aromen, mehr nach schwarzem Pfeffer. Die Intensität der Frucht ist im Wein anfangs sehr streng.“
Unten im Napa-Valley wird er oft gefragt, warum die Trauben vom Berg sich so sehr von den im Valley gewachsenen unterscheiden, dann meint er mit einem Lächeln: „Shit, I don’t know, it’s God’s own country up here.“ Wahrscheinlich ist es die Sonne, Weingärten liegen hier mehr als 600 Meter über dem Meeresspiegel und auch über dem Smog des Tales, der die Sonne filtert.
Hier in den Bergen beginnt der Austrieb der Reben Ende März und die Rebblüte setzt in der ersten Juniwoche ein. Normalerweise beginnt die Ernte so Mitte September und dauert 4 bis 5 Wochen. Es wird jeden Tag geerntet, das hängt mit den kleinklimatischen Strukturen in den Weingärten zusammen. Die Trauben von einem Hektar sind an einem Tag immer zu lesen. Einer dieser hügeligen Weingärten hat ca. zwei Hektar Rebfläche, die oberen Trauben sind etwas früher reif als die unteren, deshalb unterteilen wird bei der Ernte den Weingarten in zwei Teile. Wir haben viele kleine

Randy Dunn

Weingartenlagen, die extra gelesen werden. In den alten Rebanlagen am Howell Mountain sind die Reihen noch sehr breit ausgepflanzt, 2,40 x 3,60 Meter, dadurch wachsen nur 1.100 Stöcke auf einem Hektar. In diesen Weingärten liegt der Ertrag beim Cabernet Sauvignon bei ungefähr 340 hl/ha. Die neuen Weingärten wurden dichter bestockt, 1,5 x 2,70 m, das sind schon 2.500 Stöcke auf einem Hektar. Durch die höhere Stockanzahl können so um die 550 hl/ha aus diesen Weingärten geerntet werden.
„Hier in den Bergen ist im Laufe des Vegetationsjahres die Laubarbeit bei den Reben anders zu handhaben als unten im Tal. Hier oben können schon bei 26° oder 28°C die Beeren einen Sonnenbrand bekommen. Wenn wir Blätter aus der Traubenzone entfernen, so machen wir es nur auf der Ostseite.“
Um möglichst kleinbeerige und konzentrierte Trauben zu erhalten, wird die Anzahl der Trauben auf einem Stock gering gehalten. Nur 20 bis 25 Trauben, das sind rund 3 Kilo, wachsen auf einem Stock. Obwohl alle Weingärten mit einem Bewässerungssystem ausgestattet sind, werden die Stöcke nur sehr selten bewässert.

Die Traubenernte in den Weingärten am Howell Mountain

Randy Dunn zum richtigen Erntezeitpunkt: „Für mich ist es sehr wichtig die Trauben zu kosten, man spürt sehr viel dabei, du siehst, wieviel Farbe sie bringen, du schmeckst die eigenständigen Geschack jedes Weingartens. Für den Lesebeginn sind aber beide Faktoren entscheidend, der Geschmack der Trauben und die analytischen Werte. Du kannst die Trauben nicht hängenlassen, wenn sie dann 26°Brix (22°KMW, 110,5°Öchsle) Zucker haben und du den Geschmack dann nicht magst. Es kann schon bei 23,5°Brix (20°KMW, 99,6°Öchsle) sein, dass sie geschmacklich deinen Vorstellungen entsprechen, aber sie haben noch nicht genug Farbe. Bei 24°Brix (20,4°KMW, 101,8°Öchsle) wartest du noch, bis sie 24,5°Brix (20,8°KMW, 104,0°Öchsle) haben, aber das bringt wieder viel Alkohol, um die 14 vol%. Dann musst du dich entscheiden, was du willst."

Kurz vor der Ernte wird fast jeden Tag der Reifeverlauf der einzelnen Weingärten kontolliert und analysiert (Zucker, Säure, pH-Wert). Normalerweise reift ein Brix (1,2°KMW) in 4 oder 5 Tagen, doch wenn es warm ist, steigt der Zucker sehr schnell an, manchmal bis zu einem Brix am Tag, und dabei geht natürlich auch die Säure sehr schnell runter.

Alle Weingärten werden händisch geerntet. Die Cabernet-Sauvignon-Trauben haben in Normaljahren ungefähr 24°Brix (20,5°KMW, 101,8°Öchsle) Zucker, eine Gesamtsäure um die 6,0 g/l und der ph-Wert liegt dann bei 3,6.

Dunn: „It is, and a fact of matter is, every year we add acid, and primarily is for pH-adjustment. After the malolactic we are going up with the pH-Wert von 3,9 or 4,0, and I dont think that's good."

„In Europa habt ihr das Problem, dass in manchen Jahren die Sonne nicht genügend scheint, dafür könnt ihr dem Most Zucker zusetzen. Wir hier in Kalifornien haben manchmal zuviel Sonne, wir müssen dann dem Wein Säure zusetzen.

Wird die Säure während der Fermentation oder nachher zugesetzt?

Dunn: „Wir praktizieren beide Methoden. Säure wird sowohl während der Gärung, als auch nachher zugesetzt. Vor 2 Jahren habe ich aus einem jungen Weingarten im Tal Trauben zugekauft, die hatten nur eine Gesamtsäure von 4,0 g/l. Da habe ich schon vor der Fermentation Weinsäure (tartaric acid) zugesetzt. Wenn die Säure so um 6,0 g/l liegt, dann gebe ich nichts dazu. Manche glauben, man brauche 7,5 g/l. Ich hab herausgefunden, dass es ein großer Unterschied ist, ob man während der Fermentation oder erst später die Weinsäure zusetzt. Wenn die alkoholische Gärung beendet ist, weißt du erst, wo es lang geht, ob der pH-Wert hoch oder niedrig liegt. Dann hat man beides, die Analysezahlen und den Geschmack des Weines."

Bei der Mostanalyse wird keine Unterscheidung der vorhandenen Säuren vorgenommen.

Die Fermentation

Eine sehr sorgfältige Auswahl der Trauben geschieht schon in den Weingärten. Die Trauben werden direkt in die kleinen Stapelbehälter gelesen und darin zur Kellerei geliefert. Auf einer Plattform werden die Kisten abgeleert, die Trauben kommen sofort in den Rebler. Nach dem Entrappen wird das Lesegut nur gequetscht und sofort in die Fermentationtanks gepumpt. Die Tank-

temperatur liegt um 23°C, manchmal ein wenig höher. „Ich arbeite mit keiner Kaltauslaugung, bei mir kommen die Trauben rein, werden verarbeitet und spätestens am nächsten Morgen kommt die Hefe dazu. Dabei verwende ich nur Reinzuchthefen, ich vertraue nicht den Wildhefen, es ist sehr riskant damit zu arbeiten, es kann nicht nur Ethanol gebildet werden sondern auch ein Haufen anderer Stoffe, die deinen Wein ruinieren können.“

Ist es erforderlich, dass die Maische mit SO_2 geschützt wird?

„Im Most sind immer Wildhefen vorhanden, und die wollen sofort mit ihrer Arbeit beginnen. Ich gebe 50 mg/l SO_2 zur Maische, um sie davor zu schützen. Am nächsten Tag wird die Montrachet-Hefe dazugegeben.“

„Die Gärtemperatur in den Edelstahlgärbehältern steigt dann auf 32°C an. Dann muss man sehr vorsichtig sein: Es kommt auf die Tageszeit an; wenn diese Temperatur am Morgen erreicht ist, kann sie bis 34°C gehen, bevor man zu kühlen beginnt und auf 31°C zurückgeht. Dann gehts sie in der Nacht wieder auf 33°C rauf, dabei wird rundgepumpt, bei mir wird der Most nur rundgepumt. Es gibt drei unterschiedliche Techniken, um den Tresterhut immer feucht zu halten. Eine Methode ist, den Hut händisch oder hydraulisch unterzutauchen. Eine andere, mit einem Überbraussystem („Overhead-Sprinklers“) zu arbeiten, diese bringen nur eine kleine Menge Wein auf den Tresternhut und macht ihn nass. Ich verwende einen dicken Schlauch und pumpe damit den Wein auf den Hut. Wir pumpen damit rund 350 Liter Jungwein in der Minute aus dem Tank.“

Zu diesem Zeitpunkt ist es noch nicht notwendig, dass der Wein belüftet wird, durch die Gärung er ist voll mit CO_2. Zu diesem Zeitpunkt kommt nicht viel Luft zum Wein. Jeder Tank wird vier- oder fünfmal im Tag umgepumpt, dabei verwenden wir jedesmal das ganze Tankvolumen. Manchmal blasen wir auch Sauerstoff ein.

„A lot of the goodies in wine come from the skin. The only way to get them out of the skin is a good extraction“, mit dem Schlauch wird der Tresternhut immer wieder zerstört, je mehr Wein mit den Beerenhäuten in Berührung kommt, desto mehr kann ausgelaugt werden.

Randy Dunns Reifekeller wurde als Stollen tief im Berg angelegt.

Die alkoholische Gärung dauert 5 bis 6 Tage, am 6. Tag wird abgepresst. Der Jungwein wird in einen anderen Tank umgezogen und dort für die nächsten 3 Tage belassen. Die Seih- und Pressweine werden in diesen Tanks wieder zusammengezogen. Darin beginnt auch schon die malolaktische Gärung, die aber erst in den Barriques beendet wird. Zur Einleitung des biologischen Säureabbaues verwendet Randy Dunn hauptsächlich Fass-Sedimente (Feinhefen) vom letzten Jahrgang. „Spät im Sommer ziehen wir die Barriques mit dem letzten Jahrgang um, am Boden sind immer feine Sedimente. Diese Feinhefen gebe ich zum neuen Wein, und die Malolaktik setzt sofort ein. Wenn der Säureabbau in den Fässern durchgeführt wurde, hat man auch die Malolaktikbakterien in den Fässern. Du brauchst nichts mehr dazuzugeben, es geschieht alles von selbst. Wir machen dies schon seit vielen Jahren so."

Wir lassen den jungen Wein einige Tage absitzen, dann wird er noch einmal in einen anderen Tank umgezogen, dabei wird er auch belüftet. Erst dann werden die Barriques befüllt. Die Weintemperatur ist dann bei 21° bis 24°C. Das ist auch der Grund, warum ich meinen kühleren Kellertunnel gebaut habe. Im Tunnel habe ich eine Raumtemperatur von 14°C, wenn ich von den Weinen mit 24°C in den kühleren Tunnel gehe, braucht es einige Tage, bis die Malolaktik, sehr langsam, weitergeht. Der Verlauf der Malolaktik wird täglich von jedem Fass mittels der Papierchromatografie kontrolliert. Es ist sehr viel Aufwand, den Verlauf genau zu beobachten, der Säureabbau geht im kühlen Kellertunnel langsamer voran und die neuen Fässer beinhalten noch nicht die richtigen Bakterien. Wenn es bei einigen der neuen Fässer zu langsam geht, wird Jungwein aus einem gebrauchten Fass mit dem Jungwein der neuen Fässer vermischt. Dann beginnt auch in diesen Fässern die Umwandlung der Äpfelsäure. Vor der Malolaktik wird kein SO_2 zugesetzt, danach schon. „40 bis 50 mg/l SO_2 gleich nach der Malolaktik. Diese Dosis bindet sich sehr schnell ein, dann geben wir noch einmal 20 mg/l nach. Der Gehalt an freiem Schwefel soll über 10 mg/l liegen."

Der Ausbau des Cabernet Sauvignon in den Barriques

Randy Dunn braucht für einen Jahrgang durchschnittlich 200 Barriques. Der Anteil an neuen Fässern ist dabei über 40%. Die Barriques werden für den Weinausbau dreimal verwendet. Er verwendet nur Fässer aus französischer Nevers-Eiche, mit einem mittleren Toasting. „Heavy toasting makes Cabernet taste like Pinot Noir", meint Dunn. In seiner Zeit bei Caymus, in den frühen 80er-Jahren, machte er schon diese Experimente: Wie wird der Wein, wenn er in Fässer mit leichtem, mittlerem und sehr starkem Toasting ausgebaut wird? Auch die Variante mit getoastetem Deckel wurde ausprobiert. „Wir haben alles ausprobiert, immer 2 Fässer von jeder Variante. Dabei hat der Cabernet, der in Fässsern mit dem starken Toasting ausgebaut wurde, wie Pinot Noir geschmeckt." Alle von Randy Dunn verwendeten Fässer sind von der Tonnellerie Vicard in der Cognac gebaut.

Und die amerikanische Eiche? „Its a different taste, strong, like dillpickels, they a very different. They do a lot of experimentation but I am working with medium toasting and not toast the heads. The people who work with toasted heads, they like the flavour from the toasting."

Der Cabernet Sauvignon bleibt dann insgesamt 2 1/2 Jahre in den Fässern, und diese werden während der Fassreife drei- bis viermal im Jahr umgezogen. Solange der Wein noch jung ist mit Luft, ab dem 3. Jahr dann ohne Luftkontakt. „I think the wines need air when the are young, you can smell when they need air. When they are 3 years old they definitely need no air."

Die Weinmenge („Lot") eines Gärständers wird immer als Einheit weitergeführt. Der Wein jedes dieser „Lots" wird dann auf die Barriques aufgeteilt, ein Lot besteht entweder aus 17 oder 34 Fässern. 40% davon wird in neue Eichenfässer gefüllt, der andere Teil in schon zwei- und dreimal gebrauchte Fässer. Wenn die Weine umgezogen werden, kommen dann alle 17 Fässer eines Lots in einen Mischtank, bleiben darin kurz zusammen und werden dann in dieselben Fässer zurück gefüllt. Bei den größeren Lots mit 34 Fässern wird dies nach dem gleichen Prinzip durchgeführt.

Blending/Verschnitt der Fässer

Der Verschnitt der einzelnen Lots miteinander wird erst kurz vor der Flaschenfüllung durchgeführt. Das ist in erster Linie von den Arbeitsabläufen im Betrieb abhängig. Immer wenn die großen 37.000-Liter-Tanks im Kellertunnel frei sind, wird mit dem Blenden der Fässer begonnen. Regelmäßig werden die ungefähr 15 Lots eines Jahrganges gekostet, und Dunn weiß schon sehr früh, welche Fässer für den Howell Mountain und welche für den Napa Valley Cabernet verwendet werden. „Die meisten lassen sich leicht eingliedern, aber es sind immer einige der Fässer geschmacklich in der Mitte. Die liegen so knapp nebeneinader, dass ich eine Münze werfen muss, um mich zu entscheiden."

Die Flaschenfüllung

Bevor der Cabernet Sauvignon in Flaschen gefüllt wird, wird noch eine leichte EK-Filtration durchgeführt. „Normaly we don't do any fining, we do filter the wine". Die ersten Weine werden dann nach 2 1/2 Jahren der Fassreifung im Juni abgefüllt, danach sechs weitere Monate im Keller gelagert und im im November ausgeliefert.

Rosenblum Cellars – Zinfandel

Alameda ist eine Insel in der San Francisco Bay, direkt gegenüber von San Francisco gelegen, und Oakland vorgelagert. Auf dieser Insel ist die Rosenblum Winery beheimatet. In der direkten Nachbarschaft ist ein Marinestützpunkt. Die Kellereigeräte und die Barriques sind im Todd Shipyard Building, einer ehemaligen Schiffbauhalle, untergebracht. Die Rosenblum Winery besitzt keine eigenen Weingärten, alle Trauben die hier verarbeitet werden, kommen von 30 verschiedenen Weingärten in Napa, Sonoma, Paso Robles und Contra Costa County. Die Trauben werden zur Kellerei nach Alameda geführt und dort verarbeitet. Ken Rosenblum war einer der ersten, der sich auf die Vinifizierung der roten Rebsorte Zinfandel spezialisiert hatte.

Seine Weinbauphilosophie fasst Ken Rosenblum in einem Satz zusammen: „A great wine and a good price, but the bottom line is to try to be as gentle as you can to the grapes, extract so much as you can out of them, but keeping the bitter tannins low, keeping the fruitcomponent up there, integrating the oak and the other flavours."

Die Weingärten

Ken Rosenblum bezieht seine Zinfandel- und Chardonnaytrauben aus 30 verschiedenen Weingärten, die in mehreren Weinbaugebieten, von Paso Robles bis Napa Valley liegen. Einige davon haben 60-bis 80-jährige Rebstöcke, manche sind sogar über 100 Jahre alt. Mit den Weinen aus diesen alten Rebanlagen konnte Ken Rosenblum schon mehrmals internationale Aufmerksamkeit erregen. „Es ist meist nicht nur eine Rebsorte, die in den alten Weingärten wächst. Alicante, Carignane, Petite Sirah und Zinfandel stehen nebeneinander. Die Beeren sind sehr klein und die Erntemenge ist auch gering, maximal 3.000 bis 4.000 kg/ha. Diese Einzelheiten machen dann in Summe den Geschmack eines Weingartens aus, jede der alten Anlagen ist etwas anders." Ken Rosenblum vinifiziert jeden Weingarten extra. Dadurch gibt es eine fast unüberschaubar Vielzahl an Zinfandels im Programm. Es sind alles großartige Rotweine, bei denen man auch die Besonderheiten der Böden Kaliforniens herausschmecken kann:

Dutton Ranch, Eagle Point Vineyard in Mendocino, Alegria Vineyard aus dem Russian River Valley, Hendry Vineyard, Lyon's Vineyard und Holbrook Mitchell Trio aus dem Napa Valley, Richard Sauret Vineyard in Paso Robles, Annette's Rhodes Estate im Redwood Valley. Durch die gleiche Vinifizierungsmethode und demselben Fassausbau wird das Terroir dieser Weine zum Gaumenerlebnis.

Die Zeit des Wachsens

In den Weingärten beginnt der Austrieb der Reben, je nach Lage und Region, zwischen Mitte März und Anfang April. Die Rebblüte setzt von Mitte Mai bis Anfang Juni ein. Normalerweise beginnt die Ernte dann Ende September und dauert den ganzen Oktober.

Die Traubenernte

Beim Zinfandel ist eine Ertragsmenge zwischen 27 und 40 hl/ha eine Garant für qualitativ hochwertige Trauben.

Der Jahrgang 2000 brachte eine große Ernte, sowohl in der Menge als auch in der Qualität. Alle Trauben wurden händisch geerntet. „In den Weingärten hatten die Trauben bei der Lese zwischen 24° und 25°Brix (20,4° und 21,3°KMW, 101,8° und 106,9°Öchsle). Normalerweise haben wir bei diesen Reifegraden 7,0 bis 7,5 g/l Säure, diesmal waren einige etwas darunter, so bei 6,0 g/l. Der ph-Wert liegt bei 3,4 oder 3,5; nur aus den wärmeren Lagen ist der pH-Wert bei 3,7. Bei diesen Weinen wird Säure zugesetzt, um den pH-Wert herabzusetzen. Es wird sehr selten gemacht, aber wenn es notwendig ist, machen wir es. Wenn Trauben hereinkommen und sie haben 5,0 g/l oder gar nur 4,5 g/l Säure und der pH-Wert ist hoch, dann wird Säure zugesetzt."

Im August wird auch damit begonnen, den Polyphenolgehalt (Gerbstoffgehalt) der Trauben zu analysieren. Diese Laboranalysen zeigen den möglichen Lesezeitpunkt. „Wir halten uns nicht immer daran, aber es ist eine gute Kontrolle des Reifeverlaufes in den einzelnen Weingärten. Man sieht schon vorher, was man von diesem Jahrgang erwarten kann. Man kann

die Analysen mit dem Geschmack der Trauben vergleichen, wobei für mich der Geschmack für den Erntezeitpunkt ausschlaggebend ist,“ erläutert Ken Rosenblum seine Entscheidungshilfen für den richtigen Lesezeitpunkt.

Die Fermentation in den Tanks

Die Trauben werden in 500-kg-Container gelesen und nach Alameda in die Kellerei geliefert. Dann ist es bei der weiteren Verarbeitung ein Unterschied, ob die Trauben aus einer warmen oder einer kühleren Region kommen. Die Trauben aus den wärmeren Regionen werden temperaturkontrolliert in Edelstahltanks vergoren. Das Volumen der Tanks liegt zwischen 15.000 und 25.000 Litern.

Nachdem die Trauben gerebelt und gequetscht wurden, werden sie in Edelstahltanks für drei Tage auf 10°C heruntergekühlt. Sofort nach dem Rebeln und Quetschen wird Schwefel zugesetzt, 50 mg/l. In diesen 3 Tagen erfolgt nur eine Kaltauslaugung der Maische, erst dann wird die Gärung eingeleitet. Vom ersten Tag an wird schon zweimal täglich rundgepumpt, damit der Maischehut immer nass bleibt. Der größte Teil der Farbauslaugung erfolgt schon während der 3 Tage der Kaltfermentation. Danach wird vom Kühl- auf Warmwasser gewechselt und die Temperatur auf 21°C angehoben. Die Gärtemperatur kann bis zu 32°C ansteigen, dann wird wieder heruntergekühlt. 5 Tage dauert die Fermentation, 8 Tage die Mazeration, der Schalenkontakt. „Wir haben keine sehr lange Mazerationszeit, wir pressen ab, wenn nur noch 1° oder 2° Brix Zucker vorhanden sind. Seihwein und Presswein werden gemeinsam weiterverarbeitet. Wir pressen sehr sanft, nur mit vielleicht 1,5 bar Druck.“

Die Trauben aus den kühleren Regionen kommen zur Gärung in die kleinen offenen Behälter, die schon für die Lese verwendet wurden. Dabei wird die traditionelle offene Maischegärung, die burgundische Methode mit dem Untertauchens des Maischehutes, angewandt. Wenn es der Jahrgang ermöglicht, wie 1995 und 1996, wird nur mit den natürlichen Hefen gearbeitet. 1997 haben wir auch mit den Wildhefen begonnen, diese starben aber ab, und es mussten Kulturhefen zugesetzt werden, die „Pries de mouse“, eine Weißweinhefe, die bei sehr hohen Alkoholwerten gärt. Enzyme werden nicht verwendet.

Zinfandel – offen vergoren

Die Zinfandel-Trauben aus den kühleren Regionen werden offen in den kleinen Lesecontainern vergoren. Ungefähr 300 dieser offenen Fermentierbehälter, die ungefähr 300 l Wein fassen, werden benötigt. Das sind gerade 2 Barriques pro Gäreinheit. Nach dem Rebeln wird der Maische für die offene Vergärung 75 – 100 mg/l SO_2 zugegeben, das ist viel, „to hold down all the bad guys“. Rosenblum arbeitet bei der offenen Maischegärung sehr natürlich, nur Hefe wird zugesetzt. Der Hut wird drei- bis viermal am Tag händisch untergetaucht, „Durch das Untertauchen bekommen wir jedes Mal etwas mehr Farbe, etwas mehr Phenole, und all die vielen Elemente, die einen Rotwein wirklich gut machen.“ Auf die Maischeoberfläche wird ein CO_2-Polster gelegt, der eine Oberflächenoxidation verhindert. Die Trauben aus den kühleren Regionen haben auch einen längeren Schalenkontakt nach der alkoholischen Gärung.

Für die offene Vergärung wird der ganze Raum mit der Klimaanlage auf 21°C gekühlt, die Luftfeuchtigkeit im

Lagerraum wird bei 84% gehalten. Die Mosttemperatur steigt bei der Gärung bis auf höchstens 32°, 33°C und geht dann wieder zurück auf 26°C. Bei einem Zuckergehalt von 18° Brix (15,2°KMW, 74,1°Öchsle) werden die Milchsäure-Bakterien zugesetzt. Das ist für Ken Rosenblum genau der richtige Zeitpunkt: der Alkoholwert ist noch nicht zu hoch, die Temperatur stimmt, und zu 80% ist dann zum Zeitpunkt des Pressens auch die Malolaktik schon fertig. Nach der alkoholischen Gärung bleiben der Jungwein und die Schalen noch eine Woche zusammen, bevor abgepresst wird. Die gesamte Gär- und Mazerationszeit beim Zinfandel beträgt 18 bis 20 Tage.

Nach dem Pressen werden Seihwein und Presswein gemeinsam weiterverarbeitet. Dabei wird der Jungwein nicht gepumpt, die kleinen Behälter werden in die Presse geleert, worin auch die Kerne zurückbleiben. Zuerst kommen die Jungweine noch für eine Woche in Absetztanks, und dann erst in die Barriques. Ein SO_2-Dosage als Oxidationsschutz wird erst nach dem ersten Umziehen der Weine in den Barriques zugesetzt.

Der Barriqueausbau

„Wir verwenden für die Fassreifung des Zinfandel sowohl neue als auch gebrauchte Barriques aus amerikanischer und französischer Eiche. Die besten Weine bekommen den größeren Neuholzanteil. Bis zum ersten Umziehen wollen wir genügend Eiche im Wein haben, die Gerbstoffe fixieren die Farbe etwas. Jeder Weingarten ist anders, jeder Wein hat seine eigene Persönlichkeit und wir erkunden, wieviel Eiche er verträgt und welche Eichenart."

Zu Beginn der Fassreife ist jeder Gärständer eine eigene Einheit (Lot), bei der offenen Gärung sind das gerade zwei Barriques. Wenn später einige Lots besonders hervorstechen, werden sie auch als eigene Fässer weitergeführt. Beim ersten und zweiten Umziehen wird schon mit dem Verschneiden der kleinen Einheiten begonnen. Die Lese ist Ende September, die Fermentation im Oktober, ab November ist der Wein in den Barriques und ab Dezember, so nach 1 1/2 bis 2 Monaten, wird das erste Mal umgezogen. Dann wird dem Wein auch erstmals SO_2 zugesetzt. Während der Fassreife werden die Rotweine auf einen Pegel von 22 bis 24 mg/l freier SO_2 gehalten. Beim ersten Umziehen werden alle Weine belüftet, teilweise auch noch vier Monate später, beim 2. Umziehen der Barriques. Der Barrelmix wird jedesmal leicht verändert, die Weine werden insgesamt viermal in ihrer Fassreifezeit umgezogen.

Die Luftzufuhr ist für den Wein im ersten Jahr der Fasslagerung sehr wichtig, später, im 2. Jahr, muss man sehr vorsichtig mit dem Sauerstoff umgehen. Die Schwefelwerte in den Barriques werden regelmäßig kontrolliert und wenn notwendig aufgebessert. 14 bis 16 Monate dauert die Fassreife. Dann werden die Weine, immer noch nach Lagen und Herkunft separat geführt, in die Mischtanks umgezogen. Einige werden, wenn notwendig, leicht filtriert, einige nicht. Wenn die Tannine etwas zu hart oder hervorstechend sind, wird auch eine Eiklarschönung vorgenommen. Beim größten Teil der Weine ist es jedoch nicht notwendig. Das Eiklar wird in den Mischtanks zugesetzt. Der Wein kommt wieder in die Fässer zurück, und nach 3 Wochen wird er dann leicht filtriert. „Wir haben sowohl die Schönung im Tank als auch in den Fässern ausprobiert, in den Fässern wird der Wein harmonischer," sagt Alix Collison, Kellermeister bei Rosenblum. Beim Pinot Noir kann es vorkommen, dass bis zu 12 Eiklar pro Fass verwendet werden, beim Zinfandel sind es höchstens 6 Stück. Dem Eiklar wird etwas Wasser zugesetzt, und es wird dann noch flüssig dem Wein untergerührt.

Bei den Rotweinen wird, wenn notwendig, auch Weinsäure (tartaric acid) zugesetzt, manchmal auch Zitronensäure (citric acid), es wird vorher ausprobiert welche der Säuren sich besser einbindet. Die Zugabe der Weinsäure erfolgt schon vor der Gärung, ein Teil davon fällt während der Gärung wieder aus.

Bei der Flaschenfüllung sollen die Rotweine 22 bis 24 mg/l freies SO_2 haben.

Die neuen Barriques werden zuerst für die Chardonnayvergärung verwendet und kommen erst dann in das Rotweinprogramm. Die Tannine, die dann von den Rotweinen ausgelaugt werden, sind weicher und harmonischer. „Wir arbeiten mit Fässern sowohl mit französischer als auch amerikanischer Eiche. Die amerikanische Eiche aus denen unsere Fässer gebaut werden, stammt aus verschiedenen Regionen, sie kommt aus Missouri, Virginia, Visconsin. Anfangs haben wir nur Buchstaben und Nummern an den Fässern, wir wollen unbeeinflusst die Entwicklung der Weine studieren. Nach 6 Monaten setzen wir uns mit den Tonnellerien zusammen und kosten, wie sich die einzelnen Weine in den unterschiedlichen Fässern entwickelt haben. Das wird mit verschiedenen Weinen gemacht, dabei kann man feststellen, welchen Geschmack jeder der Koster bevorzugt. Dann stellen wir fest, wie sich derselbe Wein mit den unterschiedlichen Eichenarten entwickelt. Die Fässer wurden von der Tonnellerie in Napa gebaut."

Die Fässer werden mehrmals verwendet. Nach zwei Jahren werden die Barriques ausgehobelt. Das Fass ist dann zweimal verwendet worden, die Deckel werden herausgenommen, Fass und Deckel werden ausgehobelt, und dann wird nochmals getoastet. Das ist ein sehr ökonomischer Weg, um wieder frisches Holz in den Wein zu bringen. Der einzige Nachteil dabei ist, dass man dabei mehr Wein verliert, es wird wieder mehr Wein vom Holz aufgesaugt."

Clos du Val – Cabernet Sauvignon und Chardonnay

Das Weingut Clos du Val liegt im Stag's Leap District im kühleren Teil des südöstlichen Napa Valley. Bernard Portet leitet den Betrieb, er ist auch als Winemaker für die Linie der Clos-du-Val-Weine verantwortlich. In Bordeaux geboren und aufgewachsen gelang es ihm, die im Napa Valley gewachsenen Trauben mit einer maßvollen französischen Kellertechnik zu kombinieren. Als Franzose gilt seine Liebe in erster Linie dem Cabernet Sauvignon, der den größten Teil der Produktion ausmacht. Weitere Rotweine sind Merlot, Zinfandel und Pinot Noir. Als Weißwein wird ein vorzüglicher Chardonnay gekeltert.

Der Chardonnay

Der Clos-du-Val-Chardonnay ist im Stil am ehesten mit einem Meursault vergleichbar, mit sehr viel frischer Frucht, nicht zu üppig und überreif, elegant am Gaumen und fruchtig im Abgang. Bernard Portet: „Wenn der Weinstil, den man anstrebt, eine weiche Säure haben soll, dann ist es wichtig, die gesamte Weinsäure und den Äpfelsäureanteil zu kennen, um später einen Malolaktik-Säureabbau durchführen zu können."

Im kühleren Carneros-District wachsen auf über 36 Hektar die Chardonnay-Trauben. Alle Weingärten werden mit Tröpfchenberegnung bewässert. Durchschnittlich werden vom Chardonnay 10.000 kg/ha geerntet.

Mehrere Wochen vor Beginn der Lese werden schon von jedem einzelnen Weingarten wöchentlich Proben genommen, die analysiert werden. Dadurch werden die Reifeverläufe der einzelnen Weingärten genau verfolgt. Je näher die gewünschten Reifegrade kommen, desto kürzer werden die Analyseabstände. Gemessen wird der Zuckergrad, der Bereich der Säure und der pH-Wert, allerdings ist für den Lesezeitpunkt auch der Geschmack der Trauben ausschlaggebend. Wenn die Säurewerte zu stark abfallen, wird die Lese dieses Weingartenblockes vorgezogen und sofort in der Nacht mit Erntemaschinen gelesen. Die tiefen Nachttemperaturen erhalten die Säure besser. Junge Weingärten werden immer von Hand gelesen, die Stöcke sind für eine maschinelle Ernte noch zu jung. Die physiologisch reifen Trauben werden mit durchschnittlich 23°Brix (19,5°KMW, 97°Öchsle), 7,1 g/l Säure und einem pH-Wert von 3,4 gelesen.

Die Fermentation

Sobald die Trauben in der Winery eintreffen, werden sie gewogen und verarbeitet. Vor dem Pressen werden alle Trauben entrappt, die Stängel sind sehr grün und würden zu viele Bitterstoffe in den Wein bringen. Dem Most wird ein klein wenig SO_2 zugesetzt. Der Most wird für die ersten 48 Stunden auf 4°C gekühlt und kann sich dabei klären. Der natürlich geklärte Most wird in Stahlgärtanks gepumpt und die Gärung wird durch Zugabe von „Prise de Mousse"-Hefe (18 g/hl) eingeleitet. Etwa 40% der Ernte vergärt bei 11°C vollständig im Stahltank, die überwiegende Mehrheit wird nach dem Angären – maximal zu einem Drittel vergoren – in die neuen Allier-Barriques umgezogen. Dort beendet der Wein seine Gärung bei einer Temperatur von maximal 20°C.

Die Fermentation dauert meist 2 1/2 Wochen, dann werden die Fässer aufgefüllt und die Malolaktik wird eingeleitet.

Der Jungwein bleibt im Durchschnitt 2,5 Monate auf der Hefe im Fass. Während dieser Zeit findet meistens der biologische Säureabbau statt. Nach Abzug von der Hefe wird bentonitgeschönt und anschließend kieselgurfiltriert.

Für die Gärung des Chardonnays werden neue, bereits einmal befüllte, und auch Fässer, die schon mehr als ein Jahr verwendet wurden, eingesetzt. Der Großteil der Fässer ist seit maximal zwei Jahren in Verwendung.

Nach der Gärung des Chardonnays werden 30% der Fässer für die Reifung des Cabernet Sauvignon verwendet.

Bei Clos du Val wird der Chardonnayausbau in den Barriques nicht wie im Burgund durchgeführt. Dort bleibt der Wein für 6 bis 9 Monate in den Fässern, bevor er das erste Mal umgezogen wird. Die reine Fermentationszeit ist ungefähr 3 Wochen, mit der Malolaktik kommen noch 3 Wochen dazu, das sind dann ungefähr 6 Wochen. Die restliche Zeit ist dann die Fassreife. „Sur lee" ist der Kontakt des Weines mit der Feinhefe. Bei den Burgundern wird der Wein dadurch weicher und saftig. Der Clos-du-Val-Chardonnay ist im Bukett frischer und nicht so stark von den Hefearomen dominiert, aber es sind immer um die 100 Barriques, bei denen fünf bis sechs Monate lang die Hefe immer wieder aufgerührt wird.

Nach fünf bis sechs Monaten der Barriquereife werden die Weine in größere Fässer zusammengezogen. Nach einer weiteren Reifung von gut zwei Monaten in den älteren Fässern oder Holztanks wird der letzte Verschnitt vorgenommen.

Eine Kaltstabilisierung zur Weinsteinausscheidung und eine EK-Filtriation im August vor dem Flaschenfüllen sind die einzigen Stabilisierungsmaßnahmen die beim Chardonnay durchgeführt werden. Der frühestmögliche Termin für den Verkauf der Weine ist sechs Monate nach der Flaschenfüllung.

Wird dem Chardonnay Säure zugesetzt?
Bei manchen Weinen, die nicht über genug Säure verfügen, wird Säure zugesetzt. Das passiert zu Beginn der Fermentation im Stahltank, wenn 15% des Zuckers vergoren sind, bevor wir zur weiteren Gärung in die Barriques gehen. Grundsätzlich hängt es von mehreren Faktoren ab, ob wir Säure zusetzen, vom Jahrgang, dem Geschmack und der Balance eines Weines. Wir verwenden dabei Weinsäure (tartaric acid). Wesentlich dabei ist, dass der Wein über genügend Säure verfügt, damit er beim Trinken im Abgang frisch wirkt.

Die Auswahl der Barriques

Zu Beginn werden für die Gärung von einem Chardonnay-Jahrgang ungefähr 900 Barriques befüllt. Am Ende der acht bis zehn Monate dauernden Fassreife sind es nur mehr 200 Barriques, die den hohen Qualitätsansprüchen des Erstweines gerecht werden.

Der Cabernet Sauvignon

Die Clos du Val Winery besitzt große Rebflächen mit Cabernet Sauvignon im Stag's Leap District am Silverado Trail. Diese in der Ebene gelegenen Weingärten werden nicht beregnet. In normalen Jahren liegt die Erntemenge bei rund 10.000 kg/ha, in den letzten Jahren wurden vom Cabernet Sauvignon aber nur mehr 6.500 kg/ha mit 22,4°Brix (19°KMW, 94 °Öchsle), 6,2 g/l Säure und einem pH-Wert von 3,45 gelesen.

Die Fermentation

Alle Rotweintrauben werden gerebelt. „Die Stängel sind sehr grün, der Wein wird bitter davon." Am ersten Tag wird der Maische SO_2 zugesetzt, dann nicht mehr. Diese Zugabe wird nur gemacht, um die wilden Hefen zu unterdrücken.
Die Vergärung findet in Doppelmantel-Stahltanks (das Fassungsvermögen beträgt zwischen 10.000 und 40.000 Liter) bei einer maximalen Gärtemperatur von 29°C statt. Zur besseren Gärung wird Hefe aus der Champagne (18 g/hl) verwendet. Bei der Fermentation werden keine Enzyme verwendet. Die Maischegärung ist nach 5 bis 6 Tagen beendet, während dieser Zeit wird mit einer Maischepumpe der Maischehut täglich ein- bis zweimal überbraust. Bei jedem der Gärständer wird täglich der Gärverlauf analysiert.
Der Kontakt der Beerenhäute mit dem Wein dauert insgesamt 3 Wochen, vom Tag, an dem die Tanks angefüllt werden, bis zum Tag, wo der Wein wieder herauskommt. Davon beträgt die Mazerationszeit nach der alkoholischen Gärung 15 Tage.
Noch in den Gärtanks, gegen Ende der alkoholischen Gärung, werden die Malolaktikbakterien dem Wein zugesetzt. Sie sollen den Äpfelsäureabbau einleiten. Der Jungwein bleibt im Tank, bis auch der biologische Säureabbau beendet ist. Anschließend wird gepresst und eine Woche später der Jungwein belüftet und geschwefelt. Nach dem Pressen wird Seihwein und Presswein separat ausgebaut. Alle Pressweine werden zusammengeführt, und nach 2 Jahren der Fassreife kommt ein kleiner Teil des Pressweines zum Hauptblend dazu.
In den ersten Monaten der Holzzisternenreifung wird der junge Wein zwei- bis dreimal umgezogen. Beim Cabernet Sauvignon wird im ersten Winter eine Eiklarschönung durchgeführt. Die Eiklarschönung muss auf Farberhaltung, Farbglanz, Farbstabilisierung und die Reduzierung unerwünschter Polyphenole ausgerichtet sein. Zwischen zwei und vier Eiklar pro Barrique werden benötigt, um die richtigen Klärmaßnahmen durchzuführen. Erst danach kommen die Jungweine zur weiteren Reifung in Nevers-Barriques. Bei Clos du Val stehen rund 2.500 Barriques im Einsatz, zusätzlich werden jährlich 500 neue Fässer zugekauft und ausgetauscht. Alle Barriques sind „medium" getoastet.
Zur Clos-du-Val-Philosophie gehört die Verwendung unterschiedlicher Fasstypen aus verschiedene Eichen und auch die Verwendung von Fässern mit unterschiedlicher Verwendungszeit. Es werden sowohl neue als auch einmal- und zweimal gebrauchte Barriques für die Weinreifung herangezogen. Für 5 Jahre werden die Fässer zur Weinlagerung eingesetzt. Die Idee dahinter ist, das die besten Weine in das neue Holz kommen, das ist auch das Bordeaux-Konzept. Der Cabernet Sauvignon wird bevorzugt in Nevers-Eiche ausgebaut. Im Dezember und Jänner sind 40% der besten Cabernetweine in den neuen Fässern. Das ist auch der größte Neuholzanteil, der eingesetzt wird. Im Dezember kommen auch die ersten Nevers-Fässer von der Chardonnaygärung dazu. Die Barriques aus der Allier-Eiche werden für die Reifung des Pinot Noir benötigt.

Die Entwicklung des Cabernet Sauvignon, das Umziehen und Belüften der Weine

Die erste große Belüftung des jungen Cabernet Sauvignon findet vor dem Pressen statt, wenn der Wein aus dem Gärtank kommt. Wenn die malolaktische Gärung beendet ist, erfolgt eine weitere Belüftung der Rotweine und Schwefelgabe. Der SO_2-Spiegel liegt zu dieser Zeit bei 28 bis 30 mg/l. Nicht zu viel, nur um zu schützen.
In den ersten beiden Monaten der Fassreife werden die Weine immer belüftet, wenn sie umgezogen werden. Zu Beginn der Barriquereifezeit werden die Weine sehr oft umgezogen. Das erste Mal zwei Tage nach dem ersten Abzug vom Gärtank, 8 Tage später nochmals, das nächste Mal nach 2 Wochen, und wieder ein Monat später. Das nächste Umziehen erfolgt erst 2 Monate später, zwischen Dezember und Februar.

Warum wird zu Beginn der Wein so oft umgezogen?
„In der ersten Zeit ist das Risiko einer Oxidation nicht so groß, weil im Wein eine Sauerstoffsättigung vorhanden ist. Der Wein ist jung und man kann ihn mit Sauerstoff weiter aufbauen. Wenn er einmal im zweiten Jahr seiner Reife ist, muss man wegen einer möglichen Oxidation schon sehr aufpassen. Die Belüftung des Weines nimmt zwar ein wenig der Frucht, aber auch die nicht so schönen Hefenoten."
Im darauffolgenden Sommer wird von Bernard Portet, John Clews und Kian Tavakoli gemeinsam der Grundverschnitt festgelegt und durchgeführt. Der assemblierte Wein wird wieder auf die Fässer aufgeteilt.
Der nächste Verschnitt erfolgt ein halbes Jahr später im Januar. Je nach Jahrgang variiert in der Cuvée der Anteil des Merlot. Die endgültige Cuvée wird im Juni und Juli zusammengestellt, im August wird in Flaschen gefüllt. Der Cabernet Estate bleibt insgesamt 18 Monate zur Reifung im Holzfass. Vor der Flaschenfüllung werden die Rotweine nicht filtriert.

Erst nach einer weiteren zweijährigen Flaschenreife kommt der Cabernet Sauvignon auf den Markt.

Die Reserve-Linie

Von besonders guten Jahrgängen werden schon beim Ende der Fermentation die Tanks mit den besten Gärergebnissen für die Reserve-Weine ausgesucht. Diese Weine werden dann von den anderen getrennt ausgebaut. Die besten Fässer des Reserve-Programms werden auch länger geschult. Die Cabernet Sauvignon Reserve-Weine altern ein Jahr länger im Holzfass als der Estate-Wein. Auch die Flaschenreife dauert um ein Jahr länger, sodass die Cabernet Sauvignon Reserve erst sechs Jahre nach der Traubenlese im Handel erhältlich ist.

Rotwein und Säure

Auch beim den Rotweinen wird, wenn der natürliche Säuregehalt zu gering ist, mit einem Säurezusatz gearbeitet. Ein Beispiel: Die Trauben wurden mit 23°Brix (19,6°KMW, 97,4 Öchsle), 6,35 g/l Weinsäure, und einem pH-Wert von 3,32 gelesen. Am gleichen Tag wurde der Maische die Kulturhefe dazugegeben, die Weinsäure 2 Tage später. Und schon 4 Tage, nachdem die Maische zu gären begonnen hatte, die Malolaktikbakterien. Der Großteil des Zuckers sollte schon vergoren sein, wenn die Malolaktikbakterien dazugegeben werden. Es dauert 3 bis 4 Tage, bis die Bakterien mit ihrer Arbeit beginnen. Von diesem Zeitpunkt an wird jeder Tank zweimal am Tage gekostet, am Morgen und am Abend. Vom ersten Tag an wird der Most zweimal am Tag rundgepumpt. Wenn der ganze Zucker dann vergoren ist, nicht mehr. Jeden Tag ist die Extraktion verschieden, ob am Morgen oder am Abend gekostet, es ist immer ein Unterschied. Täglich nimmt die Extraktion zu, der Wein wechselt von härteren Tanninen zu weicheren, dann schwenkt das Geschmacksbild wieder zurück zu härteren Gerbstoffen, der Wein wird konzentrierter.
Ein Teil der zugesetzten Säure fällt während der Gärung wieder aus. Die zugesetzte Menge muss so berechnet sein, dass zum Ende der Gärung die gewünschte Anhebung der Säure noch im Wein vorhanden ist.

Blend/Verschnitt

Nach 6 Monaten der Fassreife wird bereits mit der Auswahl der Weine für die einzelnen Cuvées begonnen.
Zu Beginn gibt es 33 verschiedene Cabernets und 25 bis 30 verschiedene Chardonnays, ein jeder davon ist unterschiedlich ausgebaut. Die Weine sind schon von der Fermentation her differenziert, mit verschiedenen Techniken in neuen und gebrauchten Fässern ausgebaut. Alles, um möglichst individuelle Weine zu erhalten. „Produziere zuerst charaktervolle, individuelle Typen, bring sie zusammen und mache ein Team draus, das ist die Kunst des Verschnittes" war der Leitspruch von Krimo Souilah. Jedesmal wenn die Weine umgezogen werden, erfolgt auch ein Verschnitt. Es ist wie bei einer Pyramide, zu Beginn haben wir sehr viele Fässer, bis zum Ende, nach vielen Selektionen, bleiben nur noch die Besten übrig. Zuerst wird ein Jahr nur mit den Cabernet-Sauvignon-Weinen gearbeitet, die dann drei Monate gemeinsam reifen, bevor das Blenden weitergeht. Erst zum Schluss, nach fast zwei Jahren Fasslagerung, werden Merlot und Cabernet Franc zum Blend zugezogen. Das gleiche Ausleseverfahren wird in der Zwischenzeit mit den anderen Weinen durchgeführt. Vom Merlot gibt es auch 8 bis 10 verschiedene Weine, vom Cabernet Franc 3 bis 4.
Das Blenden der Weine erfolgt immer in einem zeitlichen Rhythmus, der sich durch die Betriebsgröße ergibt. Dabei muss man eine sehr gute Vorstellung von der zukünftigen Entwicklung der Weines haben. Man braucht diese Vorstellung schon von dem Moment an, wenn die Trauben in die Winery kommen.

Trinkreife der Rotweine

Die erste Trinkreife der Cabernet beginnt 5 Jahre nach der Ernte, die der Reserve 8 Jahre nach der Ernte. In den nächsten 8 bis 12 Jahren zeigen sie dann ihr großes Potenzial.

Marko-Druck: Rolle vorwärts

Eine Sekundärinnovation stand am Anfang: das traditionelle Flaschen-Etikett zum Leimen ist ein Auslaufmodell, das selbstklebende Etikett auf der Rolle ersetzte zunehmend das Althergebrachte und der Trend zu größeren Produktionseinheiten zeichnete sich ab.
Neuerung als Unternehmensziel

Im Jahre 1996, nur zwei Jahre nach der Übernahme einer traditionsreichen Druckerei und der damit zusammenhängenden Firmenneugründung, entschieden sich der geschäftsführende Gesellschafter Gerhard Marko und seine zwei Geschäftspartner für eine innovative Investition: Steiermarks erste Flexo-Druckmaschine, welche Selbstklebe-Etiketten auf Rolle produzieren kann, ging erstmals im südsteirischen Druckzentrum Marko in Leibnitz-Leitring in Betrieb. Damit wurde der Startschuss zu einem wirtschaftlichen Höhenflug der Druckerei gegeben.
Gerhard Marko: „Es lassen sich heute nur erstklassige Produkte zu konkurrenzfähigen Preisen absetzen, und ein optimales Preis-Leistungsverhältnis lässt sich wiederum nur mit dem Einsatz moderner und zeitgemäßer Fertigungstechnologien erreichen." Außerdem ist dem Management-Trio bewusst, dass die computergesteuerten Drucktechnologien die bisher eingesetzten Fertigungspraktiken in einem rasanten Tempo ersetzen und jeder wesentliche Technologiesprung auch in Zukunft schnellstens vollzogen werden muss.

Diese Erkenntnis wurde im Jahr 2000 praxisnah umgesetzt – und ab diesem Zeitpunkt werden auf einer der weltweit modernsten, größten und besten UV-Flexo-Rollendruckmaschine in der Druckerei Marko auf High-Tech-Basis hochwertige Selbstklebe-Etiketten produziert. Begleitet wird dieses quantitative Wachstum von qualitativen Höchstleistungen. Die neue Druckmaschine entspricht allen Erwartungen, die sowohl von den Kunden als auch von den Firmenchefs in sie gesetzt wurden. Das gut durchdachte Konzept, die solide und zuverlässige Technik, die Fertigung mit hoher Präzision sind der einfache und wirkungsvolle Schlüssel für eine hohe Druckqualität und lange Lebensdauer.

Grafik

Groß geschrieben wird bei Marko Druck die grafische Gestaltung aller Druckwerke. Die Druckerei arbeitet nicht nur mit führenden Werbeagenturen zusammen, sie bietet auch Komplettlösungen von ihrer „eigenen Werkstatt" an. Dazu gehören unter anderem die Bereiche Grafik und Satz.

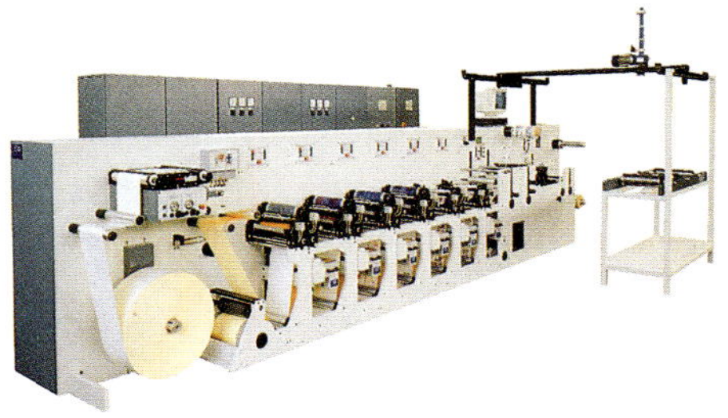

Die Produktpalette

Die südsteirische Druckerei Marko produziert so ziemlich alles, was mit Druck zu tun hat: neben Selbst-Klebeetiketten werden noch Etiketten zum Leimen gedruckt, gefertigt werden Zeitungen, Plakate, Flugblätter, Geschäftspapiere und vieles mehr im Vierfarben-Druckverfahren. Weiters werden Kopien bis DIN-A-2 und Farbkopien angeboten sowie das Bedrucken von T-Shirts. Die Marko Druck Ges.m.b.H. beschäftigt derzeit 13 hochqualifizierte Mitarbeiter.

MARKO LEIBNITZ DRUCK GmbH

Marko Druck
8430 Leibnitz-Leitring, Hauptstraße 42
Tel.: 03452 / 72 2 66 - 0
Fax: 03452 / 72 2 66 - 30

Barriqueweine in Österreich

Es sind schon einige Weinjahrgänge vergangen, seit der burgenländische Winzer Hans Igler und Wolfgang Petzl von der Vinothek St. Stefan im Jahre 1981 genau 36 gebrauchte Barriquefässer vom Château Latour erwarben und damit den ersten Rotwein in Barriques ausgebaut haben. Der erste gelungene Ausbau in den französischen Kleinfässern war ein 1983er Blaufränkisch. Hans Igler war der erste, der diese Art der Vinifizierung versucht hat.

Im Jahre 1985 machten einige burgenländische Winzer eine Studienreise nach Bordeaux und besuchten dabei einige Châteaus. Die Weine, die sie dort bekamen, überzeugten nicht alle von den Vorzügen der Weinreifung in den Kleinfässern. Es weckte aber ihre Neugierde. Danach begann langsam der Barrique-Boom in Österreich. Der wunderbare Herbst des Jahres 1986 brachte eine außergewöhnliche Traubenreife, die den beginnenden Barriqueausbauversuchen österreichischer Winzer sehr hilfreich war. Der Shooting Star war der 1986er Blaufränkisch Mariental vom Ruster Ernst Triebaumer. Mit jedem weiteren Jahr wurden die Erfahrungen mit dem richtigen Umgang mit den Kleinfässern größer. Als nächster Winzer verglich der Illmitzer Alois Kracher seine Süßweine mit denen des Château d'Yquem. Er besorgte sich von der Tonnellerie Seguin Moreau die gleichen Barriques, mit denen auch die berühmten Sauternes-Süßweine ausgebaut werden. Er studierte beim großen Vorbild jedes Detail und setzte diese Erfahrungen mit den burgenländischen Botrytistrauben um. Mit dieser Vision, sehr viel konsequenter Arbeit und auch dem richtigen Umgang mit Journalisten ist er in wenigen Jahren selbst in den Olymp der Süßweinproduzenten aufgestiegen.

Mit den Süßweinen begann auch der Ausbau von weißen Rebsorten, zuerst nur Chardonnay und Weißburgunder, dann auch Sauvignon blanc, in den Barriques.

Die österreichischen Winzer haben gelernt, mit den kleinen Fässern umzugehen, sie haben sehr viel und sehr schnell gelernt.

Bilder links:
Das neue Winzerhaus und der Barriquekeller in der Ried Zieregg von Manfred Tement, Berghausen, Südsteiermark.

Weingut Tement – Sauvignon blanc Zieregg

Lange war der Süden der Steiermark von den Traditionalisten im Weinbau geprägt. Manfred Tement ist es eindrucksvoll gelungen, dieses Image abzuschütteln. Seit vielen Jahren produziert er Terroir-Weine von Weltruf. Er ist ständig daran interessiert, den nächsten Schritt in die Weinzukunft mit immer neuen Erkenntnissen zu gehen. Eine kontinuierliche Detailerneuerung im Weinbau auf Basis des gewonnenen Know-hows soll einmal errungene Positionen festigen und neue ausbauen helfen. Die Ergebnisse dieser Philosophie fließen bei Manfred Tement auf kurzem Weg vor allem in die weitere Entwicklung der Kellerwirtschaft. Nur wenige Weinbauern in der Südsteiermark legen so hohe Maßstäbe an sich und ihre Weine wie der zweifache Familienvater. Dem exzentrischen Winzer geht es vor allem darum, das Terroir in seinen Lagenweinen zum Ausdruck zu bringen, was ihm beim Sauvignon blanc Zieregg auch sehr gut gelingt. Diese Rebsorte zählte schon immer zu den besten der Südsteiermark. Dennoch wurde sie lange Zeit unterschätzt und erst unter Weinbauern wie Manfred Tement entwickelte sich diese Rebe zum internationalen Star. Mit seinem Sauvignon blanc Zieregg tritt der ruhig wirkende Weinenthusiast Vorurteilen entgegen, in der Südsteiermark könne man keine großen Weine keltern. Die Lage Zieregg ist ein exponierter Hang von bis zu 470 Metern Seehöhe, den sich mehrere Weinbauern teilen. Aber nur Manfred Tement gelang es, die Weine aus der Lage Zieregg zu adeln. Den schönsten Überblick über die Lage Zieregg im wahrsten Sinne des Wortes hat man vom neuen Tement-Flaggschiff aus, einem architektonischen Juwel aus viel Glas mit einem herrlichen Blick auf das Tal.

Drei Generationen im Weinbau:
Manfred, Achim, Heidemarie, Edina und Stefan Tement

Sauvignon blanc Zieregg

Welchen Einfluss hat nun die Lage Zieregg auf den Sauvignon blanc von Manfred Tement? Die Lage teilen sich mehrere Besitzer, alle haben ihre Reben in der Zieregg und doch gibt es bei den Weinen enorme Unterschiede. „Westseitig hat die Riede Zieregg einen schweren Boden und ist nicht sehr warm, eher kühl. Wahrscheinlich habe ich den besten Teil, mit einem sehr warmen Boden, süd-südwestseitig, gut geschützt, mit einem Gegenhang – ein totaler Kessel. In meinen Weingärten ist das Wachstum ausgeglichen, es wächst nichts zu stark, grad' richtig eben."
Die Lage allein macht also nicht den Wein, sie ist zwar die Basis, aber der Mensch kann immer Einfluss nehmen. Gewisse Dinge kann man aber nicht erzwingen. „Ich kann zum Beispiel in Graßnitzberg nie die Wärme hineinbringen, die Zieregg hat, da kann ich machen was ich will, obwohl es annähernd der gleiche Boden ist."
2 ha der Rebfläche Zieregg sind mit Sauvignon blanc ausgepflanzt, das sind ca. 10.000 – 12.000 kg Sauvignon-blanc-Trauben. „Das ist nicht übermäßig viel. Wenn du eine gewisse Reife, so um die 18°KMW (88,8°Öchsle) haben willst, kannst du auch bei Trauben für die „Steirische Klassik" nicht mehr als 6.000 – 6.500 kg ernten." Ausnahmen sind besonders heiße Jahre wie 1999 und 2000, dann kommt man auch mit einem höheren Ertrag dorthin. Ein entsprechend höherer Alkoholgehalt kennzeichnet diese Weine. „Die Säure liegt dabei etwas tiefer, wobei ich glaube, dass es zur Harmonie gehört, dass ein Wein, der mehr Alkohol hat, auch mit der Säure tiefer ist. Die Typizität eines Weines macht das Gebiet, die Lage, der Boden, vor allem aber das Klima aus. Man kann auch mit weniger Säure die Typizität eines Gebiet haben."

Die Rebflächen

Manfred Tement verarbeitet Trauben von ca. 50 ha Weingärten, wobei 35 ha selbst bewirtschaftet werden. Im Ertrag steht zum Großteil Sauvignon blanc, obwohl die verkaufte Weinmenge vom Welschriesling weit übertroffen wird. Das hängt damit zusammen, dass man vom

Welschriesling wesentlich mehr Ertrag hat. „Wir haben in den vergangenen Jahren sehr viel Sauvignon ausgesetzt, wobei von den 35 ha ca. 10 ha Sauvignon sind. Der kommt jetzt langsam in den Ertrag, sodass wir eine beträchtliche Menge Sauvignon zusammenbringen werden.

Mittlerweile werden bereits vier verschiedene Sauvignons ausgebaut. Es gibt kleinere Mengen von Lagenweinen, wie Graßnitzberg und Zieregg, und natürlich auch unterschiedliche Ausbaustile.

Beim Zieregg-Sauvignon-blanc, wie sind da die Lesekriterien? „Es ist nicht nur so, dass die Trauben aus dieser Lage kommen, diese Trauben bekommen natürlich auch eine ganz besondere Pflege. Es wird schon gezielt darauf hingearbeitet, sehr hochwertige Trauben zu bekommen, was aber nicht heißen soll, dass die Arbeiten bei den anderen Trauben schlechter gemacht werden. Es wird einfach die Erntemenge so weit reduziert und so auf den Jahrgang abstimmt, dass die Trauben bei der Ernte eine sehr hohe Reife haben. Das wird immer schrittweise, im Einklang mit den natürlichen Voraussetzungen des Jahres gemacht. Man sieht, wie weit die Entwicklung fortgeschritten ist, und kann reduzieren oder auch mehrere Trauben am Stock belassen. Die Entscheidung über die am Stock zu verbleibende Menge fällt relativ spät, ungefähr Mitte August, kann dann aber noch einmal korrigiert werden. Wir machen das mit Traubenzählungen, das verstehen unsere Mitarbeiter am besten. Beim Sauvignon blanc sind das je nach Größe 10 – 12 Trauben auf einem Stock, das sind ungefähr 4.500 kg/ha.

Physiologische Reife der Trauben

Die Laubarbeit spielt bei Manfred Tement eine große Rolle. „Es gibt Sorten, die gut vertragen, dass sie in der Sonne stehen. Alle Sorten, die primär aromatisch sind wie der Sauvignon blanc, sollen eher im Halbschatten wachsen. Das hat nicht so viel mit der Säure zu tun, aber mit den Aromen." Prinzipiell ist es so: Bei einem heißen Jahrgang ist die Gefahr sehr groß, dass man phenolisches Traubengut erntet, weil man in solchen Jahren früher lesen muss. Früher ernten bedeutet gleichzeitig weniger physiologische Reife der Trauben. Deswegen haben kleine Jahrgänge meistens keine phenolischen Probleme, da es eine sehr lange Vegetationszeit und dadurch eine bessere Ausreifung gibt. Meistens sind warme Jahrgänge auch trockene Jahrgänge. Und überall, wo es Trockenschäden gibt, gibt es auch erhöhte phenolische Probleme, es steigt der Phenol-Wert. Für die Aromatik der Trauben ist also der Halbschatten am besten. Wobei man schon unterscheiden muss, welchen Weintyp ich erzeugen will. Will ich etwas Fruchtiges oder will ich Aromastoffe haben, die langlebig sind, dann verträgt die Traube schon etwas mehr Sonne. Wenn ich sage, mir ist es nicht wichtig, dass der Sauvignon blanc extrem nach Sauvignon blanc schmeckt, sondern ich will einen langlebigen Wein haben, dann muss ich darauf achten, dass ich nicht ein zu starkes Wachstum habe, sondern ein ausgewogenes, harmonisches Wachstum. Das steuert Manfred Tement einerseits über die Bodenbearbeitung und andererseits dadurch, dass er seine Böden eher mager hält und nicht aufdüngt. „Durch die Mulchdüngung passiert das ja sowieso. Man braucht einen recht kargen Boden. Auf tiefgründigen, moosigen Böden erzeuge ich nur grüne Aromastoffe und keine Reife. Darauf wird nie ein großer Wein wachsen."

Um große Weine zu produzieren, wie den Sauvignon blanc Zieregg, braucht man Trauben, die deutlich von primären Aromastoffen reduziert sind. Nur dann kann man einen Holzausbau machen, egal, ob im Barrique oder im großen Holz. Der primäre Duft eines Sauvignons, leicht unreif, mit intensivem Paprikaton, der passt mit einem Holzausbau nicht zusammen. Der Stil des Holzausbaues ist immer auf langsame Reife ausgerichtet, primäre Aromen sind für Weine eher geeignet, die schnell zu trinken sind. Duft und Reife harmonieren nicht. „Auch dieser Weinstil hat seine Berechtigung. Wenn ich aber Holz einsetzen will, muss ich einen anderen Weg gehen."

Die „Steirische Klassik" geht in die Richtung der Primärfruchtigkeit. Das ganze Jahr über erzieht man den Weingarten in jene Richtung, in der man ihn haben will. Die letzte Möglichkeit einer Korrektur ist dann bei der Ernte gegeben. „Rund 20% oder 1/3 der zu dieser Zeit noch etwas grüneren Trauben werden herausgelesen. Diese Trauben werden für die Klassik-Weine verwendet. Die anderen bleiben länger am Stock hängen. Damit kommen wir auch zu unserem Ausbau. Wir machen die Selektion im Weingarten, die Trauben, die ganz reif sind, werden in den Barriques ausgebaut, jene, die knapp vor der Höchstreife sind, in die großen Eichenfässer. Die restlichen Trauben, die zwar die Zuckerreife haben, aber optisch noch zu grün sind, kommt gleich in den Stahltank. Diese Entscheidung trifft Manfred Tement selbst. „Dabei gehen wir meistens nach Holzreife der Triebe vor. Wenn ein Stängel zur Ernte nicht verholzt ist, kann er auch keine reife Traube haben, weil er noch wächst. Die kommen sicher alle weg, die sind noch grün. Man kann auch nach der Optik gehen. Dadurch kommen auch die unterschiedlichen Qualitäten heraus. Zusammengeben kann man sie immer noch, wenn sie zueinander passen."

Das Presshaus

Das Presshaus ist beim Weißwein wahrscheinlich die wichtigste Abteilung in einem Weinkeller. Wichtiger ist

nur die Traube, der Umgang mit der Traube und wie sie geerntet wird. Bei Tement werden alle Trauben händisch in kleinen Wannen geerntet. „Wir verletzen die Trauben dadurch nicht, sie kommen wirklich als Ganzes ins Presshaus." Bei Tement wird alles gerebelt und größtenteils auch eingemaischt. Gemaischt werden die Trauben erst in den Pressen. „Die Pressen werden normal befüllt, und luftdicht abgeschlossen, die Maische bleibt stehen." Je reifer die Trauben sind, desto länger dauert die Standzeit. Und die Temperaturen, die im Weinkeller herrschen, zwischen 12° und 14°C, verzögern noch zusätzlich den Gärbeginn. Wenn jetzt die Maische in der Presse steht, ist die Presse blockiert. Man benötigt daher mehrere Pressen. Bei Tement kommen vier Pressen zum Einsatz.

Bei Manfred Tement kommen die Klassik-Weine zur Gärung in den Stahltank, der Graßnitzberg in große Holzfässer und die Zieregg-Trauben gären sowohl in großen Holzfässern als auch in neuen Barriques. „Dieses Ziel versuche ich immer zu erreichen, die Erntemenge wird halt unterschiedlich sein. Es ist dann halt mehr Klassik oder mehr Zieregg oder Graßnitzberg. Man wird immer einen Teil herauslesen können, der dafür geeignet ist, in einem Jahr mehr, in anderen weniger. Der Zieregg ist beim Sauvignon blanc gemischt, 1/3 bis 40% vergären in den neuen Barriques, der Rest dann in den großen Holzfässern. Wenn der Jahrgang ganz groß ist, so wie der Jahrgang 1997, werden auch neue Großfässer eingesetzt. Sonst nehmen wir zweijährige Fässer.

Die zwei Fassgrößen die den Stil des Sauvignon blanc Zieregg gemeinsam prägen, kleine Barriques und große Eichenfässer.

Manfred Tement verwendet sowohl 225-l- als auch 300-l-Barriques. „Wir sind in letzter Zeit wieder auf 225-l-Barriques übergegangen, weil sie bei einem großen Jahrgang etwas mehr Holz geben, die Weine auch mehr Holz verarbeiten, weil die Fässer mehr Sauerstoff hineinbringen." Zum Einsatz kommen unterschiedliche Holzarten. „Entscheiden kann man dann nur, wenn man weiß, wie der einzelne Fassbinder arbeitet. Ich nehme bei den Barriques eher eine Mischung von Hölzern: Allier, Tronçais, Vogesen und auch Nevers. In letzter Zeit eher mehr die burgundischen Fasstypen, die mit den 27mm Daubenstärke. Diese Fässer „reifen" langsamer und geben mehr Holz. Den Unterschied macht die Stärke des Toastings. Verwendet man Barriques mit einem stärkeren Toasting, hast du mehr Röstaromen, weniger Holzaromen. Je leichter ein Fass getoastet ist, desto mehr Holztöne werden ausgelaugt. Zu unseren Weinen passt der Holzton sehr gut. Bei einem reifen Jahrgang schmeckst du am Anfang schon noch das Holz, aber wenn er einmal ein oder zwei Jahre ausgebaut ist, dann ist das Holz perfekt im Wein eingebunden."

Die Holzselektion ist immer die gleiche? Die großen Fässer wurden von einem österreichischen Fassbinder gebaut. Am Anfang haben wir französische Hölzer genommen, aber mittlerweile sind wird draufgekommen, dass das bei den großen Fässern nicht so eine Bedeutung hat. Da ist es viel wichtiger, dass das Holz trocken ist und wie es getrocknet wurde. Es muss mindestens ein Jahr pro Zentimeter Daubenstärke getrocknet worden sein, die Fässer haben bis zu acht Zentimeter dicke Dauben, das Holz muss also 8 bis 10 Jahre getrocknet worden sein. Man bekommt sowieso nie soviel Holz in den Wein wie ein Barrique. Bei meinem Graßnitzberg-Sauvignon, der in zweijährigen Fässern war, erkennt man gerade noch das Holz, obwohl ich ein neues Fass verwendet hatte."

Nach der Gärung

„Bei uns werden die Weine eines Weintyps nach der Vergärung zusammengegeben, das heißt wir ziehen sie in einen Tank zusammen, dann hat man ein gleichmäßiges Ausgangprodukt. Dadurch kann ich gewisse Dinge schon ausgleichen, Unterschiedlichkeiten der Fässer usw. Da kann man auch, wenn man will, den Säureabbau einleiten. Wir machen das nicht immer gleich. Es kann auch sein, dass wir den Säureabbau gleich im Fass machen. Wenn ich z. B. eine sehr langsame Gärung habe, wenn sich also die Gärung über 1 bis 2 Monate zieht, dann kommt der Säureabbau oft direkt im Anschluss, dann bleibt der Wein in den einzelnen Fässern. Die Hefe aufzuschlagen geht dann trotzdem.
Einen Äpfelsäureabbau beim Sauvignon blanc machen wir nur in den Barriques, bei den Weinen in den Großfässern meistens nicht. Eines muss einem dabei aber klar sein: Wenn man einen Säureabbau macht, verliert man primäre Frucht. Ich mache das nicht zu 100%, andere schon. Wenn man es aber macht, muss man dem Wein später mindestens ein Jahr weitere Ausbauzeit geben. Es ist fraglich, ob das 100%ig zum Stil eines Sauvignon blanc passt.
Wenn die im Tank zusammengezogenen Weine wieder zurück in die Barriques gefüllt werden, hat der Wein wesentlich weniger Trubstoffet. Schon etwas weniger, aber immer noch genug, das die Hefe regelmäßig aufgerührt werden kann. In den Barriques geht der Säureabbau auch weiter.
Wenn man den Wein zwischendurch von den Barriques umzieht, bekommt man auch mehr Holz. Während der Gärung bildet sich sehr viel Weinstein, der legt sich am Holz natürlich an. Dadurch hat der Wein weniger Oberflächenkontakt. Mit warmem Auswaschen geht der Weinstein sehr leicht weg. Die Fassinnenflächen sind dann wieder frei.

Ausbau in Barriques und großen Fässern

Ein Teil des Sauvignon blanc Zieregg reift in den Barriques und ein anderer in den großen Fässern. „Die Weine kommen schon in der Endgärphase in die großen Fässer, damit man, wenn die Gärung langsam verläuft, noch eine abklärende Gärung in den großen Eichenholzfässern machen kann. Dabei wird ein Teil der Hefe mitgenommen und der Wein bleibt dann auch auf der Hefe liegen.
Es sind meistens neue große Eichenholzfässer, die für die Zieregg-Weine verwendet werden, es sei denn, der Jahrgang ist ein bisschen kleiner, dann nehmen wird auch dafür ein bereits einmal gebrauchtes Fass. Normal ist es so, dass im ersten Jahr die Zieregg-, im zweiten Jahr die Graßnitzberg-Weine in die Holzfässer kommen.
Damit ein möglicher Säureabbau verhindert wird, werden die Weine in den Großfässern am Ende der Gärung mit Schwefel stabilisiert. „Einmal ist der Wein dann ja schon umgezogen worden. Wenn ich merke, das der Wein sich zu stark reduktiv entwickelt - dass ist beim großen Fass viel leichter möglich als bei einem kleinen - dann muss ich natürlich umziehen. Wenn es nicht notwendig ist, wird der Wein nicht umgezogen. Durch das Umziehen in ein anderes Fass oder nur hinaus und wieder zurück bekomme ich etwas Sauerstoff in den Wein."
Manfred Tement arbeitet bei einem Jahrgang mit rund 100 neuen Fässern. Der Sauvignon blanc Zieregg bleibt von der Gärung an ungefähr 7 bis 9 Monate in den Barriques.
Nach der Fassreifezeit kommt es zu einer Auswahl der Fässer. Von den rund 30 Fässern des Zieregg wird vielleicht einmal eines ausgeschieden, mehr nicht. Der Wein den ich mache, der ist dann so gut, dass nichts davon aussortiert werden muss. Es ist jedes Fass gleich gut, natürlich gibt es feine Unterschiede, aber die sind natürlich."

Höchstleistung

Der Zugang zu Höchstleistungen ist unterschiedlich. Tement: „Ich muss einschätzen, welche Voraussetzungen ich habe. Die Lage, der Boden usw. Wo liegen meine Stärken? Liegen sie im frischen, jugendlichen Wein, weil ich lauter schwere Böden und auch kühlere Lagen habe? Oder habe ich warme Lagen, warme Böden, dann kann ich vielleicht auch große Weine machen. Man wird einfach versuchen, von jeder Lage das herauszuholen, was dort am besten gedeiht, auch von jeder Sorte. Ich muss das forcieren, was ich sehr gut kann. Es gibt immer Winzer, die es besser machen als ich. Ich muss schauen, dass ich auf meinem Weg weiterkomme. Man kann Fehler oft nicht sofort korrigieren, ich kann erst in einem Monat sehen, ob mein Weg der richtige war. In Summe spielt natürlich da die Erfahrung eine gewisse Rolle. Aber ganz genau kann ich nicht jede Handlung erklären, da ist sehr viel Intuition im Spiel. Viele können auch einfach ihr Wissen nicht umsetzen. Wissen und dann auch machen sind zwei Paar Schuhe. Wissen tun viele, wie man guten Wein macht."

Weingut Erich & Walter Polz – Sauvignon Blanc Hochgraßnitzberg

Zu ihrem eigenen Ruhm und zur Freude der Weinkenner und -liebhaber keltern Winzer in nahezu allen Weinbaugebieten der Welt Lagenweine, die das Ideal der jeweiligen Betriebsphilosophie in die Flasche bringen. Es werden keine Mühen und Kosten gescheut, weder im Weingarten noch im Keller, um diese Vorstellungen zu verwirklichen. Dass sich solch ein Aufwand lohnt, beweisen die Brüder Erich und Walter Polz. Wie eine Insel der Seligen liegt ihr Weingut inmitten der Weinberge in Graßnitzberg, hart an der Grenze zum südlichen Nachbarn Slowenien. Die Sommer sind dort angenehm warm, die Winter selten sehr kalt. Das Weingut Polz ist seit 1912 im Familienbesitz, die Brüder Erich und Walter Polz gelten als Architekten des heutigen Wirtschaftserfolges, der durch die Neuorientierung der Betriebsphilosophie in den vergangenen 10 Jahren so richtig in Schwung gekommen ist. Sie haben damit aus einer großen Vergangenheit eine starke Zukunft geschmiedet. Das kennzeichnende Potential des Weingutes sind die Lagen Graßnitzberg, Hochgraßnitzberg und Obegg. Das Winzer-Duo produziert Lagenweine in solch hohen Qualitäten, die auch das Augenmerk von Genießern außerhalb der Region auf sich ziehen und inzwischen international Furore machen. Zum Beispiel mit dem Sauvignon Blanc Hochgraßnitzberg, der das Wissen von Erich und Walter Polz zum Thema Weinbau attraktiv und plakativ zur Schau stellt.

Weingärten und Rebsorten

Von den Lagen meint Erich Polz: „Die Riede Obegg ist ein reiner Kalkboden, das macht den Wein etwas härter, ein bisserl mineralischer. Der Hochgraßnitzberg ist ein Muschelverwitterungsboden mit Sandanteilen, das ist der weiche Typ, elegant, nie so unbedingt entgegenschreiend. Der Vorteil dieser Lagen ist die hohe Ausreifung der Trauben."

„Zuerst stellt sich beim Sauvignon Blanc die Frage des angestrebten Weintyps, klassisch-fruchtig oder Barrique. Wenn ich die Primärfrucht hervorstellen will, ist ein Stahltank oder ein großes Eichenholzfass für die Gärung und Reifung geeigneter. Der Ausbau in Barriques fördert und unterstützt die sekundären Aromen der Lage, die erst nach einer mehrjährigen Reife richtig zur Geltung kommen."

Das Bukett der Trauben ist abhängig von der Bewirtschaftung der Weingärten. Die Weingartenarbeit beeinflusst direkt die Ausreifung der Trauben. Es beginnt beim Boden, welche Bodenstruktur vorherrschend ist und wie er versorgt ist. Sind die Wurzeln der Reben weit oben, dann haben die Stöcke,

wenn es trockener wird, gleich Mangelerscheinungen. Dadurch bekommt man den ersten Phenolschub in den Trauben.

Durch das starke Entblättern der Traubenzone werden die Trauben sehr intensiv der Sonne ausgesetzt, die Beerenhaut bildet dann zum Schutz der Kerne und des Fruchtfleisches wieder Phenole (Gerbstoffe). Die Weinbeeren bekommen bei zu starker Sonnenbestrahlung sehr leicht braune Punkte, diese Beeren schmecken sehr bitter. Früher wurden die Sauvignon Blanc-Trauben immer im Halbschatten gezogen, heute wachsen sie im Vollschatten der Laubwand.

Reifegrade und Traubenernte

Die Trauben werden alle händisch gelesen und dabei auch vorselektioniert. Jede auch noch so kleine mit Botrytis befallene Beere wird ausgelesen. „Seit 7 Jahren haben wir die Trauben mit leichter Botrytis und das Lesegut ohne Botrytis der ersten Lagen getrennt ausgebaut. Es ist immer das gleiche dabei herausgekommen. Die Weine mit den Botrytistrauben sind von der Lese weg gut, bis Februar, März sogar üppiger. Dann verschwindet der Sortencharakter. Daher arbeiten wir in allen Lagen nur mit botrytisfreien Trauben."

Die Reifegrade der Trauben der 2000er Ernte lagen im Durchschnitt sehr hoch. Die Trauben der besten Lagen erreichten eine Reife zwischen 20° und 20,5°KMW (99,6° bis 102,4°Öchsle). Einige haben sogar 22°KMW (110,5°Öchsle) gewogen, das ergibt – trocken ausgebaut – schon 14 bis 14,5 vol% Alkohol. Bei diesen hohen Gradationen leidet teilweise das Sortentypische. Es hat auch mit der hohen Reife zu tun, dass die Phenole nicht mehr spürbar sind. Die primär entgegenspringenden Fruchtnoten sind auch reifer. Wir haben einmal mit einem Sommelier einen Terminus dafür gebildet, zwischen „grünen und gelben Früchten", wie ein grüner Apfel schmeckt weiss ein jeder, das zischt, das ist g'schmackig, und wenn ich in eine gelbe Williamsbirne oder einen Golden Delicious reinbeiße, dann ist der Geschmack reifer, saftiger und höherwertiger. Natürlich schmeckt man auch die reifen Säuren dieser Früchte, das Wasser rinnt einem im Mund gleich zusammen. Für 80% der österreichischen Weintrinker ist das perfekt. Das andere ist eben der reife Fruchtgeschmack."

Der Sauvignon Blanc Hochgraßnitzberg

Beim Sauvignon Blanc von den Rieden Hochgraßnitzberg und Obegg brauchen Erich und Walter Polz nicht auf die Gradation schauen, sie nehmen nur die reifsten Trauben, und die werden ganz zum Schluss gelesen.

Erich Polz erzählt: „In der Steiermark und auch in anderen Gebieten wurde oft der Fehler gemacht, dass die Sauvignon Blanc-Trauben zu früh gelesen wurden. Die Trauben hatten bei der Ernte mit 20°KMW (99,6°Öchsle) zwar eine hohe Gradation, die Blätter und die Stengel waren aber noch sehr grün. Dadurch kam es durch die noch nicht abgeschlossene Assimilation zu den hohen Phenolwerten. Früher hat man immer das Verholzen der Stengel abgewartet. Den Lesezeitpunkt richtig zu bestimmen ist eine große Kunst."

„Es wird immer vorgelesen. Aber eimal kommt der Punkt, wo man sagt, jetzt ist es endgültig soweit. Das ist normalerweise sehr spät, 1999er war es die 2. Novemberwoche, 1997 war es der 3. November, also wenn wir um diese Zeit ernten können, sind wir Kaiser. Dann sind die Trauben wirklich reif. Die Beerenhäute dünn, Holz und Laub weg oder Laub gelb, das sind dann die besten Weine. Im 2000er Jahr war der 15. Oktober schon spät, zwischen 12. und 15. Oktober wurden die Lagenweine gelesen. Da war die restliche Ernte schon lange im Keller. Ideal ist die Lese im November. Am Tag noch viel Sonnenschein, die Nächte schon kühler, dann sind die Trauben nicht so prall gefüllt. Wie die Trauben schmecken, so hast du auch den Wein. Wenn du in der Früh eine Traube kostest, schmeckt sie ganz anders als am Nachmittag. Darum sind halt die kalt gelesenen Trauben besser: Nur was machst du, wenn es nicht kalt ist? Es wird nicht umsonst in anderen Gebieten in der Nacht gelesen."

Die Trauben werden in kleinen Lesecontainern ins Presshaus geliefert. Wenn die Trauben sehr reif und dünnschalig sind, werden sie nicht mehr gerebelt.

Einmaischen der Trauben

„Das Einmaischen bringt eine Auslaugung der Bukettstoffe aus den Beerenhäuten und natürlich auch mehr Phenole. Wir haben beim Sauvignon Blanc mehrere Partien, die mit kleinen Unterschieden verarbeitet werden. Früher hatten wir zu lange Maischestandzeiten. Bei diesen hochreifen Trauben sind drei bis sechs Stunden in den Stahltanks und Hochbehältern ideal. Es hängt von der Temperatur ab; bei 18° bis 20°C fängt die Maische im Tank sofort zu gären an. Wenn es im November nur 8°C Außentemperatur hat, kann man auch erst am nächsten Tag pressen."

Seit vielen Jahren wird ohne Zugabe von Enzymen gearbeitet, der gepresste Most wird nur durch die Herabsetzung der Temperatur entschleimt. „Das Entschleimen des Mostes, das ist eine Wissenschaft. Der richtige Lesezeitpunkt und der des Entschleimens. Wir haben schon sehr viel ausprobiert, einmal wärmer, einmal kühler. Für uns ist eine Temperatur zwischen 12° bis 14°C ideal, das ist mit unseren technischen Möglickeiten immer problemlos gegangen. Zum Schutz gegen eine mögliche Oxydation setzen wir dem Most 20 mg Schwefel zu. Weder die Trauben noch die Maische sind vorher geschwefelt worden, kleine Oxydation und auch etwas Sauerstoff sind erwünscht. Der leicht braune Saft, der als Abschluss jeder Pressung herunterrinnt, hat durch die längere Auslaugung mehr Phenole, die durch den Luftkontakt sofort oxydieren. Mir ist lieber das passiert sofort, als später während der Gärung. Dann bekommt man einen schneeweißen bis cremefärbigen Sturm."

In den letzten Jahren wurden die Moste immer weniger entschleimt, der Most kommt sehr trübe in die Gärbehälter. „Wir haben uns gesteigert. Bis 1996 waren wir beim Entschleimen sehr rigoros. Damals hatten wir so klare Moste, da hast du nicht gewusst, ob filtriert oder entschleimt worden ist. Dadurch hatten wir auch massive Gärprobleme. Die Trübstoffe sind natürlich auch Geschmacksträger. Seit dieser Erfahrung sind unsere Moste immer dichter geworden. Heute nehmen wir für die Gärung den Großteil des Entschleimertrubes mit. Gesund ist, wenn du durchschaust und einen naturtrüben, appetitlichen Saft im Glas hast."

Entschleimt wird in einem Tank; von einem bereits gärenden Fass wird einem Eimer bereits gärender Jungwein genommen, etwas Hefe dazugegeben, und mit dem bereits vorentschleimten Most vermischt. Nach dem groben Entschleimen wird der naturtrübe Sauvignon-Blanc-Most zur weiteren Gärung in die 300- l-Barriques gefüllt.

Die Gärung in Edelstahltanks und Holzfässern

Ungefähr 60% des Sauvignon Blanc vergären zu Beginn im Edelstahltanks. Eine Tankvergärung erfolgt mit diesen Weinen, bei denen die weitere Reifung in den großen Fässern stattfindet. Wenn der Jungwein ungefähr 8vol% Alkohol erreicht hat, werden die Weine in die Großfässer umgezogen. Das gröbste Lager ist dann weg, und es kommt auch noch einmal Luft dazu, darin gären die Weine dann gleichmäßig weiter. Für den weiteren Faßausbau kann es ruhig auch ein 2- bis 3-jähriges Barrique sein, dann merkt man nach einem Jahr vom Holzton nichts mehr. Der Holzkontakt macht eine gewisse Mikrooxydation möglich, es wird die Primeurfruchtigkeit dadurch gebrochen.

Die Rebsorte

Sauvignon Blanc

Vinifizierung/Gärung

Höchste Gärtemperatur

Nach dem groben Entschleimen wird der naturtrübe Sauvignon-Blanc-Most zur weiteren Gärung in die 300 l-Barriques gefüllt.
„Er kommt gleich am ersten Tag in die Fässer, da sind auch schon die Holztannine, die etwas gegen die Oxydation wirken, das gärt am nächsten Tag. Je größer der Fassinhalt, desto höher steigt die Gärtemperatur. Die Fässer dürfen nicht ganz voll gemacht werden, nur so 250 Liter." Die Raumtemperatur wird bei 14°C gehalten, die Türen sind immer offen. Dabei kann es schon auch vorkommen, dass die Gärtemperatur in den Barriques auf 22°C und manchmal sogar auf 24°C ansteigen kann.
„Nicht im ersten halben Jahr, aber nach zwei, drei Jahren riecht man hinein und hat einen saftigen, reichhaltigen und langlebigen Wein. Eine kalte Vergärung mit 14° bis 17°C ist zwar am Anfang sehr schön und duftig, aber nach dem ersten Sommer ist vom Duft fast nichts mehr erhalten."

Dauer der alkoholischen Gärung

Sieben bis zehn Tage dauert die alkoholische Gärung in den Barriques. Wenn die Gärung beendet ist werden die Fässer mit Jungwein aufgefüllt. Ein weiterer Säureabbau wird verhindert. „Beim Sauvignon Blanc möchten wir bewusst keinen Säureabbau durchführen. Wir haben die Fässer mit dem Sauvignon in einem eigenen auf 12 bis 14°C gekühlten Keller, bei dieser Temperatur beginnt die Malolaktik nicht so schnell. Bis zu einem Monat nach dem Gärende besteht dafür keine Gefahr. Beim 2000er haben wir eine Woche nach dem Vollfüllen der Fässer die Weine in einen Tank zusammengezogen, gekühlt und dadurch von der gröbsten Hefe getrennt. Anschließend wurde er wieder in die Fässer zurückgefüllt. Dadurch hat man wieder für ein paar Wochen die Sicherheit, dass nichts passiert. Diese Methode lässt sich nicht bei allen Fässern anwenden, denn bei 5 – 15% der Fässer beginnt der Säureabbau sofort."

Malolaktischer Säureabbau

Wenn möglich kein Säureabbau

Der Barriqueausbau

Aufrühren der Feinhefe

Wenn man die Weine in diesem frühen Stadium umzieht, bleibt nur mehr die Feinhefe im Wein zurück, die dann auch regelmäßig aufgerührt wird. Zu Beginn wird einmal wöchentlich aufgerührt. Je mehr man aufrührt, desto leichter beginnt die Malolaktik. Wenn der Wein viel „Reduktone" hat, wird nichts gemacht. Diese Aufrührphase kann bis zum Februar dauern. Die Hefe ist für den Wein wie ein Lebenselixier. Mit der Hefe braucht man nicht zu schwefeln. Solange du die Feinhefe aufrührst, wird der Sauerstoff verbraucht und du bekommst einen cremigen Touch in den Wein. Gerade beim Sauvignon Blanc habe ich gerne eine gewisse Klarheit und Wiedererkennbarkeit, und das ist schwer bei diesen reifen Trauben."
Die Stabilisierung der Weine mit Schwefel ist wie ein Ritt auf des Messers Schneide. Wenn es möglich ist, wird in den ersten drei Wochen nicht geschwefelt. „Wenn dann das eine oder andere Fass zu knistern beginnt, muss man dem Wein seinen Willen lassen, denn in einen Säureabbau hineinschwefeln ist auch nicht von Vorteil."

Herkunft der Barriques
Toasting

Es werden nur 300-l-Barriques, die von verschiedenen Fassbindereien gebaut wurden, verwendet. Die Fässer von österreichischen Fassbindern finden sich im Polz-Keller genauso wie die Barriques von französischen Tonnellerien wie Sylvain, Saury, Demptos. Das Toasting der Fässer ist „leicht bis medium".

Zeitraum Barriqueausbau

Für die Weißweine eines Jahrgangs werden rund 120 Fässer eingesetzt. Maximal ein Drittel davon sind neue Fässer, die für die Gärung und Lagerung verwendet werden. Der Rest sind bereits einmal und zweimal benutzte Fässer.

Verschnitt/Assemblage

Festlegung der Cuvée
Assemblage im großen Gebinde

Eine Qualitätsselektion wird schon beim ersten Umziehen der Barriques vor-

Filtration/Schönung
Gerbstoffschönung
Grobe Filtrationen

Flaschenfüllung
Trinkreife

genommen. Im Juni und Juli wird dann aus den besten Fässern ein Cuvée zusammengestellt. Diese werden in einem Tank zusammengeschnitten, worin sie gemeinsam bis September bleiben, bevor sie wieder in die Barriques zurückkommen.
„Einerseits wollen wir die Fässer nicht zu lange leer stehen lassen und andererseits können die Weine noch nachreifen, sie können immer noch etwas besser werden.
Kurz vor der nächsten Ernte wird in die Flaschen gefüllt. Bis zum Dezember werden die Weine dann ausgeliefert.
Die Reservequalitäten, wie der 99er Obegg, werden erst nach eineinhalb Jahren Fassreife abgefüllt.

Wenn die Gerbstoffe zu vorherrschend sind, wird mit frischen Eiklar geschönt. Vor der Flaschenfüllung noch eine grobe Filtration und eine EK-Filtration bei der Flaschenfüllung.

Zwei Jahre nach der Ernte beginnt die erste Trinkreife. Je später ein Lagenwein getrunken wird, desto besser ist es für die Harmonie des Weines. „Wenn ich in ein Glas Sauvignon Blanc hineinrieche, möchte ich eine nuancenreiche Duftvielfalt erleben, intensiv, reif, cremig und sauber."

Der Johanneshof Reinisch

Hannes Reinisch

Die Zeit ist reif, auch in Österreich, um neue Trends im alten Stil des Weinbaus zu setzen. Und es gibt alteingesessene Pionier-Weingüter, die Altbewährtes wiederentdecken, es mit High-Tech versehen und mit dem notwendigen Know-how in ihre Betriebsphilosophie einfließen lassen. Der Johanneshof Reinisch im niederösterreichischen Tattendorf etwa investierte im großen Stil in neue hölzerne Gärständer nach französischem Vorbild. „Innovationen im Weinkeller sind schneller und vor allem leichter umzusetzen als im Weingarten." Hans Reinisch, der mit seinem 1995 eröffneten architektonischen Paradeweingut viel Ruhm als Neuerer erntete, ist mit dieser Innovation aber nicht der Urheber einer Erfolgsidee, sondern einer der Ersten in Niederösterreich, der vorhandene Chancen umfangreich und optimal nutzt. Die Anforderungen im Weinbau werden immer größer und so nimmt die technische Entwicklung – parallel zur wirtschaftlichen Expansion – in einem nach höchster Qualität ausgerichteten Weingut einen sehr breiten Raum ein. „Einer der Besten seines Metiers zu sein ist schon schwer, doch noch schwerer ist es, dabei erfolgreich zu sein und zu bleiben" und so zeigt man nicht ohne Stolz im modernen Entree am Johanneshof die reich bestückte Referenzliste in Form von Urkunden, die man bei den verschiedenen Wettbewerben in Empfang nehmen konnte. Seit 1997 ist Sohn Hannes Reinisch für die Vinifizierung der Weine verantwortlich. Viel Know-how holte er sich in den Jahren 1991 und 1993 in Kalifornien. Welche Weine sind nun am Reinischhof richtungsweisend für den großen Erfolg? Drei Weinlinien weisen den Weg: die traditionell ausgebaute Steinfeld-Linie, die Reserve-Linie und in den besten Jahren die Grand-Reserve-Linie, eine Selektion aus den ältesten Rebstöcken, die es aber nur bei Pinot Noir und St. Laurent gibt.

Die Grand-Reserve-Weine, in erster Linie die Burgunder wie Pinot Noir und St. Laurent, werden zum größten Teil in den hölzernen Gärständern vergoren. Ebenso die halbe Ernte von Zweigelt, Cabernet Sauvignon und Merlot – der Rest kommt in Stahltanks. Derzeit stehen Hannes Reinisch 14 hölzerne Gärständer zur Verfügung. „In diesen bekommt man durch das Unterstoßverfahren wesentlich mehr Frucht, die schon durch den Gasaustausch durch das Holz da ist." Im Stahltank bekommt man hingegen mehr harte Tannine, mehr Gerbstoffe. „Wenn ich sehr weiche Pinot-Trauben habe, die stark von der Frucht leben, und ich das hervorheben möchte, dann vergäre ich die Trauben in einem Holzgärständer." Der Merlot wird nur zum Teil im Gärständer vergoren, zum anderen Teil im Stahltank. Ein Edelstahltank bringt durch das Umpumpen wesentlich härtere Tannine, sie sind gröber und derber, aber etwas länger. Der Gärständer bringt mehr Fülle, mehr Zentrum, es fehlt aber rundherum die Struktur des Weines, den bringt dann der im Stahltank vergorene Wein mit, speziell bei Merlot und Cabernet Sauvignon. „Bei diesen beiden Sorten ist das für mich eine ideale Ergänzung", meint Hannes Reinisch.

Die Traubenernte

Bei der Lese geht es Hannes Reinisch vor allem um die physiologische Reife der Trauben: „Wenn ich eine Beere in den Mund nehme, die Kerne zerbeiße, dabei das Frucht-Tannin-Spiel harmonisch ist und ich keine grünen Aromen mehr spüre, dann ist sie für mich reif." Die Trauben werden in Kisten gelesen, im Weinkeller kommen sie zuerst auf ein Rüttelpult, damit der erste Saft durchrinnen kann. Anschließend auf das Sortierband, zwischen 6 und 8 Personen sind dort mit dem Aussortieren beschäftigt. Nach dem Rebeln wird die Maische in die Gärständer gepumpt.

Die Gärung

Die Gärung wird mit Reinzuchthefen eingeleitet. „Der Unterschied zwischen Reinzuchthefe und wilder Hefe ist so gering, dass es für mich nicht wirklich von Bedeutung ist." Die Gärung setzt meistens zwei, drei Tage später ein. „Beim Pinot Noir ist eine Kaltmazaration von Vorteil." Die Kaltmazaration der Trauben wird mit Hilfe von

Der Gärkeller des Johanneshof Reinisch in Tattendorf. In 15 Eichenholzgärständern werden die großartigen Rotweine vinifiziert.

Trockeneis und mit Kühlplatten im Inneren der Bottiche durchgeführt. Mit dem Trockeneis wird heruntergekühlt, mit den Kühlplatten die Temperatur konstant tief gehalten.

Beginnt die alkoholische Gärung, wird der Maischehut pneumatisch alle 1 bis 2 Stunden untergedrückt. Das Unterdrücken passiert sehr oft, es muss nur darauf geachtet werden, dass der Hut nicht zerdrückt wird, sondern dass er nur nass wird.

Aus den Gärständern wird kein Wein oder Most herausgepumpt, es gibt dann nur mehr ein Untertauchen des Maischehutes und ein Einblasen von Sauerstoff. Da das Angebot von Sauerstoff während der Gärung meistens viel zu gering ist, wird bis zu 8 Liter Sauerstoff je Hektoliter Flüssigkeit zugesetzt.

Am Ende der alkoholischen Gärung liegt die Temperatur je nach Rebsorte zwischen 28° und 32°C. Die Temperatur wird durch Kühlplatten geregelt, damit sie 32°C nicht übersteigt.

Nach der alkoholischen Gärung gibt es eine weitere Mazerationszeit, die bis zum Abpresszeitpunkt zwischen 20 und 30 Tage dauern kann. Der Äpfelsäureabbau wird immer in den hölzernen Gärständern eingeleitet, die Temperatur der Weine wird zwischen 18° und 20°C konstant gehalten. Während dieser Zeit gibt es ständig geschmackliche Veränderungen. Um die Entwicklung zu beobachten, wird zweimal am Tag verkostet, auch um den idealen Presszeitpunkt zu bestimmen. Normalerweise sind die Tannine so um den 16. bis 18. Tag der Mazeration am kräftigsten. Dann wird abgepresst, der Wein kommt direkt in die Barriques.

Der Säureabbau wird oft erst im Barrique abgeschlossen. Zum Teil wird bei den Rotweinen auch das Lager aufgerührt, hauptsächlich bei den Burgundersorten, beim Pinot Noir und beim St. Laurent. „Wenn man das Aufrühren der Hefe bei einem Chardonnay macht, warum soll man es bei einem Pinot nicht auch machen? Das war die erste Überlegung, als wir 1997 damit angefangen haben: Damals haben wir das aber ein bisschen zu viel gemacht, der Wein ist überwuchtig geworden, er hat von der Konzentration gelebt, von der Dichte, und er verlor dadurch etwas Eleganz. Wenn ich es aber kürzer mache, bekomme ich die Geschmeidigkeit, die Weichheit, die mir angenehm ist, und das gefällt mir sehr gut. Wir haben auch Versuche mit anderen Rebsorten gemacht, aber es ist schwierig, das genau zu sagen, denn jeder Wein entwickelt sich anders.

Wenn ich den Wein koste und ich habe das Gefühl, es gehört gemacht, dann mach ich es, wenn nicht, dann nicht." Das dauert in der Regel bis zur Weihnachtszeit. Im Jänner werden die meisten Barriques das erste Mal umgezogen.
Die Barriques mit dem Merlot werden alle in ein großes Gebinde zusammengepumpt und dann wieder auf die Barriques aufgeteilt. „Ich möchte wissen, wie der Wein sich entwickelt, wie ihm das Holz als Ganzes passt. Die Kontrolle beim Umziehen in ein großes Gebinde ist wesentlich leichter. Wir produzieren von einem Jahrgang ungefähr 90 – 100 verschiedene Weine. Wenn ich dann auch noch von Barrique zu Barrique umziehen würde, wäre die Übersicht schnell dahin."
Für ein halbes Jahr werden die Seih- und Pressweine separat ausgebaut und erst dann wird entschieden, wie viel von den Pressweinen wieder zum Seihwein kommt.

Für den Ausbau der Weine werden Barriques von verschiedenen französischen Tonnellerien eingesetzt: Dargaud & Jaegle und François Frères aus dem Burgund, Berthomieu, Radoux, Saury, Boutes, Seguin Moreau und Taransaud. Um auf die Komplexität und Vielschichtigkeit zu kommen, sind verschiedene Fasstypen immer förderlich. „Ich habe von jedem Fassproduzenten aber nur einen Typ Fass. Für mich ist auch das Toasting der Fässer wichtiger als die Herkunft der Eiche. Das Holz muss fein gewachsen und gut gelagert sein, aus welchen Gebiet es kommt, kann ich sowieso nicht kontrollieren", so Hannes Reinisch. „Wir kaufen im Jahr ungefähr 150 – 200 neue Fässer. Es wird aber auch mit ein- oder zweimal befüllten Fässern gearbeitet, auch bei den Toplinien. Insgesamt haben wir für vier Ernten über 650 Barriques im Keller."
Das Toasting hat für Hannes Reinisch oberste Priorität: „Im Prinzip bevorzuge ich mittleres Toasting, in manchen Jahren auch leichtes. Mein Toasting ist eher ein weicheres. Ich möchte, dass die Frucht des Weines im Vordergrund steht und nicht, dass man merkt, dass der Wein im Holz war, sondern dieses wirklich nur zur Unterstützung der Frucht dient." Der Ausbau und die Fassreife ist unterschiedlich, so zwischen 14 Monaten und 2 Jahren: „Je nach Kraft des Weines und wenn ich glaube, dass der richtige Zeitpunkt zum In-die-Flaschen-Füllen gekommen ist. Ich lass mich da nicht vom Markt dirigieren."

Herkunft der Barriques

Neben den anfangs erwähnten Barriques verwendet man am Johanneshof noch Fässer aus amerikanischer Eiche und ebenso aus österreichischem Holz. Bei den österreichischen Fässern ist der Grad des Ausbrennens relativ lang und tief ins Holz hinein. Wie kann man nun die Mannhartsberger Eiche mit einer französischen vergleichen? „Für mich gibt es eigentlich keinen Unterschied. Mir gefällt sie beim St. Laurent sehr gut, weil ich dadurch wieder eine Eigenständigkeit habe. Da ist die österreichische Eiche von Vorteil. Eher weicheres Holz, weichere Gerbstoffe."
Während die Reserve- und Grand-Reserve-Linien in Barriques reifen, kommen die traditionell ausgebauten Weine bis zur Flaschenfüllung in die Gärständer. Bis auf zwei Monate im Jahr sind diese eigentlich immer voll. „Da wir zuwenig Holzfasslager haben, hat sich diese Lösung perfekt angeboten und diese haben wir dann auch genutzt."

Schönungen

„Normalerweise machen wir keine Schönungen, in manchen Jahren eine Eiklarschönung, aber sonst nichts. Wir machen das in den Barriques, weil es sich dort besser absetzt. Wir machen Vorversuche mit drei Barriques, nach einer Woche wird nachgeschaut, was am besten ist, dann wird es bei allen anderen auch gemacht, meistens ist das vor dem letzten oder vorletzten Abziehen."
Die Rotweine werden leicht filtriert, bevor sie gefüllt werden. Das erste Mal mit Kieselgur, dann, je nachdem, wie stabil der Wein ist, wird eine EK-Filtrierung durchgeführt. „Das wird zur Sicherheit und zum Schutz des Weines gemacht. Der Unterschied zwischen einem filtrierten und unfiltrierten Wein ist in den ersten Monaten relativ groß, je länger der Wein dann lagert, desto geringer wird er. Nach einem halben Jahr traue ich mich nicht mehr zu sagen, welcher der schönere ist."

Unterschiede bei der Vinifizierung

Gibt es für Hannes Reinisch Unterschiede bei der Vinifizierung von Merlot und St. Laurent? „Für mich gibt es immer einen Unterschied, das beginnt beim Traubenmaterial. Es kann auch sein, dass ich einen Merlot in Richtung Pinot Noir ausbaue, wenn sich das Lesegut dafür eignet." Beim Geschmack seines St. Laurent zum Beispiel kommt es darauf an, welches selektierte Material zur Verfügung steht. „Von der Rebe her gibt es verschiedene Richtungen, die man beschreiten kann. Ein St. Laurent ist für mich trotzdem ein Burgunder, wobei er immer der maskulinere ist, der kräftigere, der etwas mehr Tannin hat. Je älter so eine Rebe wird, umso mehr entwickelt er sich in die Burgunderrichtung." Für Hannes Reinisch hat ein sehr reifer St. Laurent Holundertöne und auch leichte Zitrusnoten. „Wenn ich das rieche, dann weiß ich, dass das ein voll ausgereifter St. Laurent ist. Darunter geht es eher in Richtung Weichsel, Waldbeeren, Brombeeren."
Beim Merlot bevorzugt der Winzer den erdigeren Typ, der am Gaumen eher weich und geschmeidig ist und nicht unbedingt eine eindeutige Frucht besitzen muss. Es können ruhig ein paar Holztöne vorhanden sein, die die Frucht nicht nur unterstützen, sondern auch ein bisschen Waldboden drinnen haben.

Weingut Feiler-Artinger –
Der rote Solitaire und die edelsüße Pinot Cuvée

Die Region hat die klimatischen Voraussetzungen für die Ruster Trilogie: Weiße, rote und edelsüße Weine. Hans und Kurt Feiler keltern sehr gute Weißweine, produzieren Rotweine, die sich mit den großen messen können. Und dann noch edelsüßen Weine, die zu den besten der Welt zählen. Wenn das alles in einem Familienbetrieb gelingt, dann ist das schon etwas Außergewöhnliches.

„Ein grosser Wein soll beim Trinken Vergnügen bereiten und vor allem früher zu trinken sein. Es ist schade, wenn ich 20 Jahre warten muss, bevor ich den Wein erstmals trinken kann. Ein grosser Rotwein soll schon in seiner Jugend gut schmecken und dann sein Potenzial noch lange aufbauen. So sind unsere Rotweine", erläutert Hans Feiler. Mit einem davon ist es ihm besonders gut gelungen, den Geschmack der Rotweinliebhaber zu treffen: mit der Cuvée Solitaire.

„Die Grundidee, die zum Solitaire führte, war, einen fruchtbetonten, eleganten und nicht zu harten Rotwein zu produzieren. Das bedeutet aber nicht, dass der Wein wenig Tannin oder gar eine geringere Lagerfähigkeit besitzen sollte. Durch die höchstmögliche Traubenreife wird eine üppige Tanninstruktur im Wein erzielt, die durch die Tannine des Eichenholzes unterstützt werden soll. Im Geschmack soll die Frucht, nicht die Gerbstoffe dominieren." Der Jahrgang 1999 ist eine Cuvée aus 55% Blaufränkisch, 30% Merlot und 15%Zweigelt.

Foto: Peter Blaha

Kurt und Hans Feiler

Im Weinkeller

„Um den 10. Oktober werden bei uns die Trauben für die Rotweine geerntet. Alle Trauben werden händisch gelesen. Wenn die Trauben im Weinkeller ankommen, werden sie zuerst von den Stängeln getrennt (gerebelt), nur leicht gequetscht und in einen der Edelstahlgärbehälter gepumpt, der auf 20°C temperiert ist. Der Maische werden Kulturhefen zugesetzt und dadurch die Gärung eingeleitet. Jeden Tag wird der gärende Jungwein aus dem Edelstahltank herausgelassen, belüftet und wieder auf den Tresterhut zurückgepumpt. Dadurch wird der auf dem Most schwimmende Hut aus Beerenhäuten und Fruchtfleisch immer feuchtgehalten. Es werden dadurch mehr Farb- und Aromastoffe aus den Beerenhäuten extrahiert. „Der Sauerstoff ist für die Farbstabilisierung und Aromaentwicklung wichtig, das bei der Gärung entstandene CO_2 verflüchtigt sich, und die Weine werden weicher und molliger", erklärt Hans Feiler, der für die Kellerwirtschaft zuständig ist.

Die Grundweine für Solitaire und der Cabernet Sauvignon haben nach der alkoholischen Gärung noch eine bis zu vier Wochen dauernde Mazerationszeit. „Früher war man der Meinung, dass bei einer längeren Maischestandzeit auch mehr Gerbstoffe ausgelaugt und die Weine dadurch hart und kantig würden. Wenn aber die Trauben physiologisch reif sind, sind auch die enthaltenen Tannine reif und weich. Daher wird durch die lange Mazerationszeit nur sichergestellt, dass ein Optimum an reifen Tanninen aus den Beerenhäuten in den Wein übergeht." Nach Beendigung der „Cuvaison", der Umwandlung von Rotweintrauben in Wein, wird der junge Wein vom Gärständer abgezogen und auch belüftet.

Nach der Gärung wird gepresst, der Jungwein kommt in große Holzfässer. Für den malolaktischen Säureabbau wird ein Teil des Kellers auf ungefähr 20°C Raumtemperatur erwärmt. Es dauert ein paar Tage, bis der biologische Säureabbau auf natürliche Weise einsetzt. Nach etwa 3 bis 4 Wochen ist die ganze Äpfelsäure umgewandelt. Dann wird noch 8 bis 10 Tage zugewartet, damit sich der Trub absetzen kann. Anschließend wird der Wein das erste Mal umgezogen.

Das Ziel dabei ist, dass die Kohlensäure aus dem Wein kommt und etwas Sauerstoff aufgenommen wird. Kurt Feiler: „Jeder Wein hat in seiner Entwicklung einen bestimmten Sauerstoffbedarf, der von der ursprünglichen Traubenreife und dem Tanningehalt abhängt. Dieser soll in kleinen Schritten

Die Rotweine reifen in einem eigenen Teil des Feiler-Artinger-Kellers

abgedeckt werden. Man kann sagen, ein Wein muss während seiner Jugend mit Sauerstoff ‚gefüttert und ernährt' werden."
Zuerst werden alle Rebsorten sortenrein und nach Weingärten getrennt verarbeitet. Zweigelt, Blaufränkisch, Cabernet Sauvignon, Merlot und der Cabernet Franc werden getrennt ausgebaut. Schon bei der Lese und vor allem nach der Gärung kann man genau unterscheiden, welche der Grundweine für die Cuvée Solitaire ausgewählt werden. Die einzelnen Fässer werden ständig gekostet, um die Entwicklung der einzelnen Weine genau zu verfolgen. Die Weine bleiben bis Anfang April in den großen Holzfässern und werden in dieser Zeit zweimal umgezogen. Dann wird der Blaufränkisch, der als Grundwein für den Solitaire bestimmt ist, verschnitten und auf die Barriques aufgeteilt. Mit den Topjungweinen aus Cabernet Sauvignon, Merlot und Zweigelt wird gleich gearbeitet. Sortenmäßig bleiben die Weine zum weiteren Reifen getrennt. Erst vor der Flaschenfüllung werden die einzelnen Verschnittpartner zu einer Cuvée vermählt.
Der Anteil an neuen Fässern, die für den Ausbau der Rotweincuvées verwendet werden, ist sehr unterschiedlich. In guten Jahren werden 40 bis 50% neue Barriques eingesetzt, wie dies zum Beispiel beim Jahrgang 1998 der Fall war. Ist es aber ein ausgezeichnetes Jahr, so wie die Ernte 2000, dann werden bis zu 85% neue Fässer verwendet.
Für einen „Solitaire"-Jahrgang werden zwischen 20 und 30 Barriques eingesetzt. „Wir verwenden dabei Fässer mit unterschiedlicher Herkunft des Holzes. Wir haben französische Allier- ebenso wie russische und amerikanische Eiche und niederösterreichische Mannhartsberger Eiche in Verwendung. Wichtiger als die Holzherkunft ist die richtige Fassbinderei. Für seinen Weinstil muss man erst die geeigneten Fassbindereien finden. Von dieser Philosophie haben wir erstmals in Frankreich gehört, als wir in den Châteaus fragten, welche Hölzer aus welchen Regionen sie bei ihren Fässern bevorzugt verwenden. „Das ist nicht so wichtig, wir wollen ein gutes Fass haben, und das richtet sich nicht nach dem Holz", war stets die Antwort.
Wir arbeiten mit sechs verschiedenen Tonnellerien zusammen, der Hauptanteil der Fässer kommt von Seguin Moreau. Die Philosophie dabei ist, aus den einzelnen Geschmacksbildern der Fassbindereien einen Mix zu machen. Wir verwenden auch nur mittleres Toasting, kein zu starkes Toasting, wir wollen nicht, dass unser Wein nach Eichenholz schmeckt. Angenehm ist eine Untermalung vom Toasting im Wein."
Die Rotweine, ob nun die Grundweine für den Solitaire oder Cabernet Sauvignon, bleiben immer ein Jahr in den Barriques. Zuerst ein halbes Jahr in 1.500 - 3.000-l großen Eichenholzfässern, dann ein weiteres Jahr in den verschiedenen Barriques. Am Ende der Reife wird der Wein der vielen Barriques in großen Tanks zusammengefüllt, die Weine werden zu einem Ganzen „vermählt". Die Kunst der Komposition einer Cuvée liegt darin, die verschiedenen Komponenten der einzelnen Weine zu einem harmonischen Wein zu assemblieren.
Die Rebsorten für den Solitaire sind nun Blaufränkisch, Merlot und Zweigelt, wobei der Anteil der einzelnen Rebsorten, je nach Jahrgang, leicht variiert.

Die Pinot Cuvée – ein großer edelsüßer Wein

In Rust sind die Grundlagen für die Produktion von edelsüßen Weinen das spezielle Klima, der Neusiedlersee, die Rebsorten, die Lage der Weingärten und der Edelpilz Botrytis cinerea. Unter den Süßweinen nimmt der Ruster Ausbruch eine Spitzenposition ein. Im Herbst gibt es in den Weingärten regelmäßige Morgennebel und damit verbunden eine

Befeuchtung der vollreifen Trauben. Dies sind die idealen Voraussetzungen für den Edelpilz Botrytis cinerea. Er bildet einen feinen Pilzrasen auf den Beeren und dringt mit seinen „Hyphen“ durch die poröse Beerenhaut in die Beere ein. Durch den Sonnenschein verdunstet das Wasser der Beeren tagsüber. Die Beeren schrumpfen rosinenartig ein und alle ihre Inhaltsstoffe, Zucker, Säuren und Extrakte, werden konzentriert.
Da nicht immer die ganze Traube gleichmäßig überzogen ist, müssen die geeigneten Traubenteile händisch selektioniert („ausgebrochen“) werden. Dieses arbeitsintensive Ausleseverfahren von Traubenteilen hat dem daraus gekelterten Wein auch den Namen gegeben.
Die großen Erfolge und hohen Auszeichnungen der Ausbruchweine des Weingutes Feiler-Artinger bescherten auch den Winzern selbst hohe Anerkennung. So wurden Hans und Kurt Feiler 1999 bei der „WINE Challenge“ in London zum „Late Harvest Wine Maker of the Year“ ernannt.

Ausbruch – Trauben mit starker Botrytis

Gute Botrytis auf den Weinbeeren ist immer trocken und samtig. Wenn man die mit dem Botrytispilz überzogenen Beeren kostet, schmecken sie nach konzentriertem Traubengelee und haben auch noch genug Feuchtigkeit. Je gleichmäßiger der Reifegrad des Traubenmaterials ist, desto feiner wird der Wein. In manchen Jahren sind drei bis vier Lesedurchgänge notwendig, um optimales Lesegut in den Keller zu bringen.
Für die Ausbruch-Weine werden nur rosinenartig geschrumpfte und sehr stark mit dem Edelschimmelpilz Botryis cinerea überzogene Beeren mit einem Zuckergehalt von mindestens 30°KMW (156°Öchsle) gelesen. Bedingt durch die hohe Mostkonzentration hört die Gärung bei einem Alkoholgehalt von 12 - 14 vol% von selbst auf. Dem Wein verbleibt dann ein Zuckerrest zwischen 110 und 180 g/l. Die im Wein enthaltene Säure ist stark vom Jahrgang abhängig. Die Botrytiskonzentration der Trauben bringt intensive Geschmackskomponenten mit sich. Honig, Dörrfrüchte und exotische Fruchtaromen sind dabei vorherrschend.

Trockenbeeren – Essenz

Im Endstadium schrumpfen die Beeren rosinenartig zusammen, die Trockenbeeren haben dann die höchste Konzentration ihrer Inhaltsstoffe erreicht. Für die Essenzen werden nur die rosinenartig geschrumpften Beeren, die zu 100% mit Botrytis überzogen sind, verwendet. Diese Trauben werden mit einem Mindestzuckergehalt von 35°KMW (185,9°Öchsle) gelesen. Die Essenzen haben als Most einen so hohen Zuckergehalt, dass die Hefen bei der Gärung nur sehr schwer ihre Arbeit tun können. Die Gärung dieses konzentrierten Goldsaftes kann bis zu 24 Monaten dauern. Der Wein erreicht dabei einen maximalen Alkoholgehalt von 10vol%. Der Restzucker liegt über 200 g/l. Das Bukett ist deutlich süßer und voller als beim Ausbruch, karamellisierte Geschmacksnoten und Dörrfruchtaromen sind spürbar.

Die Gärung edelsüßer Weine

„Bei den edelsüßen Weinen arbeiten wir heute ohne Maischestandzeit. Die Trauben kommen in den Keller, werden gequetscht und innerhalb der nächsten Stunde gepresst. Die Botrytis cinerea ist zwar ein Edelschimmelpilz, trotzdem soll der Botrytiston nicht zu stark im Wein zu finden sein. Darum werden die Ausbruch- und Trockenbeeren schnell weiterverarbeitet. Beim Einmaischen werden die eingetrockneten Beeren mit Most umspült, dadurch wird zusätzlicher Zucker ausgelaugt. Wenn man die Maische jetzt über Nacht stehen lässt, erhöht sich die Zuckergradation um 2° bis 3°KMW. Durch diese Auslaugung kommen mehr Schwarzbrot- und Pumpernickelaromen in den Wein. Es ist eine Frage der gewünschten Stilistik, ob der Wein mehr nach Botrytis schmecken soll oder die Fruchtaromen der Traube stärker zur Geltung kommen sollten. Mit einer sehr kurzen oder gar keiner Maischestandzeit kann sich die Fruchtcharakteristik der Rebsorte besser durchsetzen. Wir keltern jetzt seit dem Jahrgang 1993 unsere Ausbrüche und Essenzen ohne Maischestandzeit.“
Bei der Vinifizierung der Süßweine gibt es keine Hektik, „immer schön langsam“ lautet die Devise. In ihrer Jugend dürfen „die Süßen“ gären wie sie wollen, die Gärung soll nicht beeinflusst werden. Die Gärdauer ist unterschiedlich lang und beträgt bei einem 30°igen Most mindestens drei Wochen. Eine Trockenbeerenauslese mit 40°KMW (216,8° Öchsle) kann bis zu zwei Jahre lang gären. Vergoren werden die Ausbrüche bzw. Essenzen in großen Eichenholzfässern oder in Barriques.
Die Ruster Ausbruch Pinot Cuvée ist ein Wein, der aus den Burgundersorten Grauer Burgunder, Weißer Burgunder, Chardonnay und Neuburger zusammengesetzt ist. Diese Weine gären zu 100% in Barriques aus französischer und österreichischer Eiche. Obwohl der Anteil an neuen Barriques variiert, liegt er immer bei mindestens 65%.
Wenn die natürliche Gärung beendet ist, kommt der erste Abzug. Zum Reifen bleiben die Weine bis zu zwei Jahre lang in den großen Holzfässern oder Barriques.

Das Leben eines großen Süßweines wird durch sein Verhältnis zwischen Zuckerrest und Säure bestimmt und geprägt. Die Lagerfähigkeit eines edelsüßen Weines wird von seiner Gesamtstruktur bestimmt. Weine mit niedrigen Säurewerten sind weniger lang haltbar.

Umathum Zweigelt Ried Hallebühl – ein fruchtbetonter österreichischer Rotwein

Der österreichische Rotwein lebt in erster Linie von seiner besonderen Fruchtigkeit, darauf wird schon bei der Vinifizierung der Schwerpunkt gelegt.
Der Umathum Zweigelt „Ried Hallebühl“ betört durch sein Fruchtvolumen. „Immer sind Kirschetöne vorherrschend, die der reifen, dunklen Kirschen, in einem überreifen Jahr auch Zwetschke und ein bisschen Haselnuss, das ist meine Stilistik. Die Vanille- und Schokoaromen kommen zum Teil auch von den Fässern dazu“, beschreibt Josef „Peppi“ Umathum seine Paradeweine.
„Der St. Laurent andererseits hat ein milderes Aroma, mehr nach Brombeeren, und immer eine höhere Fruchtsäure, die beim Barrique-Ausbau mehr Spielraum beläßt. Man muss die Balance zwischen der Säure des Weines und den Gerbstoffen der Fässer finden. Aus meiner Erfahrung ist der St. Laurent eine Rebsorte, die sehr viel Holz verträgt, zweimal ein neues Holzfass ist dabei auch kein Problem.“ Der St. Laurent vom „Stein“ wird immer reinsortig vinifiziert, um seine Eigenständigkeit mehr zu betonen.

Ariane und Josef Umathum mit Judith und Lukas in den Joiser Terrassenweingärten

Weingärten und Rebsorten

Die Rebfläche für den Wein „Ried Hallebühl“ ist rund 1,3 ha groß. Der Wein ist eine Cuvée aus 80% Zweigelt, 15% Blaufränkisch und 5% Cabernet Sauvignon. Der Zweigelt bevorzugt eher kalkarme Kiesel-Steinböden.
Um beim Zweigelt eine hohe Qualität zu erreichen, ist eine rigorose Ertragsregulierung notwendig. Das Ausjäten von Trieben im Mai muss sehr genau durchgeführt werden. Die zwei, drei Trauben, die der Zweigelt pro Trieb ansetzt, müssen auf eine Traube reduziert werden. Dadurch kommt man auf einen Stockertrag von 1,50 bis 1,80 kg Trauben.
In einem durchschnittlichen Jahr erreichen die Zweigelttrauben schon Mitte bis Ende September ihre Vollreife. Das Mostgewicht liegt dann im Durchschnitt schon über 20°KMW (99,6°Öchsle).

Die Trauben sollen insgesamt kleiner sein, damit man eine gleichmäßige Ausreifung erreicht wird. Das kann man durch Weingartenarbeit machen. Man schafft der Rebe Konkurrenz, vor allem beim Wasser, indem man zwischen den Rebzeilen Unkraut wachsen lässt oder etwas einsäht, damit die Trauben im Zeitraum nach der Blüte bis hin zum Weichwerden nicht zu üppig gedeihen. Die Zweigelt-Traube ist sehr stark geschultert. Diese Schultern werden beim Ausdünnen weggeschnitten, um die Traube kleiner zu machen. Man sieht dies beim Umfärben der Trauben, dass Teile der Traube noch grün und andere schon ganz dunkelrot gefärbt sind.
Der Erntezeitpunkt der Trauben richtet sich nach der Reife. „Früher haben wir den Reifeverlauf immer analytisch kontrolliert. Heute mache ich das nur mehr begleitend, dass die Zucker-, Säuren- und ph-Werte analysiert werden. Für mich ist der optische Eindruck und der Geschmack der Beeren für den Erntezeitpunkt entscheidend. Regelmäßig

gehe ich durch die Weingärten, sehe die Entwicklung der Trauben, koste Beeren und schmecke dabei den Reifefortschritt. Wenn die Kerne dunkelbraun werden und so weich sind, dass man sie leicht zerbeißen oder mit dem Daumennagel zerdrücken kann, dann ist das ein sicheres Zeichen der physiologischen Reife. Der Geschmack der Kerne verändert sich mit zunehmender Reife von grünen Aromen und unangenehm bitteren Tönen zu einer schokomalzigen Note. Der geeignetste Moment für den Lesezeitpunkt ist dann erreicht, wenn die Beeren anfangen zu schrumpfen, so richtig runzelig werden. Dann ist es optimal, die Trauben runterzuholen."

Bei der Ernte werden alle Trauben händisch vom Stock weg genau selektioniert. Nur gesunde und voll ausgereifte Trauben werden gelesen. Alle gefaulten Beeren oder Beeren mit Botrytis werden aus den Trauben herausgezupft. Jeder Leser hat zum Ernten zwei Eimer, in den einen kommen die gesunden Beeren, in den anderen die Botrytisbeeren. Wenn es aber schöne, reine Botrytis ist, werden diese Trauben für einen eigenen Wein geerntet. Alles andere wird sofort kompostiert. Die Trauben werden in einen Anhänger gelesen und mit einer sehr niederen Schütthöhe in den Keller geliefert, dort abgeladen und sehr schonend, ohne dass die Trauben verletzt werden, direkt in den Rebler gebracht.

Die Maische wird in den vorbereiteten Edelstahlgärtank gepumpt, alle Gärständer sind auf einer Ebene, es muss nur einmal gepumpt werden.

Die Rebsorten

Der „Ried Hallebühl“ ist eine Cuvée aus 80% Zweigelt, 15% Blaufränkisch und 5% Cabernet Sauvignon.

Das Gärsystem

Edelstahlgärständer mit Überbrausen des Maischehutes

Vergoren wird in temperaturgeregelten Edelstahlgärtanks, mit einem Volumen von 8.000 l. Nach dem Rebeln und leichten Quetschen kommt die Maische in die vorgekühlten Edelstahltanks.

Kaltmazeration

In den letzten Jahren haben wir schon mit der Kaltmazeration gearbeitet. Bei der Einmaischung wird eine leichte Schwefeldosage und Kohlensäurepellets zugesetzt, gefrorene Kohlensäure, die von innen die Maische im Tank kühlt. Dadurch wird eine Temperatur von 7 bis 8°C erreicht. Von außen wird der Tank noch zusätzlich gekühlt. Um einer Oberflächenoxydation vorzubeugen, wird im Gärtank der leere Raum über dem Maischehut mit CO2 befüllt. 10 Tage bleibt die Maische zur Kaltmazeration in diesem gekühlten Stadium. In dieser Zeit laugen sich vor allem Aromen und Bukettstoffe und auch ein großer Teil der Farbe aus den Beerenhäuten aus. Der Most ist tiefschwarz, fruchtvoll. Typisch für den Zweigelt sind die Kirsch- und Weichselaromen, die überreifen und tiefgründigen Noten verstärken sich durch die Kaltmazeration.

Welche Substanzen werden bei der Kaltauslaugung ausgelaugt?

Nur mit den natürlichen Hefen
Keine Enzyme

Es wird nur mit den Naturhefen gearbeitet.

Vinifizierung/Gärung

Höchste Gärtemperatur
Kühlen der Maische

Durch das Anheben der Temperatur setzt dann die Gärung ein. Wenn die Gärung beginnt, wird versucht, sehr schnell auf eine Gärtemperatur von 30°C zu kommen. „Dieses Stadium ist eine kritische Phase, es vergären dabei ungefähr 3 – 5vol.%, und es ist noch sehr viel Zucker vorhanden, da kann es sich auch in Richtung Essigstich verändern. Über diese Phase muß man schnell drüberkommen, dann ist die weitere Gärung sehr ausgewogen.“ Die Gärtemperatur wird dann bei 29° – 30°C gehalten um eine saubere, gleichmäßige Gärungsführung zu gewährleisten. Immer wieder wird der Jungwein verkostet, zwischendurch wird auch eine Säureanalyse durchgeführt. Gegen Ende der Gärung, wenn noch rund 15 Gramm unvergorener Zucker vorhanden sind, wird die Temperatur leicht angehoben.

Belüften des Jungweins

In der Hauptgärphase wird die eineinhalbfache Menge des Gärständers dreimal am Tag zur Sauerstoffaufnahme in einen Bottich rausgelassen. Anschließend wird der Jungwein wieder über den Maischehut gepumpt. Dabei entweicht auch ein Teil des bei der Gärung entstandenen CO^{2}. Zumindest einmal während der ganzen Gärphase wird der komplette Behälter abgelassen und dann wieder befüllt, sodass der Maischekuchen richtig auseinanderbricht. Josef Umathum legt besonderen Wert darauf, dass der Kuchen richtig zerlegt wird.

Dauer der alkoholische Gärung

Die alkoholische Gärung dauert ungefähr eine Woche, mit der Kaltauslaugung dauert die gesamte Fermentation zwischen vier und fünf Wochen.
„Der Zweigelt ist eine Traubensorte, die sehr weiche, feminine Gerbstoffe hat, daher ist die lange Auslaugphase kein Problem. Wenn die Trauben vollreif sind, kann man sie fast endlos stehen lassen, man merkt das nach 3 bis 4 Wochen, es kommt immer noch eine Nuance dazu, der Wein wird noch tiefgründiger und bekommt eine ganz eigene fleischige Note. Eigenwillig, eigenständig und gut“.

Malolaktischer Säureabbau

Kontrolle der Apfelsäure

Der biologische Säureabbau setzt nach der 3. oder 4. Woche auf der Maische ein, die Temperatur wird dafür nicht verändert, jeder Tank kann langsam auskühlen. Die Malolaktik beginnt auf der Maische und wird dann in den Barriques beendet.

Das Pressen
Pneumatische Presse
Seihwein/Presswein

Der klare Jungwein läuft beim Pressen über ein grobes Sieb ab, von dort sofort ist die Barriques. Der biologische Säureabbau geht in den Barriques weiter. Die Fässer kommen in einen beheizten Raum, bei 20°C Raumtemperatur funktioniert die Malolaktik ohne Probleme. Zum Abschluss wird jedes Fass analytisch kontrolliert. Wenn die Apfelsäure komplett abgebaut ist, wird der Wein belüftet und die verschiedenen Rebsorten zur Cuvée vereinigt. Durch das Belüften wird auch die Farbe stabilisiert. Eine Woche nach dem Wiederbefüllen der Barriques wird der Wein mit einer Dosage von 35 – 50 mg/l das erste Mal geschwefelt.

Der Barriqueausbau
Herkunft der Barriques
Toasting

Je nach Jahrgang werden zwischen 20 und 30 Barriques mit den Weinen für den „Hallebühl" befüllt. Für den „Hallebühl" und „St. Laurent vom Stein" werden nur neue Fässer verwendet. Um ein breiteres Geschmacksbild zu erzielen, werden die Fässer verschiedener Fassbindereien eingesetzt. „Ein großer Teil der verwendeten Barriques stammt von der Tonnellerie Vicard, das ist ein Fasstyp, der sehr gut zu unserem Wein passt." Tarandsaud, Seguin Moreau, Schneckenleitner kommen zum Einsatz, immer nur Château-Fässer mit 22 mm Wandstärke, *„medium+"* getoastet.

Der Wein in den Barriques
Umziehen und ein erstes leichtes Belüften der Weine

Aufrühren der Feinhefe

Nach zwei, drei Monaten wird das erste Mal von Fass zu Fass umgezogen und dabei wieder leicht belüftet. „Wichtig ist auch, dass man die Feinhefe mit im Fass hat, dadurch bindet sich das Holz wesentlich besser ein, der Wein wird weicher und geschmeidiger. Ein blitzblank filtrierter Wein hat in einem neuen Fass nichts verloren." Die Hefe wird aufgerührt, wird für einige Monate in Schwebe gehalten, bis man das Stadium erreicht hat, dass man sagen kann, der Wein ist jetzt rund und geschmeidig, er hat den Großteil seiner Kohlensäure verloren und ist milder geworden.
„Zu Beginn ist der aufgerührte Wein eher eine trübe Suppe, die sich beim Kosten negativ darstellt. Wir haben den Vergleich angestellt: Nach einem Monat Fasslagerung war der nicht aufgerührte Wein deutlich der bessere, dann drehte sich das Geschmacksbild, und nach 3 Monaten war der aufgerührte Wein viel tiefgründiger und cremiger. Tiefgründig und cremig, das sind für mich die Schwerpunkte."

Kellertemperatur und Luftfeuchtigkeit

Die Fässer werden alle drei bis vier Wochen aufgefüllt. Der Fasskeller ist gekühlt und hat eine Lufttemperatur von 14° – 16°C, mit 85% Luftfeuchtigkeit.

Zeitraum Barriqueausbau
Umziehen und Belüften

Die gesamte Ausbauzeit der Weine in den Barriques dauert ungefähr 15 bis 18 Monate. Während dieser Zeit wird der Wein maximal drei Mal von Fass zu Fass umgezogen. Dabei wird der Wein anfangs belüftet. Das ersten Mal mit viel Luft, beim zweiten Mal ganz wenig und beim dritten Mal wird der Luftkontakt so weit wie möglich vermieden.

Verschnitt/Assemblage
Festlegung der Assemblage
Assemblage im großen Gebinde

Die Lesezeitpunkte der Trauben sind sehr unterschiedlich. Wenn alle Weine fertig sind, gleich nach dem Säureabbau, werden die einzelnen Weine für die Cuvée ausgewählt. Die Grundweine Zweigelt, Blaufränkisch und Cabernet Sauvignon werden vermischt und kommen gemeinsam in die Barriques. „Ich habe mich für diesen Zeitpunkt entschieden, weil für mich in diesem frühen Stadium ein Wein sehr offen ist und die Grundqualität schon festgelegt ist. Man muss sich ja sowieso irgendwann entscheiden. Ich glaube auch, dass sich der Wein dadurch besser homogenisiert und einfach besser wird, wenn er gemeinsam reift."

Auswahl der Barriques

Zum Abschluss der 18-monatigen Barriquereife werden die Fässer einzeln gekostet, es wird dabei entschieden, welche der Fässer für den „Hallebühl" verwendet werden.

Filtration/Klärung/Schönung

Gerbstoffschönung

Die Weine der ausgewählten Fässer kommen zusammen in einen Tank, dort wird auch, wenn notwendig, eine Schönung durchgeführt. Eine zarte Eiklarschönung für die groben Gerbstoffe, sonst nichts. Ungefähr ein bis zwei Eiklar für 100 Liter Wein.

Flaschenfüllung

Grobe Filtrationen

Mit einer groben Filtration wird der Wein in Flaschen gefüllt. „Wenn ich den Wein mit 700er Schichten abfülle, habe ich die ganz groben Schwebeteile heraußen, alles andere, wie Hefe und Bakterien, geht sowieso mit. Da kann man von einer Filtration im ursprünglichen Sinne nicht sprechen, das kostet dem Wein keine Substanz.“

SO2-Gehalt der Weine

Mit knapp unter 30 mg/l freier SO2 wird der Wein in die Flasche gefüllt. Die Gesamtwerte der Stabilisierungsmaßnahmen liegen dann um 90 mg/l SO2.

Flaschenreife

Seit dem Jahrgang 1996 bleiben die Hallebühl-Flaschen noch zwei Jahre im Weingut gelagert, bevor sie, dreieinhalb Jahre nach der Ernte, den Weg zum Konsumenten finden. „Dann ist ein Stadium erreicht, wo man sagen kann, er hat noch nicht ganz seine Trinkreife erreicht, zeigt aber schon sein Potenzial und seine Größe.“ Je nach Jahrgang sind es vom Hallebühl zwischen 6.000 und 8.000 Flaschen die abgefüllt werden.

Der St. Laurent

Der St. Laurent wird um eine Spur kühler vergoren, knapp unter 30°C, sodass er eine nicht so hohe Gärtemperatur erreicht, so um die 28° bis 29°C. Die gesamte Mazerationszeit beträgt höchstens drei Wochen. 10 bis 15 Barriques werden von einem Jahrgang mit dem St. Laurent befüllt. Der St. Laurent braucht zur Reife Holzfässer mit offenen Poren. „Man kann den St. Laurent mit viel mehr Luft ausbauen. Wenn er mehr Luft hat, entwickelt er sich viel besser. Es ist dann eine Überreife vorherrschend, so wie ein verwelkter Blumenstrauß, oder Gewürznelken. In diese Richtung entwickeln sich dann die Fruchtaromen. Wir haben versuchsweise auch Fässer aus Limousineiche mit den offenen, luftdurchlässigen Poren eingesetzt, darin hat er dieses Stadium sehr schnell erreicht.“

Weinausbau in größeren Holzfässern

„Die größeren Fässer im Keller haben ein Volumen zwischen 2.400 und 2.800 Liter, die sind aus Eichen aus dem Wienerwald gebaut. Bei der Produktion dieser Fässer kann man sehr viel selbst Mitentscheiden, man kann in den Wald gehen und sich dort die Bäume aussuchen. Eine Arbeit, die sonst der Fassbinder macht, man weiß dann genau, wie und wo der Baum gewachsen ist und wie das Holz weiterverarbeitet wird. Wie es gespalten und für drei Jahre an der Luft getrocknet wird. Dann erst, nach einer weiteren Selektion, werden daraus die Fässer gebaut. Die Wienerwaldeiche ist bei dieser Fassgröße ein Holz, das nicht aggressiv ist, der Holzton ist sehr zart im Hintergrund und er lässt die Frucht der Weine gut bestehen. Es ist wohl eine Holznote spürbar, aber kein Barriqueton, es ist eine andere Note, sie ist individueller. Wenn nach ein paar Jahren die Fässer ausgelaugt sind, eignen sie sich immer noch als Lagerfässer für die klassischen Weine. Zuerst reifen die St.-Laurent und Zweigelt-Reserveweine darin. Diese Weine werden sehr individuell ausgebaut. Wir machen auch Versuche mit Weinen aus überreifen Trauben und mit einer längeren Kaltmazeration oder einer etwas wärmeren Vergärung – alles Variationen, die ich ausprobieren möchte. Diese Weine haben meist ein bisschen mehr Ecken und Kanten, sie sind nicht so geschliffen. Die Idee dahinter ist, dass man zeigt, was mit einheimischen Sorten wie Zweigelt und St. Laurent überhaupt möglich ist, wenn man diese ganz extrem vinifiziert. Diese Weine sollen dann eher den individuellen Weintrinker ansprechen.“

Die Rotweingärtanks im Weinkeller von Josef Umathum

Sie gelten als Synonym für fortschrittliche Kellertechnologie, die Edelstahltanks der Firma Mühlfellner Tankbau aus Ehrenhausen in der Südsteiermark. Der hohe technische Standard dieser in den vergangenen Jahren stark expandierenden Firma bestimmt die Arbeit: Präzision und Maßgenauigkeit in der Fertigung. Die langjährige Erfahrung der Firma Mühlfellner mit ihrem technischen Know-how gewährleistet, dass die Ideen und Wünsche der Önologen und Kellermeister auch umsetzbar werden. Im internationalen Weinbau ist der Einsatz von Edelstahltanks längst selbstverständlich, für die Vergärung und Lagerung von Weißweinen genauso wie für die Rotweinvinifizierung.

Ein nicht unerheblicher Anteil an der Entwicklung des österreichischen Weinbaus ist der Vinifizierung der Weine in Edelstahltanks zuzuschreiben.

„Der Ausbau der Weine in Edelstahltanks fördert vor allem den reintönigen Sortencharakter der einzelnen Rebsorten. Die für den Weißwein so bedeutende Säurestruktur bleibt bei der Tankreifung erhalten und die Weine sind frisch, fruchtig und jugendlich", ist die vorherrschende Erfahrung führender österreichischer Winzer. Ein entscheidender Vorteil ist dabei die temperaturkontrollierte Gärungsführung bei Weißweinen mit einem Kühlsystem innerhalb oder außerhalb des Tankes.

Eine gezielte Vergärung bei Rotweinen wird dadurch erreicht, dass durch die Edelstahltanks eine exakte Gärtemperatur erreicht und gehalten werden kann. Je nach Bedarf kann damit erwärmt oder gekühlt werden. Durch diese Technik kann man farbintensive und fruchtbetonte Weine produzieren. Große Rotweine, wie sie im Burgenland, in Frankreich, Kalifornien oder Italien gekeltert werden, sind meist eine Kombination von Edelstahltankvergärung und der weiteren Reifung des Weines in Barriques oder großen Eichenholzfässern. Diese Technologie wird auch von führenden österreichischen Rotweinproduzenten mit Mühlfellner-Edelstahltanks angewandt. Der Betrieb wird heute von Margareta Köstenbauer, der Tochter des Firmengründers Max Mühlfellner, gemeinsam mit ihrem Gatten Peter, geführt. Ihre Tochter Petra ist im Familienunternehmen für Administration und Marketing verantwortlich.

Mit ihren Produkten deckt die Firma Mühlfellner Tankbau auch andere Bereiche als den Weinbau ab.

Alois Kracher – Die Süßweinmanufaktur

Im Seewinkel liegt die Gemeinde Illmitz. Seit den 70er Jahren werden in dieser Region verstärkt Süßweine produziert. Die Illmitzer Weinbauern waren immer für Außergewöhnliches zu haben. Wenn Weinbaubetriebe aus anderen Orten von der Burgenländischen Landesweinkost mit ein oder zwei Goldmedaillen nach Hause kamen, so hatten die Illmitzer mit ihren eingereichten Weinen die notwendige Punkteanzahl für 10 oder 20 Goldmedaillen erreicht. Und in diesem Ort ist Alois Kracher beheimatet. Seine Weingärten finden sich in den seenahen Lagen rund um den Ort.

„Mein Ziel ist es, in meinen Weinen von jedem Weinjahrgang das Maximum an Konzentration und Finesse herauszuholen. Diese Gegensätze lassen sich aber nur sehr schwer in einem Wein verbinden. Deshalb bin ich dazu übergegangen, jedes Jahr einfach mehrere Süßweine zu keltern."

Vom Jahrgang 1995 vinifizierte er 15 verschiedene Süßweine. 1996 nur 9, 1997 gar nur 7, der Jahrgang 1998 brachte eine Kollelktion von 13 unterschiedlichen edelsüßen Weinen. Die Ernte 1999 war wieder ein hervorragender Süßweinjahrgang, der sich bei Alois Kracher mit 10 oder 11 Weinen präsentiert.

Alois Kracher

Die Kracher Trockenbeerauslesen (TBA)-Collection 1998

No. 1 Zweigelt Rosé, TBA, Nouvelle Vague
No. 2 Chardonnay, TBA, Nouvelle Vague
No. 3 Scheurebe, TBA, Zwischen den Seen
No. 4 Welschriesling, TBA, Nouvelle Vague
No. 5 Muskat-Ottonel, TBA, Zwischen den Seen
No. 6 Welschriesling, TBA, Zwischen den Seen
No. 7 Chardonnay/Welschriesling, TBA, Nouvelle Vague
No. 8 Traminer, TBA, Nouvelle Vague
No. 9 Chardonnay, TBA, Nouvelle Vague
No. 10 Grand Cuvée, TBA, Nouvelle Vague
No. 11 Welschriesling, TBA, Zwischen den Seen
No. 12 Scheurebe, TBA, Zwischen den Seen
No. 13 Chardonnay, TBA, Nouvelle Vague

„Alleine vom Welschriesling gibt es drei verschiedene Weine, die Nummern 4, 6 und 11. Zusätzlich gibt es noch einen Chardonnay-Welschriesling, die „Grand Cuvée" in der auch ein Anteil Welschriesling ist. Das verstehe ich unter Manufaktur."

Worüber kann man denn bei diesen Weinen philosophieren?

„Der 4er, die *Welschriesling TBA Nouvelle Vague* – hat die größte Finesse. Der 6er, die *Welschriesling TBA Zwischen den Seen* ist sicher der Individuelleste, der ist lange auf der Hefe gelegen und der 11er, die *Welschriesling TBA Zwischen den Seen* – hat die größte Konzentration. Jetzt kann einer sagen, den 11er findet er nicht sinnvoll, wann trinkt man das? Das ist richtig. Der andere sagt: warum tust du das dann überhaupt? Die Antwort ist: Weil ich es kann, andere können es nicht. Etwas zu tun, was vielleicht wenig Sinn hat, aber eine Berechtigung, oder etwas nicht zu tun, wenn es eine Region bringen kann, ist vielleicht auch ein Frevel. Wir leben in einer Region, die uns viele Chancen und Möglichkeiten bietet. Wir sind nicht so stark in Traditionen verhaftet, dass irgendetwas so schmecken muss. Ich sage ja auch nicht, dass die Nummer 4, 6 oder 11 besser schmeckt, es kommt darauf an. Ich bin sicher, zum Essen in einem asiatischen Restaurant würde ich die Nummer 6 nehmen, der Franzose wird die Nummer 4 nehmen und der Extrem-Weinfreak, der eigentlich gar nicht auf die Speisekarte schaut als Sommelier sondern eher auf die Weinkarte, der wird die Nummer 11 nehmen. Ich gebe aber jedem Recht. Ich *mache* nur den Wein, *selektionieren* kann der Konsument."

Weingärten und Rebsorten

Derzeit stehen 24 ha Weingärten im Ertrag, davon sind 40% mit Welschriesling und 30% mit Chardonnay bepflanzt, der Rest teilt sich auf die Rebsorten Traminer, Muskat und Scheurebe auf. Die Weingärten sind rund um Illmitz gelegen und haben unterschiedliche Bodenstrukturen. Davon sind 70% auf einem schottrigen Untergrund, die restlichen Weingärten sind Sandlagen. Ein Sandboden bringt immer mehr Frucht. Reben, die auf Sandböden gedeihen, entwickeln intensivere Fruchttöne, dafür aber etwas weniger Extrakt und auch weniger Säure. Dafür verfügen die Trauben aus den schottrigen

Lagen über mehr Extrakte und sind auch säurebetonter. Wegen der Durchlässigkeit wachsen die Wurzeln in tiefere Regionen. Die Böden sind offener, es kann mehr Luft hinein, die Stöcke sind aktiver, das Wachstum ist höher und damit auch die Extraktwerte und die Säure. Der Unterschied liegt bei ungefähr 2 Promille Säure mehr im 10-Jahresschnitt.
Die Kombination aus diesen beiden Lagen ist der Grundstock für die Spitzenqualität. Eine Lage bringt mehr Finesse, die andere dafür mehr Charakter, mehr Säure, mehr Mineralstoffe.
Während des Jahres wird extrem viel Arbeit in die Pflege der Weingärten investiert. Das Ziel ist ja mehr als nur reife Trauben zu ernten. Überreif sollen sie sein und noch dazu mit dem Edelpilz Botrytis cinerea überzogen. Die Bodenbearbeitung spielt für die Endreife der Trauben ein große Rolle. Die Bodenscholle wird öfters umbrochen, damit die Wurzeln besser mit Luft versorgt werden. Mehr Luft bedeutet mehr Triebkraft und ein besseres Wachstum der Reben.

Traubenernte/Reifegrade

Der untere Qualitätsbereich, in dem die Trauben geerntet werden, ist die Beerenauslese. Diese Trauben werden meist am Ende der Lese, wenn schon alle Botrytistrauben geerntet wurden, auf einmal abgeerntet. Die Trauben für die Essenz-Qualitäten verfügen bei der Lese über eine Zuckerkonzentration von mehr als 40°KMW(216,8°Öchsle). Alle Trauben werden händisch gelesen. Die Leser sind speziell geschult. Sie werden bei der Lese von Alois Kracher senior „kontrolliert". Jede Weingartenlage und jede Halbtagesernte wird getrennt verarbeitet. Die Trauben sind nach dem Ernten nicht länger als fünf Stunden im Weingarten. Im Weingut erfolgt nochmals eine Tischselektion. An jedem Lesetag wird der Most der ersten Trauben sofort analysiert. Auf grund der festgestellten Konzentration wird beschlossen, wie die Ernte weitergehen soll. Innerhalb von wenigen Stunden kann die Traubenkonzentration geändert werden. Ob dann mehr botrytisierter Trauben beim Lesegut sein sollen, oder ein kleiner Anteil noch gesunder Beeren, um mehr Frucht oder mehr Flüssigkeit zu erhalten.
„Das Ziel ist immer, Trauben mit einer Konzentration zwischen 32° und 35°KMW (167,8° und 185,9°Öchsle) zu ernten. Das geht aber nicht immer. Wenn man jetzt mehr Trockenbeeren hat, dann nimmt man mehr gesunde Trauben dazu, um mehr Flüssigkeit zu bekommen. Der Geschmack eines Weines soll nicht durch die Konzentration dominiert werden, sondern die Sortencharakteristik der Trauben und die Lage soll auch erhalten bleiben. Je höher die Konzentration, umso weniger spürt man sie. Sie wird aber immer da sein."
Mit der Ernte des Jahres 2000 musste sehr lange zugewartet werden. Erst Ende Oktober ist der Regen gekommen. Die Botrytis hat dadurch sehr spät eingesetzt. Das hatte den Nachteil, dass die Karamellisierung der Trauben schon am Stock einsetzte. Bei dieser Oxydation des Zuckers entsteht ein Geschmacktston der an Milchkaramell erinnert.
Bis Mitte November war die Lese mit nur zwei Selektionen abgeschlossen. Es konnten Trauben mit einer Konzentration bis zu 40°KMW (216,8°Öchsle) geernten werden.
Vergoren werden die Trauben je nach Rebsorte und der Lesegradation sowohl in Stahltanks, großen Holzfässern und in Barriques. Sind die Trauben über 30°KMW (156°Öchsle) konzentriert, werden sie in Barriques vergoren und auch weiter darin ausgebaut. Diese Entscheidung hängt auch von der Aromatik der Rebsorte ab. Der Welschriesling ist eine Rebsorte die in allen drei Weinstilistiken, sowohl im Edelstahltank, im großen Fass, als auch in Barriques seine Größe zeigt. Die Weine der Linie „Zwischen den Seen" werden in Stahltanks vergoren, abgezogen und anschließend in Stahltanks weiter ausgebaut.

Die Rebsorten
Genaue Selektion der Beeren
Traubenschwefelung

24 Hektar Weingärten mit Welschriesling, Chardonnay, Traminer, Muskat und Scheurebe. Je nach dem Wetter bei der Ernte werden die Trauben noch im Weingarten leicht geschwefelt, mit höchstens 50 mg, eher weniger.

Selektion der Botrytistrauben
Lesetische mit weiterer händischer Selektion von 100% Botrytisbeeren

Nachdem die Trauben in den Keller geliefert wurden, erfolgt für Extremkonzentrationen noch zusätzlich eine oder zwei Tischselektionen. Die Trauben werden in kleinen Kisten geerntet, im Keller einmal auf einen Tisch geleert und dort noch einmal händisch aussortiert. Das Kriterium dabei ist: Gesunde Beeren raus, um nur 100% Botrytistrauben zu erhalten. „Falls einmal ein Lesegut doch zu wenig Konzentration haben sollte, können wir von diesen höchstgradigen Trauben etwas dazugeben, den Most etwas auffetten. Ein wesentlicher Faktor ist immer die Möglichkeit, dass man sehr differenzierte Qualitäten zum Auswählen und Verwenden hat. Das beginnt mit den verschiedenen Traubenaromen der Weingärten in den Sand- und Schotterlagen. Bei den Tageserntenhat man durch die Selektion wieder die Möglichkeit, immer ein optimales Traubenmaterial zu erhalten. Meine Philosophie ist es, dass sich diese Selektionsmöglichkeiten auch im Wein fortsetzten. Weine, die konzentrierter sind, können mit Weinen, die etwas schwächer sind, in einem gewissen Prozentsatz miteinander verschnitten werden.“

Verarbeitung der Trauben
Kurze Maischestandzeit

Die Botrytistrauben kommen mit den Stengeln in die Schlauchpresse, die ein Fassungsvermögen von 3.500 kg hat. Die Stengel sind zu diesem Zeitpunkt schon verholzt, die Gerbstoffe ausgereift. Eine kurze Maischestandzeit in der Presse gibt es immer, „wir verzichten lieber auf ein oder zwei Grad Zucker, die man noch auslaugen könnte, wenn man die Maische länger stehen lässt. Dafür haben wir feinere Fruchtnuancen. Zusätzlich steigt bei einer längeren Maischestandzeit das Risiko der flüchtigen Säure.“

Vinifizierung
Trauben über 30°KMW
Gärung in Barriques

Alle Trauben mit einer Konzentration von über 30°KMW(156°Öchsle) werden in Barriques vergoren. Der Most vom 1. Pressdruck wird sofort in die Kleinfässer gefüllt. „Jeder Pressvorgang bringt verschiedene Qualitätsstufen. Der Most der ersten Pressung hat die geringste Konzentration, durch die Maischung und den Pressdruck werden die Beeren mehr ausgelaugt. Je länger der Pressdurchgang dauert, desto konzentrierter werden die gewonnenen Moste. Das Barrique, das mit dem zuletzt geronnen Most angefüllt wird, verfügt über die höchsten Konzentration eines Pressdurchganges.

Barriqueausbau
Herkunft der Barriques

Verwendet werden die Barriques von mehreren Tonnellerien, den größten Anteil stellt Seguin Moreau, es gibt aber auch Vicard, Demptos, Sirugue. Zum überwiegenden Teil stammt das Holz für die Barriques aus französischen Wäldern, 10% davon sind aus russischer Eiche.
„Russische Eiche wird jetzt von mir verstärkt verwendet. Das hat vor sieben Jahren begonnen und ich war von Anfang an bei diesem Projekt dabei und bin sehr glücklich damit. Dadurch wird der Betriebston ein anderer, der Geschmack, der vom Stil der Fassproduzenten in den Wein kommt. Wegen der Viskosität der Weine ist die Dichte der Jahresringe *(grain fin)* für mich entscheidender.Je dichter und feiner diese sind, desto besser reift der Wein im Fass. Für meine Weinstilistik ist die Stärke der Dauben ausschlaggebend, ich verwende Fässer mit 22 und 27mm Daubenstärke. Das Toasting der Barriques soll nicht zu stark sein, wir verwenden hauptsächlich *„medium+“*.

Toasting der Barriques

„Botrytisweine bringen durch ihre hohe Konzentration sehr viel Individualität mit, die sonst nichts mehr brauchen. Nehm' ich dazu auch noch Fässer mit einem starken Toasting, dann hab ich auch davon zuviel, das ergibt wenig Sinn.“

Grundsätzlich wird versucht, die Mostmenge einer Presscharge je zur Hälfte in die Châteaufässer mit 22 mm und die Expotfässern mit 27 mm Wandstärke zu füllen. Für einen guten Jahrgang werden ungefähr 200 Barriques gebraucht.

Toasting der Barriques

Die Gärung der edelsüßen Weine findet nur in neuen Barriques statt. „Das wichtigste dabei ist die Qualität der Fässer, denn Süßweine verzeihen am wenigsten. Der einzige Grund, warum ich 100% neue Fässer verwende, ist die Hygiene. Es gibt nichts Sauberes und Hygienischeres als ein neues Barrique, das getoastet worden ist. Bei Weinen mit Zuckerrest ist die Re-Infektion in bereits gebrauchten Fässern immer ein mikrobiologisches Risiko. Von der geschmacklichen Entwicklung her ist es egal ob man ein neues Fass verwendet oder nicht, nur die Hygiene ist ausschlaggebend."

Die Barriquegärung

Nur mit den natürlichen Hefen

Es wird eine kleine Menge bereits gärenden Mostes in jedes frisch befüllte Fass zugesetzt. Die Gärung setzt dann sofort ein, nur mit den natürlichen Hefen. Wenn bei einem Fass nach fünf Tagen noch keine Kohlensäureentwicklung bemerkbar ist, wird eine Reinzuchthefe zugesetzt. Bei 90% der Moste beginnt die Gärung von selbst.
Enzyme werden keine verwendet, nur das Vitamin B1. „Das ist das Einzige, was den Botrytistrauben fehlt, von allen anderen haben sie auch zuviel. Der Botrytispilz braucht bei der Gärung Vitamine. Das Vitamin B1 ist eine zusätzliche Nahrung für die Hefen." Die Kellertemperatur wird während der Gärung auf 15°C reguliert.

Dauer der alkoholischen Gärung

Je nach der Konzentration des Traubengutes kann die alkoholische Gärung zwischen zwei Monaten und einem Jahr dauern. Manchmal sogar noch länger. Ein Most mit 32°KMW (167,8°Öchsle) gärt ungefähr zwei, höchstens drei Monate.

Die Weine in den Barriques

Umziehen und ein erstes leichtes Belüften der Weine

1. Schwefelgabe

Aufteilen auf 2 Fasstypen

Alle edelsüßen Weine verfügen über einen Zuckerrest, der über 140 g/l liegt.
Solange der Wein gärt, wird er nicht umgezogen. Wenn die Gärung eines Fasses natürlich beendet ist, wird der Wein das erste Mal umgezogen und auch stabilisiert. „Zu Beginn gebe ich 100 mg/l Schwefel." Umgezogen werden die Weine von Fass zu Fass, je nach Viskosität, alle zwei bis drei Monate. Je klarer der Wein wird, desto weniger wird er umgezogen. Beim Umziehen eines Fasses wird auch immer der freie Schwefel kontrolliert, der nicht unter 30 mg/l fallen soll.
Jede Weincharge kommt nach dem Umziehen in die gleichen Fässer zurück. Es liegen immer die Fässer mit der 22 mm und 27 mm Wandstärke nebeneinander. „Der Sinn und Zweck, warum ich Fässer mit zwei verschiedenen Holzstärken verwende ist, dass ich so die Reife kontrollieren kann. Der Wein in den 22 mm Fässern wird früher reif, er bekommt während der 2-jährigen Reifezeit etwas mehr Luft. Wenn man bei diesen Fässern den Reifeton spürt, dann ist es Zeit, dass sie gemeinsam in einen Stahltank verschnitten werden. Dabei ist das 22-mm-Fass das Kontrollfass, das mir den richtigen Zeitpunkt anzeigt, so werden die Weine niemals überreif." Bei einer Überreife geht die Frucht verloren und es entwickelt sich im Bukett ein stärkerer Karamellton. Es geht dann eher in die Tokaj–Richtung geht.

Zeitraum Barriqueausbau

Zwischen 15 und 24 Monate reifen die Weine in den Barriques.

Schönung/Filtration

Gerbstoffschönung

Durch die Konzentration der Inhaltstoffe weisen edelsüße Weine auch einen erhöhten Eiweißgehalt auf. Durch Temperaturunterschiede bei der Lagerung kann dieses natürliche Eiweiß in der Flasche ausflocken und den Wein trüben. Bei einer Barriquelagerung, die fast zwei Jahre dauert, fällt das Eiweiß meist in den Wintermonaten von selbst aus. Nur wenn es unbedingt notwendig ist, wenn der Wein zu phenolisch wirkt, wird eine Gerbstoff-Schönung vorgenommen. Diese Gelatine-Kieselsol-Schönung wird erst zwei oder drei Monate vor dem Abfüllen durchgeführt. Es ist zusätzlich auch eine Klärschönung, dadurch werden die Aromen noch um eine Spur klarer.

Verschnitt/Assemblage
Festlegung der Cuvée
Assemblage im großen Gebinde

Die Weine der einzelnen Barriques einer Linie werden zu einer Cuvée vermählt. Um sich besser zu harmonisieren, bleibt dieser Wein für drei Monate gemeinsam in einem Tank.

Die Entscheidung, welche Weine für die einzelnen Cuvées zusammengezogen werden, liegt am Geschmacksbild der einzelnen Barriques. Jeder Wein hat die Individualität seines Geschmackes, der von der Rebsorte, dem Lesetag, vom Pressen und von seiner Entwicklung im Fass in den letzten zwei Jahren geprägt ist.

Auswahl der Barriques

„Mein Bestreben ist es, Weine mit einer hohen Konzentration bei möglichst viel Finesse zu keltern. Wobei Finesse für mich Feinheit, Klarheit und die Lust, ein zweites Glas zu trinken, bedeutet."

Wie fängt man das an?

„Der Jahrgang gibt die Vorgaben, und dann geht's los. Jedes Jahr ist ein neues, sensorisches Spiel. Es ist ein Gefühl, ein subjektives Empfinden und der Versuch, zu perfektionieren. Vom Jahrgang 1998 gibt es 13 Versionen dieses Gefühles, deswegen hab ich mir gesagt, es ist schon mehr eine Manufaktur. Immer feiner, immer individueller, jede Geschmacksnuance klar definieren. Es ist eine enorme Arbeit, wenn man aus einem Jahrgang 13 unterschiedliche, sensorisch nachvollziehbare Weine herausbringt."

Flaschenfüllung
Grobe Filtrationen

Vor der Flaschenfüllung werden alle Süßweine mit sehr groben Schichten filtriert, immer höher als 1,1 mü. „Eine zu feine Filtration bewirkt eine absolute Geschmacksveränderung. Die Dichte der Weine ist sehr hoch, deshalb arbeitet man beim Filtrieren immer mit hohem Druck. Man verliert in erster Linie Konzentration, es bleibt auch Zucker, Kalium, Kalzium und Magnesium im Filter, bis zu 8% der Extraktstoffe können dadurch verlorengehen."

Flaschenreife

Nach dem Füllen bleiben die Weine noch zwei bis drei Monate im Weinlaubenhof bevor sie ausgeliefert werden, in Zukunft soll die Flaschenreife im Weingut aber auf ein Jahr verlängert werden.

Index

Bibliographie:

Hubschmid, Johannes: Schläuche und Fässer. A. Francke AG Verlag Bern, 1955, Seite 33, 36ff, 74f, 152f
Kellertechnische Grundlagen des Barriqueausbau, Verlag Meininger, Neustadt an der Weinstraße, 1990, Maurer/Zvorschi.
Pascal Chatonnet, Influence des procédés de tonnellerie et des conditions d'elevage sur la composition et la qualité des vins élevés en fûts de chêne par - These pour le doctorat de l'universite de Bordeaux II, 1995
Bruchmann E. (1976); Angewandte Biochemie, Verlag Eugen Ulmer
Monties B. (1987): Composition chimique des bois de chêne: Composés phenoliques, relations avec quelques propriétés physiques et chimiques susceptibles d'influencer la qualité des vins et des eaux-de-vie – Connaissance Vigne
Haslam E., Lilley T.H. (1985): New Polyphenols from Old Tannins - The Biochemistry of Plant Phenolics, 25, 237 - 256
The barrel and the wine – Scientific Mastering of a Traditional Know-How, Seguin Moreau Cooperage, Enology Institute of the University of Bordeaux II, 1994
Johnson, Hugh: Weingeschichte. Von Dionysos bis Rothschild. Hallwag, Bern und Stuttgart, 1990
Vivas, Nicolas: Recherches sur la qualite du chene français de tonnellerie etr sur les mecanismes d'oxydoreduction des vins rouges au cours de leur elevage en barriques. These pour le doctorat de l'universite de Bordeaux II, 1997
Lantschbauer, Rudolf, Barwirsch, Sepp L.: Die Weine Kaliforniens. Hugendubel, 1991

Die Weinwelt der Barriques
Adressen der Weingüter

Château Margaux
33 460 Margaux
Telefon (05) 57 88 70 28
Fax (05) 57 88 31 32

Château Canon La Gaffelière
SCEV des Comtes de Neipperg
33 330 Saint-Émilion,
Telefon (05) 57 24 71 33
Fax (05) 57 24 67 95
e-mail: Vignobles.von.Neipperg@wanadoo.fr

Château Cheval Blanc
33 330 Saint-Émilion
Telefon (05) 57 55 55 55
Fax (05) 57 55 55 50

Vieux Château Certan
33 500 Pomerol
Telefon (05) 57 51 17 33
Fax (05) 57 25 35 08

Le Pin
33 500 Pomerol
Les Grands Champs
Telefon (05) 57 51 33 99
Fax (0032) 38 77 31 19

Château de Valandraud
33 330 Saint-Émilion, 1, rue Vergnaud
Telefon (05) 57 55 09 13
Fax (05) 57 55 09 12

Château d'Yquem
33 210 Sauternes
Telefon (05) 57 98 07 07
Fax (05) 57 98 07 08

Domäne Denis Mortet
21220 Gevrey-Chambertin
22 Rue del'Englise
Telefon (80) 34 10 05
Fax (80) 58 51 32

Domäne Jean-Marc Morey
21 190 Chassagne-Montrachet
3, Rue Charles Paquelin
Telefon (03) 80 21 30 11
Fax (03) 80 21 90 20

Domäne Marc Colin
21 190 Meursault, Saint-Aubin
Tel: (03) 80 21 30 43
Fax: (03) 80 21 90 04

Domäne François Raveneau
89 800 Chablis
9, rue de Chichée
Telefon (03) 86 42 17 46
Fax (03) 86 42 45 55

Château d'Ampuis, Etienne Guigal
69 420 Ampuis
Telefon (74) 56 10 22
Fax (74) 56 18 76

Ridge Vineyards
Cupertino, P.O.Box 1810
California 95 015
Telefon (408) 867 3233
Fax (408) 867 2986

Clos du Val
5330 Silverado Trail, P.O.Box 4350, Napa
Telefon (707) 259 2220
Telefon (707) 252 6125
e-mail: cdv@closduval.com

Dunn Vineyards
805 White Cottage Road, P.O.Box 886
Angwin, California 94 508
Telefon 707) 965 3642

Kistler Vineyards
4707 Vine Hill Road, Sebastobol
California 95 472
Telefon (707) 823-5603,
Fax (707) 823 6709

Sandford Winery
7250 Santa Rosa Road, Buellton
California 93 427
Telefon (805) 688 3300, Fax (805) 688 7381

Rosenblum Cellars
Alameda, P.O. Box 4350, California
Telefon (510) 865 70 07, Fax (510) 865 92 25

Weingut Tement
8461 Berghausen, Zieregg 13
Telefon (03453) 41 01
Fax (03453) 41 01 - 30
www.tement.at

Weingut Polz
8471 Spielfeld, Graßnitzberg 54 a
Telefon (03453) 23 01
Fax (03453) 23 01 - 6
www.polz.co.at, e-mail: wpg@polz.co.at

Weingut Feiler-Artinger
7071 Rust, Hauptstrasse 3
Telefon (02685) 237
Fax (02685) 237 - 12
www.feiler-artinger.at

Weingut Umathum
7132 Frauenkirchen, St. Andraer Straße
Telefon (02172) 24 40
Fax (02172) 21 73 - 4
www.umathum.at

Weingut Johanneshof Reinisch
2523 Tattendorf, Im Weingarten 1
Telefon (02253) 814 23
Fax (02253) 819 24
e-mail: johanneshof-reinisch@tattendorf.at
www.tattendorf.at/johanneshof-reinisch/

Weinlaubenhof Alois Kracher
7142 Illmitz, Apetlonerstraße 37
Telefon (02175) 33 77
Fax (02175) 33 77 - 4